「法と経済学」叢書Ⅶ

マイクル・O・フィンケルスタイン著
法統計学入門
法律家のための確率統計の初歩

太田勝造 監訳　飯田　高・森　大輔訳

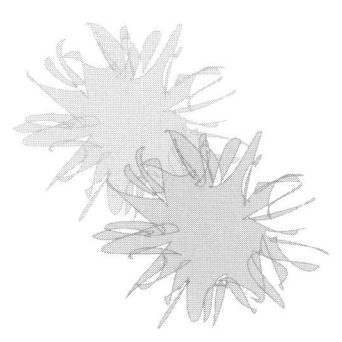

木鐸社刊

日本の法律関係者への前書き

　日本の法と法制度についての知識が私にはほとんどないとはいえ，日本の法律関係者のみなさんが本書に目を通して下さることは，私にとってうれしい限りです．日本の皆さんも既にご存知かも知れませんが，アメリカ合衆国では多くの様々な法分野において，統計データの分析がどんどんと重要になってきています．そのような法分野をいくつか挙げてみましょう．まず，DNA型鑑定が問題となった刑事裁判において，確率計算は決定的に重要となっています．また，各種研究教育機関における女性やマイノリティの研究者・教員に対する差別に基づくクラス・アクション（集団訴訟）において，重回帰分析に基づく証拠が最も重視されています．さらに，大規模不法行為訴訟において，医薬品と疾病の関連性をめぐる多数の研究結果を結びつけるメタ分析が多く利用されています．その他にも，様々なビジネス紛争をめぐる契約訴訟での損害額の算定において，各種データが広く存在しコンピュータも普及したことから，精緻な計量経済学モデルが構築され，活用されています．また，目撃証人による個人同定や陪審員候補者に対する理由を付さない不選任などの由緒正しい法制度さえも，実証的研究によって問題点が指摘されるようになっており，その際には法制度の運用実態と効果とが統計データによって測定されています．監訳者の太田勝造教授とのメール等でのやり取りによって知ったことですが，統計的証拠が重要な関連性を有する法分野が日本法においても多数存在しています．

　現代における法律関係者は，法統計学というこの新時代の挑戦にうまく応えるために，統計学の素養を身に付けることが必須となってきています．確率変数の分布の仕方によって確率計算は影響されることがありますが，確率分布の仕方については一定の仮定が置かれることが通常です．しかし，確率分布の仕方についてのこの仮定が成り立たない場合があります．複雑なコンピュータ・モデルに人は感銘を受けたり圧倒されたりしますが，実は不適切であったり全く間違っていたりします．というのも，統計的証拠の提出者が結果を計算するのに使った統計パッケージのコンピュータ・プログラムには暗黙の前提が埋め込まれていて，それが不適切だったり間違っていたりする

ことがあるからです．ここに述べたような複雑な問題に直面した場合，どのような方針で問題を分析検討したらよいかを提案する上でも，複雑なモデルの深刻な欠陥を明らかにする上でも，あるいは，陪審員などの一般人たる判断者にも争点を正確に理解できるように説明する上でも，法統計学を習得している法律関係者の方が，法統計学的問題の全部について専門のコンサルタントの支援を受けなければならない法律関係者よりも，遥かに効果的に仕事をすることができるのです．

　だからこそ本書を最後まで読み進めてください！　私が共著者として1989年に出版した『法律家のための統計学(*Statistics for Lawyers*)』の序文には次のように記しました．「法統計学の素養を身に付けた法律家なら，統計学を用いて法政策上の問題を快刀乱麻を断つ如く解決できる，というわけではないかもしれません．しかし，法統計学の素養を身に付ければ，問題解決へ向けての議論を，より合理的かつより洗練されたものにすることができるでしょう．それを通じて多くの洞察を得ることができ，また，新たな解決に至ることができるでしょう．」あれから25年が経ちましたが，これは現在においてもそのまま当てはまると考えています．そしてまた，これこそ私の研究と実践の人生の最大の目的でしたし，これからもそうであり続けます．

マイクル・O・フィンケルスタイン
ニューヨーク州ニューヨーク市にて
2014年3月21日

まえがき

　弁護士である私が初めて1966年に，統計的証拠についての論文を掲載したとき，『ハーバード・ロー・レヴュー(*Harvard Law Review*)』に数式が載ったのは歴史上これが初めだと，同誌の編集者が私に教えてくれた[1]．そんな訳がないという気もするが，編集者の言いたいことが重要な数式が載ったという意味なら，多分そうだったのかもしれない．現在の法学はそんな当時とはまったく様変わりをしている．今日の法学の専門誌のほとんどは科学的方法による法学研究や法制度の経験科学的研究で溢れている．これらの研究のほとんどで統計分析が利用されている．私が教鞭を執るコロンビア・ロー・スクール(Columbia Law School)には「法と疫学(law and epidemiology)」の専任教授がいるし，その他のロー・スクールにも同様の「法と〇〇(law and ...)」という講座がある．多くのロー・スクールが統計学を履修科目としているか(私もその1つを担当している)，あるいはより広く，「法と社会科学(law and social science)」を履修科目としている．

　これは実務においてもまったく同様である．裁判においてデータ分析が問題となり，統計学者やその他統計学を利用する専門家たちが裁判所に呼ばれて証言を求められるのは，現在ではしょっちゅうである．よって，裁判官も統計学が理解できなくてはならない時代となっている．1993年の記念碑的な判決であるダウバート(Daubert)判決において合衆国連邦最高裁判所は，科学的証拠を連邦の裁判官が訴訟で証拠採用するには，まずそれを十分精査して「信頼にたるもの」であることを確かめた上でなければならないと判示した[2]．この非常によく引用される連邦最高裁判所判決で争点となった証拠が疫学的研究であったことは，法における統計学の重要性の高潮を象徴しているといえる．合衆国連邦最高裁判所のこの判決が科学的証拠の採否についての新たな要件を設定したことによって，連邦司法センター(Federal Judicial Center)がほぼ同時期に出版した『科学的証拠リファレンス・マニュアル』はベスト・セラーになったほどである．

　これらのすべてが始まるずっと前に，ブルース・レヴィン(Bruce Levin)

教授と私は，科学的証拠に関する教科書へのニーズに対応するため，『法律家のための統計学(*Statistics for Lawyers*)』を書いて1990年にその初版本を出版した．その第二版は2000年に出版されている．私はこれをロー・スクールで教科書として使ってきたが，ロー・スクール以前に統計学に触れたことのなかった学生たちからは，難しすぎると不評であった．これが本書を書いた動機である．すなわち，よりコンパクトで，数学的にもより容易なテキストとして本書を執筆した．数年の間，仮とじの冊子教材として学生に配布して授業に使い，学生たちからなかなかの好評を博した．本書は法統計学の入門書として単独で読んでもよいし，その他の資料とあわせて教材にしてもよい．

　『法律家のための統計学』の内容の中で，数学的に難しすぎることはないと考えた部分は，本書で再利用した．我々が既に一度書いた内容に，特に書き換えの必要はないと判断したからである．なお，『法律家のための統計学』のすべての項目を本書で採り上げたわけではない．本書のページ数を少なくするためにはどうしてもいくつかの項目を選んで削らざるを得なかったからである．他方，新たに採り入れて検討した判例もたくさんある．また，中には裁判所が統計的証拠をどのように理解したか，ないし，理解し損なったか，について前著よりもずっと詳しく論じた場合もある．裁判というものはどうしても複雑で多様性に富んでいるので，そこで用いられる現実の証拠は，統計学の入門書で使われるような単純素朴な教科書的設例やそのきれいな解答に比べると，似ても似つかないしろものに思えるであろう．「法と統計学」の分野で仕事をする社会科学者たちががっかりさせられるのは，興味深い統計学的問題が，事案の帰趨を決定する法や事実の観点からは重要でないとされてしまい，その問題の解決がなされないまま，あるいはたぶん敢えてその問題の解決を回避して訴訟に決着がついてしまうことが希ではないからである．とはいえ，本書ではそのような事案も採り上げて検討した．本書にはさらに，『法律家のための統計学』の執筆以降にレヴィン教授と私が行った多数の研究で得られた材料も書き加えてある．レヴィン教授にはこの場を借りて，2人で行ってきた長期に渡る実り豊かな共同研究につき謝意を表したい．教授は現在，コロンビア大学メイルマン公衆衛生大学院の生物統計学研究科の研究科長を務めており，多忙のため本書を私と共同執筆する時間を

作ることができなかった．したがって，本書にミス等があれば，それはすべて私のみの責任である．

　最後に，法統計学に生まれて初めて接した法律家の目で本書のいくつかの章を精読してくれた，私の妻であるヴィヴィアン・バーガー教授に対し，感謝の気持を表したい．

マイクル・O・フィンケルスタイン
ニューヨーク州ニューヨーク市
2008年4月28日

マイクル・O・フィンケルスタイン
法統計学入門：法律家のための確率統計の初歩

目次

日本の法律関係者への前書き……………………………………………… 3
まえがき………………………………………………………………………… 5

第1章　確率………………………………………………………………… 13
　古典的確率概念と法的確率概念………………………………………… 13
　ベイズの定理……………………………………………………………… 20
　選別検査（スクリーニング・テスト）………………………………… 24
　ベイズ分析をめぐる論争………………………………………………… 29
第2章　記述統計の初歩…………………………………………………… 41
　中心の位置を測る尺度（代表値）……………………………………… 41
　　平均値…………………………………………………………………… 41
　　中央値（中位数，メディアン）……………………………………… 43
　　最頻値…………………………………………………………………… 46
　　別のタイプの平均値…………………………………………………… 47
　ばらつきを測る尺度……………………………………………………… 52
　　分散と標準偏差………………………………………………………… 52
　　標本合計と標本平均の分散…………………………………………… 58
　相関………………………………………………………………………… 60
　2つの比率の相違の測定………………………………………………… 66
第3章　複合事象…………………………………………………………… 70
　和の法則…………………………………………………………………… 70
　積の法則…………………………………………………………………… 80
第4章　有意性……………………………………………………………… 89
　有意性の概念……………………………………………………………… 89
　帰無仮説の棄却…………………………………………………………… 94
　標準誤差2個分ないし3個分を基準とするルール…………………… 95
　統計的有意性と法的有意性……………………………………………… 100

有意性を決定する要因 ················ 103
　　有意性のないデータ ················ 107
第5章　確率変数とその分布 ················ 111
　　期待値，分散，相関 ················ 112
　　二項分布 ················ 113
　　超幾何分布 ················ 117
　　正規分布 ················ 120
　　ポアソン分布 ················ 124
　　ステューデントの t 分布 ················ 125
　　幾何分布と指数分布 ················ 127
第6章　信頼区間 ················ 131
第7章　検定力 ················ 140
第8章　標本抽出 ················ 150
　　標本抽出とは何か ················ 150
　　単純無作為抽出 ················ 152
　　バイアスの問題 ················ 155
　　より複雑な抽出方法 ················ 160
　　小さな標本 ················ 163
第9章　疫学 ················ 166
　　コーホート研究 ················ 166
　　症例対照研究 ················ 169
　　バイアスと交絡 ················ 173
　　関連性対因果関係 ················ 176
第10章　証拠の統合 ················ 180
　　統合されたデータと分割されたデータ ················ 181
　　メタ分析 ················ 187
第11章　回帰モデル ················ 193
　　4つのモデル ················ 197
　　　農業普及推進機関における賃金差別 ················ 197
　　　窒素酸化物の排出削減 ················ 198
　　　トラック運転手の運転時間制限 ················ 201
　　　ブロックによる投票 ················ 202

モデルの推定……………………………………………………… 206
　　モデルの不確定部分の測定……………………………………… 208
　　　内在的な変動性………………………………………………… 208
　　　標本抽出誤差…………………………………………………… 210
　　　回帰推定値に関する信頼区間と予測区間…………………… 210
第12章　回帰モデル：さらなる検討……………………………… 216
　　独立変数の選択…………………………………………………… 216
　　代理変数…………………………………………………………… 217
　　歪んでいる変数…………………………………………………… 221
　　データを統合することによる問題……………………………… 224
　　モデルの形………………………………………………………… 224
　　変数の形…………………………………………………………… 225
　　　対数……………………………………………………………… 225
　　　2次の項………………………………………………………… 225
　　　交互作用項……………………………………………………… 228
　　モデルの不確定部分の測定……………………………………… 232
　　モデルの仮定……………………………………………………… 233
　　　第1の仮定：各誤差項の期待値は0である………………… 233
　　　第2の仮定：誤差項は相互に独立である…………………… 234
　　　第3の仮定：各誤差項の分散は一定である………………… 237
　　　第4の仮定：各誤差項は正規分布に従う…………………… 238
　　モデルの仮定の検証……………………………………………… 239
　　ロジスティック回帰分析………………………………………… 241
原注…………………………………………………………………… 245
訳注…………………………………………………………………… 256
監訳者あとがき……………………………………………………… 276
引用判例索引………………………………………………………… 284
索引…………………………………………………………………… 287

法統計学入門

法律家のための確率統計の初歩

第1章　確率

古典的確率概念と法的確率概念

　数理統計学上の確率概念は，思考実験によって定義するのが古くからの習わしである．すなわち，例えば，理想的なコインを投げるとか，理想的なサイコロを投げるとかを想定して，その結果がどうなるかを考えて定義するのである．つまり，コインの表が出る確率など事象の確率は，このような思考実験によって，多数回の試行を繰り返した場合の相対頻度として定義される．偏りのないコインを多数回投げる試行を繰り返したときに表が出る事象の相対頻度は，2分の1に「近づいて行く」ので，我々はコインを1回だけ投げたときに表が出る確率は2分の1であると考える．もう少し複雑な例で言えば，50回のコイン投げを一試行として，この試行を何回も繰り返した場合，50回の試行中で表が30回以上出るという結果は，全試行中の約10%でしか観察されない．それゆえ，我々はこのような結果となる確率は10分の1であると考える．このように相対頻度で確率を捉える考え方を古典的確率理論ないし頻度説と呼ぶ．古典的確率の計算においては，試行の際の実験実施条件について一定の仮定が置かれる．例えば先のコイン投げの場合，コインは偏りがなく投げ方も適切であることが前提とされる．

　とは言え，十分に大きな回数のコイン投げで表が出る割合と，1回限りのコイン投げで表が出る確率とが常に一致すると考えるわけではない．確率についての一部の誤解と異なり，表が続くと，それとバランスを取るために裏が出やすくなって，全体で2分の1になるということではない．この世界はそれほど几帳面にはできていないのである．もっと曖昧な決定方式と

なっていて，これは大数の法則と呼ばれる．この法則はヤコブ・ベルヌーイ (Jakob Bernoulli, 1654年-1705年) が初めて定式化したものである．ちなみにこのヤコブは，数学者を輩出した著名な家系であるスイスのベルヌーイ一族の「気難しくて憂鬱」な長兄であり，コイン投げのような試行結果の確率を計算するための数式を初めて出版している．大数の法則には数学的な定式化があり，それは数学的に正しいことが証明されている．大数の法則の意味内容を，若干不正確にはなるがベルヌーイ自身のどぎつい表現で言えば「最も頭の悪い人間でさえ，何らかの自然の本能のおかげで，誰の教えも受けることなく自分自身の頭で (これは驚くべきことだが)，多くの観察をすればするほど，目的地からさ迷い出てしまう危険が小さくなって行くことを確信できる」[1]となる．

　日常的直観の数学的定式化の意味内容を理解するために，次のように考えてみよう．つまり，試行の一連の繰返しの中でうまく行った場合の割合と，1回限りの試行でうまく行く確率との間の相違を，一連の試行に基づいて確率を推定するときの誤差として考えるのである．ベルヌーイが証明したのは，どのような値を選んだとしても，誤差がその値より大きくなる確率は，試行回数を十分に大きくとれば，いくらでも小さくすることができる，ということである．したがって，この意味において，多数回の試行での相対頻度は，1回限りの試行の確率に「近づいて行く」と言えるのである．大数の法則は，観察を通じて我々が世界について知ったことがらに付随する不確実性すなわち帰納的推論の不確実性について，それを我々が測定できるようになる上での運命的な第一歩を意味するのである．大数の法則の意味するものはもはや明白であろう．すなわち，データは多ければ多いほど望ましい，ということである．

　では，古典的確率概念は法とどのような関係があるのであろうか？　相対頻度としての確率概念は，司法手続きにおいて専門家証人が科学的事項について証言する際に使われる確率概念に他ならない．科学分野の専門家証人が，例えば，喫煙者と非喫煙者の比較研究の結果，喫煙者の結腸がんの割合は非喫煙者の結腸がんの割合よりも高く，かつ，その割合の差は5％水準で統計的に有意な差であると証言したとしよう．この証言が論じる内容は，大量データでの相対頻度についての言明に他ならない．言い換えれば，もしも喫煙が結腸がんの原因ではないとし[帰無仮説]，かつ，母集団から喫煙者と

非喫煙者を抽出して上記の仮説を検証することを繰り返したとすれば[標本抽出分布]，上記の比較研究での結腸がんの割合の差以上の差が観察される確率は，全繰返し中の5％以下である，と証言していることになる．統計的有意性の考え方は，科学において最も重要な役割を果たすものであり，このように標本抽出の繰返しにおける相対頻度としての確率概念にその基礎を置くのである．

　ここで注目するべきは，上記の例における専門家が，がんの原因についての仮説を前提とした場合の，すなわち帰無仮説が真であるという前提で，当該データが得られる確率という条件付確率を論じている点である(喫煙者と非喫煙者とでの結腸がんの割合)．[これを条件付確率の式で表現すればp(当該データ｜帰無仮説が真)となる．]しかし，法的問題のほとんどで，究極的な争点は，前提と結果が逆転した条件付確率である．すなわち，当該データが得られた場合での，その原因に関する確率である(ここでは，帰無仮説，すなわち喫煙が結腸がんの原因ではない，が真である確率)．[これを条件付確率の式で表現すればp(帰無仮説が真｜当該データ)となる．]当該データが得られた場合の原因の確率は「逆確率(inverse probability)」と呼ばれ，これは原因を前提とした場合のデータが得られる確率とは一般に一致しない．[すなわち，一般にp(H｜E)≠p(E｜H)である．]この点については，著名な経済学者のジョン・メイナード・ケインズが言ったとされている具体例を挙げよう．カンタベリー大主教が賭けポーカーでディーラーをやっているとする．そのとき，大主教がイカサマをしていないことを前提した場合に，彼自身の手にストレート・フラッシュが来る確率と，大主教の手がストレート・フラッシュになっている場合に，彼がイカサマをしていない確率とは同じではない．前者の確率は259万8960分の36であるが，後者の確率は，たいていの人はほぼ1だと考えるであろう(彼は結局のところやはり大主教なのである)．

　以下のように批判する人もいるかもしれない．すなわち，裁判においては原告側が証明責任を負担しているので，法における争点は喫煙ががんの原因ではないかどうかではなく，喫煙ががんの原因であるかどうか，である，との批判である．確かにそうではあるが，ここで論じている問題とは無関係である．当該データが得られたとして，そのときに喫煙が結腸がんの原因である確率は，1からそれが原因ではない確率を差し引いた値である．[これを条件付確率の式で表現すればp(喫煙が結腸がんの原因｜当該データ)＝1−p

(喫煙が結腸がんの原因でない｜当該データ)となる．]これらの確率のいずれも，喫煙が結腸がんの原因ではないと仮定した場合に，当該データが得られる確率，すなわちp(当該データ｜喫煙が結腸がんの原因でない)とは一般に一致しないのである．

確率的推論における逆確率の考え方は，トーマス・ベイズ(Thomas Bayes)に由来すると通常考えられている．ベイズはタンブリッジ・ウェルズ(Tunbridge Wells)出身の英国非国教会の牧師で，アマチュア数学者でもある．1761年にベイズが亡くなったとき，執筆した論文をもう1人の牧師，リチャード・プライス(Richard Price)に託した．明らかにベイズはプライスのことをあまりよく知ってはいなかったが，彼に論文を遺贈したことには理由があった．つまりプライスは，数学に関する論文をたくさん書いている著名人であった．そして，ベイズはその生前には公表を控えていた数学的洞察を，死後に公表してもらって後世に残したいと考えたのである．

ベイズの残した論文の中からプライスは，興味深くかつ難解な論文を見つけた．その論文には「チャンスについての理論における難問の解決へ向けて」という題名が付いていた．その論文が対象とした難問とは，簡潔に述べればこうなる．「未知の事象が生起した回数と生起しなかった回数とを所与として，その事象の1回限りの試行における生起確率が，任意の2つの確率値の間に収まるチャンスを求めよ．」プライスはその論文に加筆し，ロンドンの王立協会で1763年に発表し，1764年に『フィロソフィカル・トランザクションズ(*Philosophical Transactions*)』誌上に掲載した．こうしてベイズの論文は公表され，また，フランスの著名な数学者ラプラス(Pierre-Simon Laplace)も1773年には逆確率についての研究を独立に行って別途発表したが，その後1世紀以上の間ベイズの論文は忘れ去られてしまった．実際のところ，ベイズの研究の画期的な意義が広く認められるようになったのは，20世紀になってからであった．今日においてベイズは，近代統計学の中で最も烈しい論争の渦中にある分野の1つ，彼の名を冠してベイズ推定と呼ばれる分野の創始者であると位置づけられているとともに，彼が記述した原因確率はベイズ確率ないし逆確率と呼ばれている．

法的確率のほとんどはベイズ確率である(つまり逆確率)．アメリカ合衆国の民事訴訟事件の証明度とされる「そうでないよりももっともらしい」の基準ないし証拠の優越基準，および刑事訴訟事件の証明度とされる「合理的

疑いを容れない」の基準は，ベイズ確率を採用しているものと言える．なぜなら，これらの基準は，証拠の存在を前提とした場合の事象の確率を意味するものであり，通常の統計学におけるような事象を前提とした場合の証拠の確率を意味してはいないからである．同様に，アメリカ合衆国連邦証拠規則401条の「関連性のある証拠」ないし「証明力」の定義は「訴訟上の判断にとって主要な事実が存在する確率を，当該証拠が存在しなかった場合より高くする，または，低くするような傾向性を有する証拠」である．この定義はベイズ確率の採用であると言える[訳注1]．なぜなら，この定義は，重要な事実ないし主要事実が確率値を持っていることを前提としているからである．これに対し，関連性のある証拠についての従来の科学的な定義では，古典的確率概念を用いて，「訴訟上の判断にとって重要な事実が存在する場合の方が，存在しない場合よりも，見つかることが多いような証拠」とされる[訳注2]．

　古典的確率とベイズ確率とが異なるものであるという事実のために，法においていろいろな誤解が生じている．例えば，*People v. Risley*事件(以下，リズリー事件と呼ぶ)[2]という古い裁判例においては，ある弁護士が裁判所の記録から文書を抜き取り，自分の事件に有利になるような文言をタイプライターで挿入して戻したという疑いで訴追された．当該文言のタイプ文字には11のキズが見つかっていたが，それらのキズと被告人弁護士の所有するタイプライターの印字のキズとは良く似ていた．検察側は数学の大学教授を専門家証人に立て，無作為に選ばれたタイプライターがこれらのキズと同様のキズのある印字をする確率についての証言を求めた．その数学教授はそれらのキズが生じる確率の値を1つ1つ仮定し，これらの確率値を掛け合わせて40億分の1という数値をはじき出した．数学教授はこの数値のことを「被告人のタイプライター以外のタイプライターによって，これらのキズが生じる確率である」と証言した．そして被告人弁護士には有罪判決が下された．弁護側の控訴に対してニューヨーク州最高裁判所は原判決を破棄した．その理由は，ニューヨーク最高裁判所によれば，確率的証拠は将来の事象にのみ適用されるべきものであって，過去の事象については適用することができないからとのことであった．「本件において認定されるべき事実は将来の事象の確率ではなく，検察側によって主張された出来事が現実に起きたか否かである．」[3]

この最高裁判所の判決意見には2つの問題がある．第一に，専門家証人が計算したのは，被告人の所有するタイプライターが当該挿入句を印刷しなかった確率ではない．本件専門家の証言には若干の曖昧性があるが，その趣旨は，他のタイプライターが使われたとしたときに，同様のキズが生じる確率のことであると理解するのが合理的である．第二に，たとえこの専門家証人の計算したものが，被告人のタイプライターによって本件挿入句が印刷された確率であったとしても，既に見たように，法は過去の事象についても確率を用いている[4]．終局判断をするために必要な程度の確実性を定義するために，過去の事象について確率概念を利用することが適切であるなら，終局判断を導くような間接的争点［間接事実］については確率概念を利用できないとすることに，合理的根拠はあり得ない．後に述べるように，本件最高裁判所の証言却下は確率自体の否定ではなく，本件専門家が確率を計算する能力についての否定に基づくと考えるべきなのである．

確率についての同様の誤解は，ジョージア州アトランタ市での悪名高い事件においても見られる．何人もの黒人青年が殺害されたのち，ウェイン・ウィリアムズ(Wayne Williams)という名前の男が逮捕され，連続殺人の中の2件の殺人について起訴された．ウィリアムズの有罪を立証する決定的証拠としては，被害者の遺体から発見された珍しい三葉状の繊維があった．これらの繊維は，ウィリアムズの家のカーペットの繊維と一致した．検察側の専門家証人の証言によれば，アトランタ市の63万8992軒の中の82軒でのみ，同じ繊維のカーペットが使われていると見積もられるという．すなわち，約8000分の1である．この種類の統計は「集団頻度(population frequency)の証拠」と呼ばれる．この専門家証言に基づいて，検察側は論告において「ウィリアムズの家のカーペットと同じ種類のカーペットのある家が，アトランタ市にもう1軒存在する確率は，8000分の1でしかない」と主張した．控訴審においてジョージア州高等裁判所は，この主張に対する異議申し立てを認めなかった．その理由は，検察側は「確率的証拠からの推論を主張すること」を妨げられることはない，との判断によるものであった．

この論告を文字通りに受け取れば，検察側の主張は全くナンセンスとしか言いようがない．なぜなら，検察側の専門家証人自身が，8000分の1という値を推計した際に，アトランタ市の中の82軒の家庭において同じ種類のカーペットを使っているという事実を証言しているのである．検察側の主張を

善意に解釈すれば，その意味するところは，被告人の家以外から本件繊維が由来した確率は8000分の1であると言いたかったのであろう．しかし，この8000分の1という数値は，そういう意味のものではない．正しくは，アトランタ市の家を無作為に1軒選び出したとき，その家に本件と同じ繊維のカーペットがある確率である．

これと同じような種類の間違いは，「条件逆向きの誤謬(fallacy of inverted conditional)」として知られている．よってこのような間違いが起きること自体は，驚くほどのことではない．集団頻度などに基礎を置く古典的確率概念が，例えば刑事被告人の刑事責任や民事の被告の有責性について，どのような意義を有するかは必ずしも明らかではない．それに対し，ベイズ確率概念の方は，これらの問題に対して正面から答えようとするものなのである．有罪の証拠を残したのが被告人ではない場合に，当該証拠が存在する確率を導くのが古典的確率である．しかし本当に知りたいのは，その証拠を残したのが被告人か否かの確率の方である．訴訟の場面では，ものごとをベイズ確率の用語で言い換えたくなるのである．ミネソタ州最高裁判所は，陪審員たちがこの手の間違いを犯してしまう危険を強く懸念するあまり，正しく使った場合も含めて，集団頻度の証拠の使用をすべて禁止したのである[5]．ミネソタ州最高裁判所は，「陪審がそのような証拠を被告人の有罪・無罪の確率を測る物差しとして使ってしまうという現実的な危険」を懸念したのであった[6]．ミネソタ州最高裁判所が次のようなことを恐れていたのは明らかである．すなわち，有罪を導くような証拠属性の集団頻度が，例えば1000人中1人であるという場合，陪審がこの数値を解釈して被告人が無実である確率が1000分の1であるというように考えてしまう恐れがある．既に見たように，そのような間違いを犯してしまうのは陪審員に限られるものではない．上記のような解釈の間違いは，条件と帰結とを逆転させてしまうことから生じる間違いであるが，「検察官の誤謬(prosecutor's fallacy)」と呼ばれることもあるのである[7]．

検察官の誤謬は，実際にも被疑者にとって不利なバイアス（過誤による偏り）を生じさせているのであろうか？　ロー・スクール学生を被験者とする，仮想事例によるシミュレイションを用いた陪審研究によれば，「検察官」が集団頻度の統計について有罪の確率という誤った解釈をした場合には，「検察官」が正しい解釈をした場合よりも，有罪率が高くなるという結果であっ

た[8]. このバイアス効果は，集団頻度が1000分の1という大きさの場合に最も大きかったが，10億分の1という小さい場合でも同様のバイアス効果が生じることがあったという．この研究の示唆するものは，解釈の正確さが重要だということである．

　被告人側も誤謬から自由ではない．とは言え，異なるタイプの誤謬である．これは次のようなものである．すなわち集団頻度の証拠の意味は，被告人が，問題となっている属性を有している集団の中の1人であるということであり，よって被告人が犯人であるという確率は，当該集団の人数分の1でしかない，という誤った解釈である．これが正しいとしたら，当該集団には被告人1人しか属さないということを示さないかぎり，属性検査によって被告人を犯人と同定することは不可能となる（これはDNA型鑑定による場合は可能かもしれないが，一般論としては不可能となる）．これは「条件逆向きの誤謬」とは異なるが，後に見るように，事案における他の証拠を無視するものである点で，やはり誤謬なのである．

ベイズの定理

　検察官の誤謬および被告人の誤謬をもう少し厳密に検討するには，次のようなより一般的な問題設定から始めるとよいであろう．すなわち，ある仮定された原因の存在を前提とした上での証拠の確率を[p（証拠 | 原因）]，仮定された証拠の存在を前提とした上での当該原因の存在確率と解釈することが間違いであるなら[p（原因 | 証拠）]，それら2つの確率の間の関係とはいかなるものなのであろうか？　この問題設定は，より具体的には，統計的証拠から得られた科学的確率の証明上の意義は，法的基準に鑑みて含意される原因確率とどのような関係にあるのか，という問題である．この問題設定に対する解答は，現在では「ベイズの定理」と呼ばれる定理によって得られる．[記注3]　ベイズは，ビリヤードのボールを使った思考実験によって，この定理を導出している．彼の解答そのものをここで再現するつもりはない．その代わり，ベイズの解答の持つ法にとっての意義を説明するために，ここでは法学教授がよく使う事例を用いることにしよう．それは正体不明のバス事例である[9]．この事例の提示する問題は，ベイズが解答した問題よりも一般的でありかつ数学的にも簡単である．

　この事例の事実関係は簡明である．雨の夜，正体不明のバスに進路を妨害

されて，ある運転手は駐車中の車に衝突させられた．当該道路を運行していた2つのバス会社のうち，会社Aはバスの85%を所有し，会社Bは15%を所有していた．さて，どちらのバス会社が事故の責任を負うべきであろうか？この事故から生じた訴訟で，心理学者が専門家として証言して，本件のような状況での目撃証人の正確性はせいぜい80%であると述べた．この証言内容については争いはない．ここでの問題は，本件特有の証拠(すなわち目撃証人の証言)と背景的証拠(すなわち会社Aと会社Bの市場占有率)を前提としての，本件事故の原因(会社Aなのか会社Bなのか)に関する確率を見つけることである．より具体化すれば，事故を惹起したバス会社が会社Aか会社Bのいずれかであるという前提の下で，それが会社Bである確率を計算せよ，ということになる．

本件問題に対するベイズ確率の結果は，オッズ(odds)を使うことで最も簡明に示すことができる[10]．犯人が会社Bのバスであることの事後オッズは，犯人が会社Bのバスであることの事前のオッズと，その尤度比との積で与えられる．式で書けば，

事後オッズ＝事前オッズ × 尤度比

となる．

この定式化において，「事後オッズ(posterior odds)」とは，背景事情および本件固有の証拠の存在を前提とした場合の(それらが起きた後の)，会社Bのバスが事故の原因であることのオッズを意味する．「事前オッズ(prior odds)」とは，本件固有の証拠を考慮する前の時点における，事故の原因が会社Bのバスであることのオッズを意味する．これらもベイズ確率の理論である．本件バス事故事案において，バスの運行表や運行ルートなどに関するその他の証拠の不存在を仮定するなら，事前確率はそれぞれのバス会社の保有バス台数の大きさに比例することになる．すなわち，犯人が会社Aのバスである確率は85%，会社Bのバスである確率は15%となる．犯人のバスが会社Aのものであることの事前オッズは85%÷15%で5.67となり，会社Bが犯人であるオッズは逆に15%÷85%で0.1765となる．50%を超える確率，すなわちオッズとして1を超える値は，「そうでないよりももっともらしい」という民事裁判での基準をクリアするので，統計的証拠も証拠方法として十分であると認めるならば，原告は被告会社Aに対して勝訴するべきことにな

る．ただし，統計的証拠を十分であると認めるか否かは争われている．この点については後に論じることにする．

　ベイズは自ら設定した課題を解決するために，すべての可能な原因についての事前確率は同一であるという限定的な仮定を置いた．可能なすべての原因についてほぼ同一の確率値を割り振るような事前確率分布は，現在では均一ないし平坦な事前確率分布と呼ばれる．なぜなら，特定の可能性を他よりも優先しない分布だからである．先に検討したバス事案では，事前確率分布は均一でも平坦でもないと仮定されている．なぜなら，会社Aのバスが原因である確率に，会社Bのバスが原因である確率よりも大きな値を配置しているからである．

　ベイズの定理の第三の要素は，証拠が与えられた場合の当該事象の「尤度比（likelihood ratio）」である．ある事象の尤度比とは，当該事象が起きた場合の当該証拠の存在確率を，当該事象が起きなかった場合の当該証拠の存在確率で割った値として定義される．これらは古典的確率の枠内のものであると言える．なぜなら，これらは原因が所与の場合のデータの存在確率だからである．先のバス事例では，当該目撃証人を前提とした場合の会社Bのバスが犯人であることの尤度比は，犯人が本当に会社Bのバスであった場合に当該目撃証人の証言が得られる確率を，本当は犯人が会社Bのバスではなかった場合に当該目撃証人の証言が得られる確率で割った商となる．上記の具体的数値を当てはめれば，分子の値は0.80となる．というのも，犯人が実際に会社Bのバスである場合に目撃証人がその旨証言する確率は80%だからである．分母の値は0.20である．というのも，真犯人が会社Aのバスであるのに目撃証人が誤って会社Bであると証言してしまう確率が20%だからである．それらの比の値は0.80/0.20＝4となる．すなわち，現実に犯人が会社Bのバスである場合に当該証言を得られる確率は，現実はそうでない場合に当該証言を得られる確率の4倍であることがわかる．

　尤度比は，証拠の重みを測定する上で重要となる統計的な尺度である．これは，直感的にも合理的なものである．例えば，被疑者の家で発見された血糊の付いたナイフは，重要な証拠である．なぜなら，被疑者が当該犯罪を犯したのではない場合よりも，犯した場合の方が，そのような証拠が得られる確率ははるかに大きい，と我々は当然に考えるからである．一般的に言って，尤度比の値が大きいということは，その証拠が有力であるということを

意味する．逆に尤度比が1よりも大きいが，値として小さい場合には証明力が小さいということを意味する．尤度比の値がちょうど1であるという場合は，当該証拠は証拠として役に立たないということを意味する．逆に検察側証拠の尤度比の値が1よりも小さい場合は，容疑を否定させる証拠であるということになる．

　事前オッズと尤度比を組み合わせることで，当該証言がなされた場合に会社Bのバスが犯人であることの事後オッズは，0.1765×4.0＝0.706と計算される．よって，その事後確率は，0.706/(1+0.706)＝0.4138と計算される．こうして，目撃証人の証言にもかかわらず，会社Bのバスが犯人である確率は50％よりも小さいことがわかる．もしも同じ正確性を持つ第二の目撃証人が出てきて同様の証言した場合は，最初の証言のオッズは，そのまま第二の証言にも使うことができ，ベイズの定理を再び適用することができる．その場合，新たな事後オッズは，0.706×4.00＝2.824となり，事後確率は2.824/3.824＝0.738となる．

　このような結論に反対を表明する者もいないわけではない．そのような者は，目撃証人が80％の正確性を持ち，その目撃証人が犯人は会社Bのバスだと言うなら，確率は80％なのではないかという議論をする．[しかし，これは，会社Bのバスが犯人であることの事前確率がたったの15％しかないことを忘れた議論である．]我々の計算では，本件目撃証人の証言にもかかわらず，証拠の優越性の基準からはこの証言は原告に勝訴をもたらさない．2人の目撃証人がいる場合には，事態はさらに直感や常識に反する結果となるかもしれない．ほとんどの人々は，目撃証人が2人もいるならばもう十分に合理的疑いを容れない確実性に到達していると考えるであろうが，我々の計算によれば，反対証言がないにもかかわらず，それが正しい確率はたったの74％程度にしかならない．確かにベイズの定理は，常識からかけ離れている．

　しかしながら，上記の反対論は，2つの条件付確率を混同したものである．すなわち，会社Bのバスが本当に犯人であった場合に目撃証人がそう証言する確率と（これは実際80％である），目撃証人がそのように証言した場合に犯人が会社Bのバスである確率（これは80％とは限らない．先の大主教のポーカーの事例を想起せよ）とを混同しているのである．

　ベイズ確率の計算結果への反対論に対する第二の関連する解答は，統計的

な背景の効果，すなわち事前確率を，80％という数値は無視しているというものである．すなわち，会社Bのバスよりも会社Aのバスの方が圧倒的にたくさん存在するという点である．100台のバスを取り上げれば，その内のたったの15台のみが会社Bのバスでしかなく，他方，残る85台の会社Aのバスの内の実に17台（0.20×85）もが第一の目撃証人によって間違って犯人のバスであると認められてしまうのである[訳注4]．世の中に会社Aのバスの方が圧倒的に多数運行しているという事実のゆえに，目撃証人は会社Aのバスを会社Bのバスであると誤認する確率の方が，その逆に正しく会社Bのバスをその旨同定する確率よりも圧倒的に大きい．ベイズの定理から計算される事後確率は，この事実を織り込んだものなのである．この点で，ベイズの定理の適用は，事案固有の証拠を評価する際に統計的背景事実の効果，すなわち事前確率の影響を過小評価する人々の傾向を是正するものである[11]．人々のこの傾向は，普遍的に見られる現象のようである[12]．

選別検査（スクリーニング・テスト）

　ベイズの定理が提供する統計的背景の効果の改定，すなわち事前確率の改定は，アップデイティングと呼ばれるが，これは背景に組み込まれた事象が稀であればあるほど重要となる．［すなわち事前確率の値が小さければ小さいほど重要となる．］背景が稀で事前確率が小さい場合には，［証明力が非常に大きいという意味で］非常に正確な証拠が出てきたとしても，結果は驚くほど不正確となりうる．選別検査（スクリーニング・テスト）の機器は，このような特徴を有していることが多い．選別検査の正確性（accuracy）は，検査感度（sensitivity）と検査特異度（specificity）によって測られる．「検査感度」とは，検査対象が検出したい条件を有している場合に，陽性の結果を出す確率のことである［これを条件付確率の式で書けば，p（陽性｜条件適合）である］．「検査特異度」とは，検査対象が検出したい条件を有していない場合に，陰性の結果を出す確率のことである．［これを条件付確率の式で書けば，p（陰性｜条件不適合）となる］．これら２つを合わせて，「検査特性」と呼ばれる．

　例えば，連邦航空局は統計的プロファイルに基づくハイジャッカー検出装置を用いているとされる．この装置によって非金属性の武器を用いて旅客機をハイジャックしようとする者を見つけ出すのである．この装置は，検査感度が90％で（つまり，ハイジャッカーの90％をハイジャッカーだと検出す

る：陽性反応），検査特異度が99.95％だとしよう（つまり，ハイジャッカーではない人の99.95％を正しく非ハイジャッカーと出力する：陰性反応）．これは非常に正確な装置に見えるであろう．しかし，旅客2万5000人当たりハイジャッカーは1人しかいないという場合，ベイズの定理で計算すると，この非常に正確に見えた装置も，多数の非ハイジャッカーをハイジャッカーとして検出する間違いを起こすことがわかる．

　この装置がある旅客をハイジャッカーとして検出したときに，その旅客が本当にハイジャッカーであることのオッズは，ある旅客がハイジャッカーであることの事前オッズとこの装置の有する尤度比との積である．上記の例によれば，旅客がハイジャッカーであることの事前オッズは(1/25000)/(24999/25000)＝1/24999となる．この装置の尤度比は，旅客がハイジャッカーである場合に陽性反応を出す確率，すなわち，検査感度の値0.90を，旅客がハイジャッカーでない場合に陽性反応を出す確率，すなわち，1－検査特異度である1－0.9995＝0.0005で割った商である．よって尤度比は0.90/0.0005＝1800となる．確かにこの検出装置は強力なものではあるが，ハイジャッカーがあまりに稀にしかいないので，検査結果は非常に不正確となる．この装置が陽性反応を出したときにそれが本当のハイジャッカーであるという，正しい検出の事後オッズはたったの0.072＝(1/24999)×1800にしかならないのである．言い換えれば，正しい検出の事後確率はたったの0.067＝0.072/1.072でしかない．つまり，この正確な検出装置によってハイジャッカーかも知れないと検出された人が本当にハイジャッカーである確率は，6.7％しかないのである．この結果は，本件ハイジャッカー検出装置の陽性反応は当該旅客を逮捕することを正当化できるかとか，取り調べのために一時身柄を拘束することを正当化するだけの合理的嫌疑と言えるか，等の重要な法的問題を惹起する[13]．

　統計的プロファイルに基づいて旅客を呼び止めて麻薬所持について身体検査をすることの合憲性が争われた事件で，事後オッズと尤度比とを混同してしまう間違いのゆえに，連邦最高裁判所の判断には誤解が生じている[14]．具体的には，この連邦最高裁判所判決では，被告人が麻薬の運び屋であるという「合理的疑い(reasonable suspicion)」の根拠として統計的プロファイルを用いることができるか，という問題をめぐって議論が展開している．合理的疑いがあれば，被疑者を一時的に拘束して取り調べることができる．

この合理的疑いは，被疑者を逮捕するために必要な「相当の理由(probable cause)」よりも基準として低いものである．麻薬の運び人が飛行機の旅客の中にいることは稀なので，非常に優れた検査特性を持つ検出装置をもってしても，陽性に検出された者が実際に運び屋であることの事後オッズは小さくなる．例えば，麻薬運び人の70％が当てはまり，普通の旅客は1000人に1人しか当てはまらないような非常に正確なプロファイルを考えてみよう．このプロファイルの尤度比は0.70/0.001＝700であるから，このプロファイルに当てはまれば，その者が運び屋であることのオッズは700倍に上昇する．しかし，旅客1万人の中に運び屋は1人しかいない場合，このプロファイルに当てはまった者が実際に運び屋であることのオッズはたったの0.07＝(1/9999)×700でしかない．これは6.5％の確率に相当する．この結果はそれほど素晴らしいものには見えないであろう．アメリカ合衆国税関の行った調査によれば，プロファイルに基づいて呼び止めた場合に運び屋を当てる確率は4％でしかない．

以上の分析から，これらの判例で連邦最高裁判所が正面からは採り上げなかった法律上の争点が浮かび上がる．ある者が犯罪者であるという確率を大きく上昇させるようなプロファイルについて，運び屋が非常に稀なのでたとえ当該プロファイルによっても犯人であるという確率が小さいままであるときにも，当該プロファイルを合理的な嫌疑を十分に正当化するものとして扱ってよいか？　プロファイルに合致する者が運び屋であることの確率を大幅に上昇させることによって，有効なプロファイルは明らかに捜査の合理的基礎を提供しうる．もし法律上「合理的な嫌疑」と言えるためには嫌疑について合理的基礎(rational basis)がありさえすればよいとすれば，プロファイルだけで十分であることになる．他方，もし「合理的な嫌疑」には有罪の合理的な(reasonable)確率も必要であるとするなら，プロファイルだけで十分だとされることは難しいであろう．いずれの基準を適用するべきかは，現時点でも不明確なままである．

ここまで，選別検査(スクリーニング・テスト)の尤度比が，的中率に対して持つ意味を検討してきた[訳注5]．ここからは見方を逆転させて，的中率が尤度比に対して持つ意味を検討しよう．*United States v. Scheffer*事件(以下，シェファー事件と呼ぶ)という判例[15]において，連邦最高裁判所は軍事証

拠法（Military Rule of Evidence）の707条の合憲性を審査した．707条によれば，ポリグラフ検査によって得られた証拠は，軍事裁判所の手続きでは利用することが禁止される．被告人であるシェファーは，この規定のために自己の無罪を証明する証拠を提出する権利が侵害されたとして，当該規定は憲法違反であると主張した．連邦最高裁判所のトーマス（Clarence Thomas）裁判官が多数意見を起草して，ポリグラフの信頼性は不確実であるので，当該規定は合憲であると判断した．トーマス裁判官はポリグラフの正確性について，87%からコイン投げと差のない50%までの間で意見が分かれていると述べている．ところが，軍事法廷で証拠として許容されるに値しないほどポリグラフは十分な信頼性を有していないという立場を採ったアメリカ合衆国国防総省自身は，防諜活動の一環として省の職員をスクリーニングするためにポリグラフを利用しているのである．防諜活動にとって十分なら，どうして裁判所手続きには不十分なのであろうか？　検察側はこの矛盾を説明するべきであろう．

　防諜活動の文脈においては，検査の陰性反応的中率がとりわけ重大である．職員が検査をクリアしたなら［陰性結果］，さらに調査をする必要のある危険人物ではない確率が非常に高いことになる．しかしこの高い陰性反応的中率は，刑事事件におけるポリグラフには当てはまらないであろう．なぜなら，刑事事件では，陰性反応的中率の高さは検出装置の検査特性および有罪の事前オッズの双方に依存するからである．そして事前オッズとしての有罪のオッズは，［職員全員を対象とする］防諜スクリーニングの場合よりも，［逮捕され起訴された被告人についてである］刑事裁判の場合の方がはるかに大きいであろう．とは言え，証拠の許容性は検査の証明上の効力［的中率］で判断してはならない．なぜなら，他の証拠の証明上の効力が有罪を推認させるものだったとしても，それらは，無罪を強く推定させるような検査結果を排除する理由とはなりえないからである．したがって，ここでの証明上の効力は，非検出という検査結果の場合の尤度比によって測られるべきである．これは，非検出という検査結果によって確率がどの程度変化するか［非検出という情報によって事前確率がどの程度変改して事後確率になるか］を測るものである［検査特異度］．尤度比についての情報は，文脈によらず尤度比が一定に保たれると仮定すれば，スクリーニングの結果から収集することができる．（これは控えめな仮定であると言える．なぜなら，安全保障という非

定型的な場合［国防総省］よりも，刑事訴訟の文脈の方が，検査はより正確であろうから，である．）

　1997年，すなわちシェファー事件の判決が出たころ，国防総省は7616人の職員に対してポリグラフ・テストを実施した．ポリグラフの結果176名がさらなる調査が必要な安全保障上リスクのありうる者とされ，7440名は問題ないとされた．この176名の職員については当時アメリカ合衆国議会に報告され，6名はスパイと断定され，16名は継続審理とされた．ここでは，継続審理の16名も全てスパイであると仮定しよう．そうするとポリグラフが見つけた176名中22名がスパイであったことになる［検査感度］．ではポリグラフが見逃したスパイは何人なのであろうか？　ポリグラフがスパイを見つける確率が50％（トーマス裁判官のいうコイン投げと差のないレヴェル）だとすれば，さらに22名のスパイが存在する計算になる．したがって，非検出の場合に実際にスパイではない確率は7418/7440＝0.997となる［1－検査特異度］．よって非検出の場合のオッズは0.997/0.003＝332となる．全7616名の職員の中に合計44名のスパイがいる計算となるのであるから，ある職員がスパイでない事前確率は7572/7616＝0.994であり，その事前オッズは0.994/0.006＝166となる．ベイズの定理を用いれば，ポリグラフ検査で非検出の場合の尤度比は，よって332/166＝2.0となる．もしもポリグラフが［50％ではなく］87％の正確性を有するとするなら，同様の計算によって無実の検査結果の場合の尤度比は上昇して8となる．こうして，ポリグラフの正確性が50％から87％に上昇することで，無実についてのオッズは2倍から8倍へと向上する[16]．防諜のためのポリグラフの結果スパイだとされた場合の証明上の効果は，3.4％から12.5％の間であり，確かに低いが，無実の検査結果の場合よりも尤度比は大きなものとなる．すなわち，有罪の検査結果を受けた被告人の場合，オッズは25倍から43倍へと増加する．これよりもはるかに弱い結果を見たとしても（尤度比が2より若干小さい場合など），無罪のオッズをほとんど2倍にまで引き上げるのであるから，ほとんどの法律家はその証拠は法律上重要であり，証拠の許容性を認めるに十分だけの証明力を有していると考えるであろう[17]．したがって，有罪の証拠としてであれ，無罪の証拠としてであれ，ここまでの検討結果からは，ポリグラフの証拠価値について，その信頼性の欠如はポリグラフ検査の結果を排除する根拠として不十分であるというべきことになる．（いうまでもなく，トーマス裁判官が指摘するよ

うに，ポリグラフを証拠排除するための，これとは別の理由が存在する可能性はある[18]．）ここでのより重要なメッセージは，選別のために使われた検査は，その陽性反応的中率が低い場合でも，司法手続きにおいては十分な信頼性があるものとして許容されるだろう，ということである．

ベイズ分析をめぐる論争

　古典派統計学者はベイズ分析に反対する2つの根本的論拠を投げかける．第一は哲学的な反論である．原子レヴェルよりも大きなサイズの事象の場合（そしてもちろん法的紛争で問題となるのはこの場合である），自然状態は確率的事象ではないという反論である．不確実に見えるのは証拠からの推論が不確実なだけで，事象それ自体は決定論的だというのである．古典派統計学者の観点からは，ベイズ派は，人間の測定を不確実と考える代わりに，自然の状態それ自体を不確実で確率分布を有するものであるとする点で確率論の当てはめを誤っているとする．これは先のリズリー事件の裁判所が採用した立場である．しかし，この点に関しては古典派統計学者の内部でも完全に一貫しているわけではなく，事前確率を導くデータが存在する場合には古典派統計学者もベイズ確率を計算することがある．

　第二の反論は，もっと実践的なものである．現実世界の状況では，ベイズ確率の計算の出発点である事前確率は，少なくともここでの具体例では，客観的な量的データが理論的には利用可能であった．しかし，現実世界の多くの状況では，客観的な量的データに基礎を置くことが不可能で，主張された命題に対する主観的な確信の度合いを反映するものでしかありえない．そのような確率は主観的確率とか個人的確率と呼ばれる．主観的確率は相対頻度として定義されるのではなく，命題に対して賭をするときのオッズとして定義される．故サヴェイジ（Leonard Jimmie Savage）教授が示したように，主観的確率ないし個人的確率は，確率の基本公理を満たし，理想的なコインやサイコロの場合の計算と同様の確率計算を行うことができ，よってベイズ確率計算の出発点として用いることができるが，統計学者の間では科学上の計算において確信の程度の数値を用いることの許容性を巡って厳しい対立が存在する[19]．結局のところ，主観的事前確率は，合理的根拠がなく，人によって異なった値を取りうるのである．科学のどの領域においても，その計算の際に正面から個人的ないし主観的な決定要素を用いる分野は存在し

ない．

　これらの反論に対するベイズ派の回答は次のようなものである．いずれにせよ現実問題として我々はベイズ確率的な判断をしなければならないのであるから，どこかでは古典派の頻度理論が否定している主観性を，正面から導入しなくてはならない．この解答は法の分野ではとりわけ適切であると思われる．過去の事象の存否について一定のレヴェル以上の確率で信じることができるだけの立証を，法は要求している．相互に背反する複数の自然の状態に確率値を付与するという[裁判における事実認定の]作業は，考え方そのものが基本的にベイズ確率である．そして，いずれにせよこのような判断を下さざるを得ず，また，出発点の事前確率における主観的判断の不確定さよりも，バイアス[過誤による偏り]を修正して行けることの方がずっと重要であることに鑑みると，主観性を正面から確率の理論の中に組み込んだ方が望ましいと，ベイズ派は主張する．

　この点をより具体的に示そう．ベイズ確率についての私自身が行った実験である．ロー・スクールの私の授業の受講者には毎年，次のような仮想事例を読ませて，彼らの個人的判断としての確率の値を報告させている[20]．市街区の排水溝の中で女性の死体が発見された．この女性は現場で発見されたナイフで刺殺されていた．容疑者として，彼女の男友達が捜査線上に浮かんだ．死体発見の前日に2人は一緒に過ごしており，口論をしていたことがわかっている．容疑者は，かつて被害者を殴って目の周りにアザを作らせたことがあった．これらの事実に基づいて，本件容疑者が本件被害者を殺害した確率を見積もるよう，学生たちに指示した．ほとんどの場合，学生たちの評定する確率[事前確率]の値は，25％から75％の間であった．その上で，学生たちにさらに次のような情報を伝えた．発見ナイフには不完全ながら掌紋が残っており，それによれば，ナイフの握り方から，何かを切るために使われたのではなく，何かを刺すために使われた際に残された掌紋であることが明らかである．この掌紋は容疑者のそれと一致した．ただし，人口1000人当たり1人の手はこの掌紋と一致するということもわかった．ここで再び学生たちに，本件掌紋検査に間違いはなく，かつ，この掌紋が彼の手に本当に由来するなら彼は実際に犯人であるということを前提として，この容疑者が被害者を殺害した確率を尋ねた．たいていの場合（常にではない！），確率の見積もりの値は上昇したが，90％を超えることは稀であった．

ベイズの定理の計算によれば，学生たちの確率値の改定は小さすぎる．事前確率が0.25だった場合，事後確率は0.997にまで上昇すべきであった[21]．最も高い値の事前確率0.75の場合，事後確率は0.9997にまで上昇するべきであった．とは言え，事前確率の相違によるこれら事後確率の差は，裁判における事実認定にとっては無視しうるものである．0.25と0.75のいずれの場合も，犯人であると認定して有罪判決を下すことになる．ここで重要なポイントは，他の証拠方法と組み合わされて総合判断された場合の統計的証拠（1000人当たり1人）は，その証明力が過小評価され，その結果システマティックなバイアスを判断に生じさせ，そのバイアスは事前確率の評定における主観性のもたらす不確定さよりもはるかに重大なものである，ということである．このことは，主観性による不確定性がすべて過誤に基づくものであると仮定したとしても同じである．

バイアスを修正するという機能の他，ベイズの定理は，人物同定のために使われる痕跡証拠（trace）についても新たな光を当てることができる．前に論じた検察官の誤謬と被告人の誤謬を，もう一度採り上げよう．ベイズの定理によれば，これら2つの誤謬はともに事前確率の仮定の問題に帰する．当該痕跡証拠を残したのが被告人である事前確率を50%であるとしよう．そうすると，事前オッズは0.50/0.50＝1となるので，痕跡証拠が被告人と一致した場合の事後オッズは尤度比と同じ値となって，それは集団頻度の逆数となる［この場合に尤度比が集団頻度の逆数となる理由については，注21参照］．発見された痕跡証拠を持つ人の集団頻度が1000人に1人だとすれば，当該痕跡証拠を被告人自身が残したことの事後オッズは1000となり，当該痕跡証拠を被告人自身が残した事後確率は1000/1001＝0.999となる．これは検察側が主張する内容である．この統計的証拠は非常に強力なものなので，陪審が過大評価するかもしれないというような理由で証拠排除できるようなものではありえない．他方，この痕跡証拠以外に被告人が真犯人であることを証明する証拠が存在しなかったなら，本件痕跡証拠（掌紋）を本件被告人が残した確率は，この掌紋と同一の掌紋を持つ人の集団の，どの人とも同程度でしかないことになる．母集団の大きさがN人だとしたら（N人には本件被告人も含まれている），この痕跡証拠（掌紋）を共有する集団には$N/1000$人いる計算となる．検察官の誤謬においては，被告人が当該痕跡証拠を残した事前確率の値を50%と仮定しているのであり，被告人の誤謬においてはその値を，痕跡

証拠を共有する集団から無作為に選ばれた者が当該痕跡証拠を残した確率以下であると仮定していることになる．

　これらの仮定はどちらも，実際の刑事事件では正当化できないであろう．というのも，現実の刑事事件ではその他の有罪証拠が存在するからである（これはほぼ確実に言えることである）．とは言え，他の有罪証拠が存在するなら，検察官の誤謬と被告人の誤謬とでは，前者の方が真実に近いと言えることになろう．

　検察官の誤謬は，イギリスの事例である*Regina v. Alan Doheny & Gary Adams*事件（以下，ドハニィ事件と呼ぶ）での判決で正面から採り上げられ論じられている．この事件では，性的暴行の2つの有罪判決からの控訴が併合されている．検察側の専門家証人たちの証言によれば，犯行からの精液のDNA型と被告人たちのDNA型との一致の「ランダム生起比率[訳注6]」は，ドハニィの場合は4000万分の1，アダムズの場合は2700万分の1である[22]．両方の事件において，検察側専門家証人はおおむね次のような証言をした．被告人以外の者に精液が由来する確率は，ランダム生起比率未満である．これら2つの事件のそれぞれの判決理由の導入部において裁判所は，このような証言は検察官の誤謬を反映したものであり，以下の具体例によってその大きな間違いを示すことができると述べている．

　「100万人あたり1人の者のDNA型と，犯罪から得られたDNA型とが一致する場合，この特性を有する者は連合王国においてはおそらく26人おり，被告人はその26人の中の1人ということになるであろう．犯罪が行われたときに被告人が連合王国内にいたということ以外には，被告人についての事実が何も知られていないなら，本件DNA型鑑定からわかることは，26分の1の確率で被告人が犯人であるという統計的確率だけである．」

　この裁判所の判断によれば，DNA型鑑定の専門家が証言しうる内容は，ランダム生起比率の証言，および，同じDNA型を持つ人がイギリス（ないしその一部の地域）に何人いると思われるかの程度に限定され，被告人が当該痕跡証拠を残したか否かの確率については証言してはならないということになるであろう．

　しかし，下級審のどちらの有罪判決も，裁判所は，検察官の誤謬を根拠に破棄することはしなかった．裁判所の意見によれば，ランダム生起比率が本件検察側専門家証人が主張した値のように極端なものであったとしても，検

察官の誤謬は「全体像を歪めるもの」ではないとされた．しかし，先に見たように，これが言えるのは，被告人と犯罪とを結びつける他の十分な証拠があって，被告人の有罪についての事前確率が50％に近づいている場合である[訳注7]．しかもこの条件が満たされていることは，いずれにせよ，専門家証人が前提とするべき筋合いのものではない．裁判所は他の根拠に基づいて，ドハニィの有罪判決を破棄し，アダムズの有罪判決は維持した．

　ベイズ確率とは整合しない考え方が法的思考の中には存在する．それは，「裸の(naked)統計的証拠」ないし「剝き出しの(bare)統計的証拠」に対する態度である．「裸の統計的証拠」ないし「剝き出しの統計的証拠」とは，事案特有(case-specific)の証拠が存在せず，統計的証拠のみがある場合を意味する．事案特有の証拠が存在しないということの意味は，一般的には(後に述べるように，例外があるが)，尤度比が1であり，事後オッズが事前オッズと等しい場合のことであるはずである(いずれにせよ統計学によって定義される)．剝き出しの統計的証拠の事件は，事案特有の証拠が存在したならば十分に大きいと見なされたであろうような，大きな事後オッズが得られている場合でも，通常はむき出しの統計的証拠のみでは，それ自体不十分であるとされる．この考え方は，昔の裁判の裁判官が傍論において，計量的な確率は証拠ではないというようなことを述べたことに由来するとされる．例えば，鉄道事故の死亡の原因を確定しなければならなかったが，事故がどのようにして起きたかの証拠が全く存在しなかった事件である*Day v. Boston & Maine R.R.*事件(以下，デイ事件と呼ぶ)[23]において，次のようにエメリィ(Emery)裁判官は不当にも，数学的確率は単なる憶測と同じようなものだ，とコメントしている．

　　定量的な確率……は，チャンスが大きいというだけのものにすぎない．これは証明を要する命題についての証明ではなく，また，証明力のある証拠でさえない．1回限りのサイコロ2つ同時投げに，定量的な確率ないしチャンスの大小があって，最高組合せの(6・6)より小さい目が出る確率は[35/36の確率]であるとか言うことは，ある1回のサイコロ2つ同時投げでそれが現実にどのような結果になるかについての，いかなる意味でも証拠とはならない．……最高組合せの(6・6)の目が現実に出てしまったという本当の証拠があれば，それ以外の場合のどの確率を

も圧倒する証拠となる[24]．

　この問題はSargent v. Massachusetts Accident Company事件（以下，サージェント事件と呼ぶ）[25]でも採り上げられている．この事件で裁判所は，人里離れた場所でカヌーをしていた死者が，事故で死亡したのか（そうであれば生命保険でカバーされる），あるいは餓死のようなその他の原因で死亡したのか（その場合は保険は適用されない），を認定しなければならなかった．もちろん，何のデータもなかった．上記のデイ事件を引用して，ラマス（Henry Tilton Lummus）裁判官は数学的確率が証拠として不十分であるというテーマを下記のように詳細に論じており，この部分はしばしば引用される．

　　証明すべき命題のチャンスを数学的にいくぶんか高めるということは証拠として十分なものではないとされている．例えば，今年製造された色つきの自動車の方が黒い自動車よりも数が多いということは，今年のある属性不明の自動車が色つきか黒かを認定する上で理由とはなりえない．がんで死亡する人間はほんの少数派であるという事実は，ある特定の人ががんで死んだのではないと認定する上で理由とはなりえない．証拠の重みないし証拠の優越とは，事実認定を担う裁判所に対して，証明を要する命題が実際に真実であると確信を抱かせる力を言うのである．証拠を調べた上で，証拠の優越の基準に照らして命題が証明されたと言えるのは次の場合である．すなわち，命題の真実性について，疑いはある程度残存しているが，証拠からすれば，真実だということの方がよりありそうだ，よりもっともらしいという現実の確信が，裁判官の中に存在している場合である[26]．

市場占有率についてのデータしかなかったSmith v. Rapid Transit, Inc.事件（以下，スミス事件と呼ぶ）で裁判所が引用したのは，上で挙げた部分なのである．
　スミス事件判決で引用されたサージェント事件判決の傍論は，事案特有の事実が存在する事案で示されたものであるから，ある程度は参考になりうるとしても，先例としての価値のあるものではない．したがって，確率は証拠ではないという考え方は，「不確実性を連想させる数学的確率は証明におけ

るギャップを埋めるための，根拠のない憶測と同じようなものにすぎない」という誤解に起因しているように思われる．もちろん，確率と憶測の間には天と地ほどもの差がある．ベイズの定理が示すように，確率は，個々の証拠の証明力を改定していくことができるのに対して，憶測にはできない．また先に見たように，本当の証拠（たぶん目撃証人はこれに該当するのであろう）は，どんな弱いものであってもその他の確率を圧倒する，という点もまったく間違っている．

にもかかわらず，「剥き出しの証拠」は不十分であるという考え方は支持され続けている[27]．スミス事件について論じる際に，ポズナー（Richard Posner）裁判官は，原告には統計的証拠だけでなく，事案特有の証拠を探し出して来ようとするインセンティヴが必要で，したがって，事案特有の証拠を追加的に提出することが不可能であるということを示さない限り原告は敗訴となる，と判示している．追加的証拠提出が不可能であることを示さない限り，統計的証拠に追加して証拠を提出できないということは，他の証拠が不利なものであるとか，十分に調査をしなかったとかのためであるに違いないので，いずれにせよ原告敗訴となるというのである．ポズナー裁判官は同時に，統計的証拠だけで十分とすべきであるとすれば，会社B（バスの保有台数が少ない方の会社）は訴訟で訴えられることがあり得なくなり，すべての過誤の責任は会社Aが追及されることになるので，会社Bが経済的に不当に有利な地位に置かれることになるという反対理由も挙げた[28]．ポズナー裁判官が引用した例において，むき出しの統計的証拠が不十分であるとすることは，ベイズ確率の定式化と必ずしも矛盾するものではない．とりわけ，事案特有の証拠が提出されなかったのが，それが不利に働く証拠だったためである場合，ないし，そうであるらしい場合，事案特有の証拠の不存在という事実の尤度比は1未満となり，事後オッズをその限度で引き下げる．しかし統計的証拠を拒否する裁判は，そのような場合に限定されているわけではない．

最近の極端な事案として，*Krim v. pcOrder.com, Inc.*[29]事件（以下，クリム事件と呼ぶ）があり，上記のスミス事件とサージェント事件の亡霊が，上記ポズナー裁判官の援護射撃もあって，いまだに法の世界で徘徊していることを示している．この裁判での争点は，1933年の連邦証券法に基づいて証券販売上の詐欺を根拠に訴える原告適格があるか否かであった．裁判所は，この

訴訟の原告たちはその所有する株式の少なくとも1株が，公募で発行された株式であることを証明しなければならないとした．その理由は，連邦証券法は，会社またはその引受会社による株式の公募の購入者だけを保護することを目的として作られた，ということであった．公募で発行された株式でほとんどが占められる販売株式は約250万株あった．原告2人がこの公募の株式を購入したとき，同時に売り出されていた内部者の株式と混ざっていた．当該連邦証券法は，この内部者株の購入には適用されない．売り出された株式約250万株の圧倒的多数は公募株であったにもかかわらず（原告の1人が3000株を購入した際は99.85％，もう1人の原告が購入した際は91％），原告たちの購入した株式のどれが公募分でどれが内部者株の分かを確定する方法はなかった．販売株式全体から無作為に選ばれたと仮定して，原告側の専門家証人は各原告の少なくとも1株が公募分である確率を計算して証言し，裁判所もそれがほぼ1であることを否定しなかった．裁判所は，原告適格についての証明度は証拠の優越の程度であることを認め，すべての証拠は確率的なものであると認定したが，それにもかかわらず，この確率の値では不十分であると，サージェント事件判決，スミス事件判決，及びポズナー裁判官の傍論を引用して判示した．とりわけ，確率的論証を認めると，販売株式からの購入者のすべての者に同様の主張ができることになるので，この連邦証券法の性格を変容させ，公募の購入者だけではなく公募を含む販売株式からの購入者を保護する法律になってしまうからだと論じた．裁判所はさらに，「代替可能な総量（fungible mass）」の理論も否定した．この理論は，それぞれの購入者が含まれる公募株式の割合に応じた割合的株式数を購入したものとみなすべきであるというものである．裁判所によれば，この理論を採用すると，原告はその株式が公募株であることを示さなければならないという法律の要件が滅却されてしまうから認めないとした．1933年にこの連邦証券法が制定された当時，ウォール・ストリートの実務は現在とは異なっており，どの株式がどの販売経路に由来するかを追跡することができた．現在ではこれは不可能となっているが，裁判所によれば，救済する必要があるというなら制定法の方を変えるべきだとのことであった．

　裁判所が認定していない事実として，このクリム事件においては株式の由来を同定するための統計的証拠以外の証拠が存在しなかった点がある．したがって，ポズナー裁判官が，統計的証拠だけで十分である場合と設定した例

外事情が本件には存在したと言えそうなのである．しかも，ポズナー裁判官が議論したのは51％という証拠の優越の場合の剝き出しの統計的証拠についてであり，クリム事件の圧倒的な値の確率とは大きく異なる状況であった．クリム事件の裁判所は，本件で原告適格を認めると，販売株式からの購入者全員が訴えることができてしまい，株式販売経路を追跡できなければ本法では保護されない，と規定する本件証券法と矛盾した結果になると論じた．しかし，本件裁判所の判断に従えば，逆に株式購入者の誰１人として訴えることができなくなるのであり，このような提訴の排除は，本件証券法が株式購入者の保護のための立法であることと正面から矛盾してしまう．経済的に不当に有利な地位が生じるという先の反論については（ポズナー裁判官がバスの事例で統計的証拠が不十分であるとする論拠），この反論が他に多数の同様の事案が存在することを暗黙の前提においていることを指摘できよう．正体不明のバスによる交通事故が十分に多数起きて，会社にとって重大な経済的負担となったとしよう．その場合のより適切な解決策は，企業責任（enterprise liability）の適用であるように思われる．これはいわば究極の統計的司法であると言える．すなわち，各事故事件において，各企業がそれぞれ市場占有率などを基準として自己の責任を分担するというものである．

「剝き出しの統計的証拠」だけでは本質的に不十分であると考える者がいるかもしれないが，そのような者は，では，ほんの少しでも事案特有の証拠が出てきたら，その途端に「剝き出しの統計的証拠」が魔法のように十分なものとなるのかを，考えてみてほしい．

幸いにして，昔の裁判での確率的証拠・統計的証拠の許容性に関する判断は，すべて先例的価値のない傍論においてなされていて，証拠法における悪しきルールや悪しき法的ルールとして確定されてはいない．たいていの場合，現実のルールはベイズの考え方に照らしてもっと健全なものである．教養豊かなラマス裁判官なら，がんで死亡する人はほんの少数派でしかないという事実は，ある特定の者ががんで死んだのではないということの証明にはならないと論じて，統計的証拠を否定するかもしれないが，実は同じラマス裁判官はそれ以前の判決においては統計的証明の証明力を積極的に評価しているのである．すなわち，「大多数の人間は正気であるという事実，および，どの特定の人間も正気であるという[高い]確率は，ある者が心神喪失であるという証言を，証拠的価値の点で凌駕するものであると，陪審は判断するこ

とができる．……これは，……証拠として評価されるべき正気の推定なのではなく，推定が基礎を置く合理的な確率に他ならない．」と判示している[30]．

ある事象が珍しいことであるが，その不存在を推定することが正当化されるほど稀なものではない場合，この統計的証拠や背景的証拠［事前確率］の重みを克服するだけの特別に説得力のある証拠を要求することも公正であると言えよう．議論はあるにせよ，これこそ主張された事象が珍しいものである場合に民事訴訟において「明白かつ確信を抱くに足る証明」を要求するルールの根拠である．その例としては，表見上有効に成立した法律行為の効果を否定しようとする訴訟が挙げられよう．この基準によれば，主張を否定する方向の背景的確率［事前確率］を克服するために，強い証拠の提出が求められると考えるのである．主張された命題を否定する非常に強い統計が存在する場合，特定の証拠方法がまるごと排除されることもありうる．ヴェトナム戦争で使用された枯葉剤エイジェント・オレンジによる健康被害の訴訟，妊娠悪阻予防薬ベンデクティンで胎児に障害が生じたとの訴訟，シリコン豊胸材による健康被害の訴訟などにおいて，圧倒的な疫学的証拠によれば因果関係を認めることができないことを理由に，被告の製品が原告の健康被害を惹起したという内容の専門家の証言をさせなかった裁判所がある[31]．背景証拠によって事前確率が非常に強く要証命題を否定する場合に，弱い事案特有証拠は不十分であると結論することはベイズの定理と完全に整合的である．

統計的証拠の証明力をベイズの定理を使って理解することと，裁判所でベイズの定理を正面から明示で用いることとは別のことである．裁判所での明示の利用に関しては，学者の間および裁判において少なからず論争が巻き起こった．陪審が付かない訴訟である父性確認事件において，血液型証拠以外の証拠方法に基づいて父子関係存在の事前確率を50％とし，事後確率を血液型鑑定の専門家に証言することを認めた裁判所もある．他方，ある事件では，裁判官が専門家証人の仮定する事前確率に納得せず，専門家証言を否定して，事後確率を自分で計算し直した[32]．

ベイズの定理の明示の利用を認めるか否かについては，ニュージャージー州の刑事事件で検討された．その訴訟では，刑務所の黒人の看守が女子受刑者と性的関係を持ったとして起訴された．州法によればこの行為は犯罪であった．女子受刑者は妊娠出産し，生まれた子供の血液型は被告人看守と一致した．刑事裁判のトライアルにおいて専門家証人が，1.9％の黒人男性が

本件と同じ血液型を持っており，よって排除率は98％から99％であると証言した．その上で事前確率を50％と仮定して，専門家証人は，被告人が生まれた子供の父親である確率は96.5％であると証言した．控訴審において中間上訴裁判所は有罪判決を破棄したが，その際にはウィスコンシン州最高裁判所の次のような判決意見を引用した．「被告人が犯罪を犯したことを証明するために，検察側に統計的証拠の利用を認めることは，我々の刑事司法制度と相容れない．統計的証拠は，被告人が犯罪を犯したことを仮定するものだからである[33]．」これは明らかに間違っている．なぜなら，ベイズの定理の事前確率は，被告人が犯罪を犯したことを前提とするものではないからである．単にその確率があることを前提とするだけである．とは言え，裁判所が本件専門家証人に事前確率に基づく証言をさせなかったこと自体は，正しい判断であると言える．なぜなら，専門家証人には事前確率を選択する点に関する専門的知識はなかったのであり，彼の設定した事前確率に基づく証言は，それと異なる事前確率を評定している陪審員にとっては意味のないものとなるからである．最終の上告において，ニュージャージー州最高裁判所は，原審中間上訴裁判所の有罪判決破棄の判断を支持した．ニュージャージー州最高裁判所は，専門家証人は陪審員たちに様々な事前確率ごとの事後確率を示し，陪審員が自分の到達した事前確率を照合させることで統計的証拠による自分の事後確率を見つけられるようにすべきであったと示唆している[34]．専門家証人が自分の事前確率を使うことが認められない場合，専門家証人が陪審員に数式を示し，自分の事前確率を代入して事後確率を計算するように証言するべきであった，あるいは，事前確率の様々な値についての具体例の計算結果を陪審に示すべきであった，という，ニュージャージー州最高裁判所の判断は正しいと言えるであろうか？　ニュージャージー州に加え，もう１つの州の最高裁判所がやはり，専門家証人は事前確率の範囲ごとにそれぞれの具体的計算結果を示すことができるとの示唆をしている[35]．他方，少なくとも１つの裁判所が反対の判断を示している[36]．連合王国の裁判官はこの問題をさらに深く検討し，トライアルでのベイズの定理の明示の利用を排除した．それによれば，「ベイズの定理ないしそれと類似の方法を利用することは，陪審を不適切で不必要な理論と複雑性の領域に投げ込むことになり，本来の適切な陪審としての仕事から逸らせる結果となる」と論じている[37]．

検察側によるベイズの定理の明示の利用を支持する根拠が最も強くなるのは，次の場合であろうと思われる．すなわち，痕跡証拠は，被告人が母集団の中でそれと同じ痕跡を有する集団の1人であるということを導く以上のものではない，と弁護側が主張した場合である．その場合には，陪審員が少なくとも他の証拠のいくつかを信じているとしたとき(事前確率)に，有罪となる確率(事後確率)はどのぐらいか，ということを示すために，検察側がベイズの定理を明示で使うことは正当化されよう．逆に，有罪の確率は，当該痕跡証拠の集団頻度の補数(1から当該痕跡証拠の集団頻度を引いたもの)であると検察官が主張した場合(これは有罪の事前確率を50％と仮定していることになる)[訳注8]，その他の証拠が信用できないものであるとした場合に事後確率がどのようになるかを示すために，弁護側がベイズの定理を明示で用いることは認められるであろう．

　もう1つの，そして多分もっと有効な手続きは，事前確率について何らの仮定も置くことなく，専門家証人が検査の尤度比の効果を説明することを認める方法である．これによって，専門家証人は，その痕跡を残したのが被告人である場合の方が，誰か別の者である場合よりも，1000倍も型が一致するようになる，というような証言をするのである．あるいは，その代わりとして，型が一致すれば，痕跡を残したのが被告人であるオッズが1000倍にもなると証言するのでもよい．いずれの方式であれ，専門家証人は事前確率について何らの仮定も置いておらず，検査のもたらす確率ないしオッズの変化について証言するだけである．専門家からなるある委員会(原著者もその委員であった)が，この方法への支持を表明している[38]．

　ベイズの定理の明示の利用の問題がどのような形で解決されるにせよ，それより重要な点は，これまでしばしば誤解されてきた，次の内容である．すなわち，痕跡証拠の型の一致が他の証拠と合わさって強力な証拠方法となるのは，それが被告人を個人特定する場合である必要もなければ[p(被告人が真犯人｜型の一致)＝1／母集団人口]，ほぼ個人特定する場合である必要もない[p(被告人が真犯人｜型の一致)≒1／母集団人口]，という点である．

第 2 章　記述統計の初歩

　データを要約して記述するというのは，統計の基本的な役割の 1 つである．その際に不可欠な道具 [「要約統計量」と呼ばれる] としては，第一に，中心の位置を測る尺度が挙げられる．その代表例は平均値，中央値（メディアン），最頻値（モード）だが，これらはデータの中心がどこに位置しているかをそれぞれ違った方法で示すものである．第二に，ばらつきを測る尺度がある．これは観測データが中心値の周りでどれくらい散らばっているかを示す尺度であり，最もよく知られているのは分散や標準偏差であろう．そして第三に，相関を測る尺度，特にピアソンの積率相関係数（Pearson's product-moment correlation coefficient）が挙げられる．この係数は，観測値のペアがどの程度線形の関係にあるのかを示す値である．以上の測定尺度は，統計的な議論という構築物の土台をなす礎石だと言える．もう少し詳しく，これらの測定尺度の定義を見ていこう．

中心の位置を測る尺度（代表値）

平均値
　平均値（mean）は，データの数値がどのあたりに位置しているかを表す，最も一般的な測定尺度である．なかでもいちばん単純な形はよく知られている算術平均（arithmetic average）であり，これは観測値の総和を観測数で割ったものである．このような平均値は以下の意味で「中心」値と言える．
・平均値は，観測値との差［平均値と観測値の差を「偏差」と呼ぶ］の総和がゼロになる唯一の数である（平均値を上回る観測値についての偏差の総

和は，平均値を下回る観測値についての偏差の総和に等しい）．
- それゆえ，観測値をすべて平均値に置き換えても総和は変わらない．
- 平均値からの偏差の平方和は，他のどのような数からの偏差の平方和と比べても小さくなる（これは，後で述べる統計モデルで利用される重要な性質である）．

　平均値は上述の意味で中心ではあるが，必ずしも「代表的」あるいは「典型的」な数値ではない．例えば，自分の子どもが2.4人いるという人はいない．また，少数の大きな（または小さな）観測値が重要になりうる場合は，平均値がデータを要約するのに最も有用な数値になるとは限らない．平均の深さが6インチ［約15cm］しかない川でも溺れることはあるし，地球の平均温度が華氏61.7度（摂氏16.5度）しかなかったはずの1998年7月に熱波でやられた人もいる．さらに，女性の平均寿命が男性よりも長いという事実は，多くの女性が男性の平均寿命まで生きられないという事実と矛盾しない．まさにこの理由から，アメリカ合衆国連邦最高裁判所は女性に対して年金保険料を多く請求するのは差別だと判断した．「ある層に関する一般化が真実に合致するものであっても，その一般化が当てはまらない個人の資格を剥奪する理由としては不十分なのである」[(1)]．

　標本平均は，母平均（母集団の平均）の推定量として役立つ．というのも，標本平均は不偏推定量かつ一致推定量だからである．実際の観測値が何であれ，ありうるすべての無作為抽出標本のパラメータ推定量の平均値が母集団のパラメータ（ここでは平均値，つまり母平均）と等しくなっている場合，その標本の推定量は不偏（unbiased）推定量であるという．要するに，その推定量による予測がシステマティックに外れていない，ということである．また，標本サイズが大きくなるにつれて，推定量と母集団のパラメータとの差が（どのような値であろうと）ある所与の値になる確率がゼロに近づく場合，その推定量は一致（consistent）推定量であるという（これは第1章で論じた大数の法則を述べたものである）[訳注1]．標本平均は両方の性質を有しているが，他の推定量は片方の性質しかなかったり，どちらの性質もなかったりする．これら2つの性質のうち，一致性の方が重要である．なぜなら，推定量が一致性（consistency）を持っていれば，標本サイズが大きくなるにつれて標本のどんなバイアスもごく小さくなるからである．

中央値（中位数，メディアン）

　データの中央値（median）とは，観測値の少なくとも半数がその値以上，かつ，少なくとも半数がその値以下になるような値のことである．観測値の数が偶数であれば，観測値全体を小さい方から大きい方へと並べて，真ん中にくる2つの観測値の間をとった数を中央値とするのが普通である．観測値の数が奇数であれば，ちょうど真ん中の観測値が中央値となる．中央値は，観測値の分布に大きな歪みがある場合によく使われる統計量である．例えば，4人の年収が1万ドル，1人の年収が100万ドルだとすると，年収の平均値は20万8千ドルとなるが，年収の中央値は1万ドルとなる．分布に大きな歪みのあるこのデータの場合は，どちらもあまり良い要約統計量とはならない．しかし，平均値は飛び抜けた外れ値に左右されすぎてしまい，それに比べれば中央値の方がデータの中央により近いように思える．そのため，分布が歪んでいるデータ（例えば所得や家族の人数）の場合には中央値が頻繁に使われている．所得や家族の人数などの場合には，平均値は大きな観測値に引っ張られ，中央値よりも大きな値になる（例として図2.1を参照）．

　中央値の性質の1つに，「中央値からの偏差の絶対値の総和は，他のどのような値からの偏差の絶対値の総和よりも小さい」という性質がある．標本データを処理する場合，平均値は中央値と比べると標本抽出誤差[訳注2]が一般に小さくなるため，統計の専門家は平均値の方を好む．つまり，母集団からの無作為抽出を繰り返すと，標本の平均値（標本平均）は標本の中央値よりも標本ごとのばらつきが小さいのである．だが，法に関する領域においては，この性質は平均値と中央値のどちらを使うかを判断する際の考慮要素にはなってこなかった．

　裁判所が実際に中央値を選択した裁判例を2つ挙げよう．中央値が用いられたのはなぜかと言うと，平均値は少数の大きな値に影響されすぎる，と裁判所が考えていたからである．

　1つはこのような裁判例である．州や地方自治体による差別的な課税から鉄道会社を保護するため，州や地方公共団体が他の商業上・産業上の資産よりも高い税率で鉄道の線路に対して財産税を課すことは連邦法によって禁じられていた（問題になったのは，査定価格と市場価格の比である．すなわち，この比の平均（average）が最近の財産の売買をもとに計算されるのである）．さて，比較の指標として適切なのは，査定価格と市場価格の比の平均

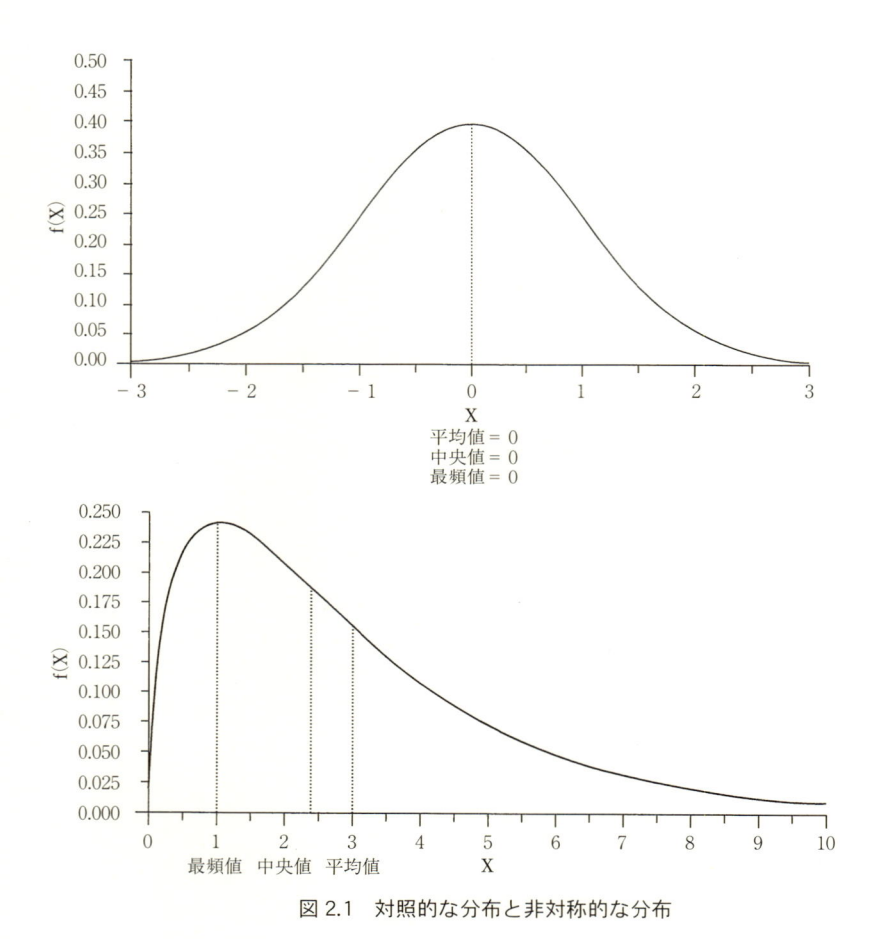

図 2.1 対照的な分布と非対称的な分布

値だろうか，それとも中央値だろうか？　ある裁判所は平均値の方を採用した．その理由はおそらく，立法段階で "average ratio" が言及されており，この "average" は平均値(mean)の意味しか持ちえないからだと思われる[2]．しかし別の裁判所は法律の目的に着目して中央値を採用しており，これにはより説得力があった．いわく，平均値を使うと，公共的サーヴィスを提供する企業が保有しているような大きな資産に影響されすぎるだろう．そうした資産は，線路の査定のされ方とほぼ同じように，集権的に(地方政府 [州や地方自治体] によって)高く査定されていたのである[3]．したがってこの法

律で連邦議会が意図していたのは，鉄道の線路は公共施設を主な比較対象として査定されるべきではなく（そうすると州や地方自治体による差別が入り込む余地が大きくなる），より広い範囲の他の産業上・商業上の資産を比較対象として査定されるべきだ，ということになる．これが裁判所の下した結論であった．

　第二の裁判例は，悪性の脳腫瘍で亡くなった患者の相続人が，医療過誤による死亡だとして患者を担当した医師を訴えた事件である．医師は新しい治療法を実験的に試みて患者の死期を早め，その点で医療過誤の責任を負うべきだ，と相続人は主張した．死期が早まったという主張を証拠立てるために，原告は同じ病気に罹患した70人の患者を対象とした研究を引用している．その研究では最初の診断からの余命の平均値は17ヵ月と報告されていたが，当該患者は7ヵ月しか生きられなかった．しかしながら裁判所は，その研究によると余命の中央値が8.3ヵ月となっている点を指摘している．しかも，余命の平均値は例外的に長く生存した患者の症例に引きずられるため，中央値の方がより代表値として適切である，ということを同研究の著者も述べていたのであった[4]．研究の対象となった症例は当該実験的な治療法によらない場合の患者の余命を反映したものだと仮定すると（原告はそのように仮定していた），患者の余命が中央値以上になる確率は約50％となるが，平均値以上になる確率は50％を下回ることになる．したがって，証拠の優越の原則からすると，実験的な治療法なしで患者が中央値以上に生きながらえたと言うことはできない（裁判所は正当にも，当該患者の余命7ヵ月と中央値8.3ヵ月というわずかな差は問題にならないと結論づけた）．

　その一方で，大きな値があるためにデータの分布に歪みが生じているとしても，すべてのデータを考慮に入れたいと思うような場合もある．そのような場合は，データの中心位置を示す指標として平均値の方が中央値よりも好まれる．これは，推論の方向が通常の統計的推論とは逆になるという奇妙な例である．つまり，先に母集団がわかっていて，標本についての推論を後からしようというものである．

　シスコ（Cisco）社のある従業員が，シスコ社が保有していたテラヨン（Terayon）社[訳注3]の株式約15万株を横領したとして有罪になったことがある．結局シスコ社は株を取り戻したものの，その株を売却する機会を19ヵ月間にわたって逸し，損害を被ってしまった．シスコ社は，当該期間におけるテラ

ヨン社株の終値の平均値を株式数で乗じた額が損害額になる，と主張した．その額は約125億ドルにものぼった．対する従業員側の反論の中には「株価の中央値を用いるべきだ」とする主張があったが，そうすると損害額はもっと小さくなる．地方裁判所は，横領された株をシスコ社がいつ現金化したかを決める方法はなく，その期間（19ヵ月）の終わりの日までにはすべての株の売却を完了していただろう，ということが言えるのみである，と判断した．もしシスコ社がすべての株を一日で売却していたとすれば，株価の中央値を支持する側の方に分があっただろう．脳腫瘍による死亡の裁判例と同じように判断されるわけである．しかし，そんなに大量の株を一度にすべて売却すると市場が混乱に陥ってしまうだろうから，こういうことはありそうにない．相当数の日に分けて株を売る方が現実的であり，もしそうだったとすると，これらの日の終値の平均値（標本平均）が期間全体の株価の平均値（母平均）にかなり近い値になることが大数の法則で保証されるので，後者は前者を推定するための良い指標だということになる．さらに言えば，標本における日々の株価を，終値の標本平均と置き換えても差し支えない．なぜなら，日々の株価を母平均の価格と置き換えても，［標本として抽出された］これらの日の終値の合計は変わらないからである．

　地方裁判所は特に議論することもなく，平均値を採用して高い方の賠償額を選択した．そして，控訴審でもこの判決は維持された[5]．

　中央値を計算するときは順番に並んだデータの半分だけしか必要ないのに対し，平均値を計算するときはすべてのデータが必要になるので，平均値よりも中央値の方が求めやすい．［例えば］寿命の平均値を知りたいが母集団の全員が亡くなっているわけではないという場合，この違いは重要になる．

最頻値

　最頻値（mode）とは，データセットの中で最も頻度の高い値のことである．これは最尤推定法（maximum likelihood estimation）で用いられる．最尤推定法とは，ある未知のパラメータの推定量として，観測値が最も現れやすくなる値を採用するという方法を指す．この最尤推定法は，より高度な統計分析において重要なツールとなっている．

別のタイプの平均値

　場合によっては，加重平均(weighted mean)を用いるのが適切である．サイズの異なる複数の層から，それぞれを代表する数値が抽出されている場合が，その例である．そうした場合，各層の平均値に層のサイズに比例した重みづけを行うことで，加重平均を算出する．先の鉄道の例に即して言えば，他の資産の「査定価格と市場価格の比」の平均値は，標本となった資産の比をそのサイズで重みづけることによって計算することになる．これについて異論はないだろう．

　しかし，加重平均と重みづけのない単純平均のどちらを使うかは，論争の的になりうる問題である．例えば，ある製薬会社が睡眠に関する研究に基づいて「わが社の抗ヒスタミン薬は，睡眠状態に入るまでの時間(入眠潜時：sleep latency)を46％短くしている」と主張していた．この会社がどのように46％という数字を算出したかと言うと，薬を飲んだ被験者の入眠潜時を合計し，薬を飲まなかった被験者の入眠潜時(ベースライン)の合計で割ったのである．これは実質的に，ベースラインの入眠潜時に比例する重みづけを施した加重平均［の入眠潜時短縮率］である．連邦取引委員会(Federal Trade Commission：FTC)は，会社が行ったこの計算に疑問を投げかけた．各被験者について入眠潜時の短縮率を計算したうえで平均値を計算すると，より小さな数字が出てくるのである．こちらは重みづけをしない単純平均である．結果に違いが生ずる理由は，ベースラインの入眠潜時が最も長い被験者が薬の投与後に最も大きな短縮率を示したことにある．加重平均は単純平均と比べ，このような入眠潜時の長い被験者の影響を大きく受ける．さて，どちらの数値の方が「正しい」のだろうか？　加重平均の方が，ベースラインの入眠潜時の平均値に関する短縮率を反映しているため，好ましいように思える．しかしより重要なのは，入眠潜時の短縮率についてきちんと論ずるにはベースラインの入眠潜時を特定しなければならない，という点である．

　次の裁判例は，ある連邦法の解釈に関わるものである．連邦法では，州のメディケイド・プラン［medicaid plans：低所得者の医療費をカバーする保険］について，以下の規定があった．すなわち，州のメディケイド・プランにおいては，メディケイドの対象となる患者が普通より多い病院がどこであるかを調査し，そのような病院に対しては支払いを増額しなければならない，という規定である．連邦法によると，「病院の入院患者のメディケイ

ド利用率［病院の総入院日数のうち，メディケイドの対象となる患者によるものの割合——原著者による注記］…が，メディケイドの償還を受け取っている病院の間でのメディケイド平均利用率(the mean medicaid inpatient utilization rate)と比較して，少なくとも標準偏差1個分上回る病院が「メディケイド利用患者が普通以上に多い病院」，ということになる[6]．カリフォーニア州は，この償還増額の可否を判断するための平均利用率を計算するにあたり，入院日数の総計によって重みづけをした平均値を用いた．このようにすると，都市部の大病院の方が田舎の小病院と比べてメディケイド対象患者の割合は高いので，償還を増額してもらうためにクリアすべき閾値が上昇することになる．この計算方法の下で増額の資格が得られなかったある病院が，「連邦法は平均値(mean)と指定しているから，加重平均を使うことは許されない」として訴えを提起した．この病院の主張によると，カリフォーニア州は，すべての病院を同じように単一のデータ要素として扱ったうえで，メディケイド対象患者の入院日数の算術平均を計算すべきである．ところが，裁判所はこの主張を退けた．法律の文言にある「平均値(mean)」の意味は曖昧さを残しており，加重平均と単純平均の両方を包含しうる，と裁判所は判断したのである．この判断は正しいように思われる．連邦議会は，本法の別の条項を修正した際に「算術平均」の語句をわざわざ含めたのに，本件で問題になった条項には何も変更を加えなかった．裁判所によれば，これは立法者が加重平均も許容する意図を持っていた証拠である．法律が曖昧であったこと，そして連邦の担当者が加重平均の使用を認めたと言える行動をとっていたことを考慮して，裁判所は担当者の決定を尊重したのである[7]．

　平均値が外れ値によって歪められている場合，データの中心の測定尺度としての代表性を改善する，別のタイプの平均値を用いることもできる．その1つが調整平均(trimmed mean：トリム平均，刈り込み平均)である．これは，データの上位および下位P%（例えば5%）を除いて計算した平均値である．また，幾何平均(geometric mean)という数値も使われる．n個の正の数の幾何平均とは，これらの積のn乗根のことである．おそらく，最も直感的な定義は対数を用いた定義であろう．データの対数の算術平均は，幾何平均の対数に等しくなる．つまり，データを対数変換した値の算術平均の真数をとれば，幾何平均になる．対数目盛においては，数値の差が同じであって

も，数値が大きい場合は小さい場合と比べて大きく割り引かれて計算される[訳注4]．例えば，1と101，1,000と1,100の差はどちらも100である．しかし，対数目盛では，前者は約2，後者は約0.04に換算される．幾何平均は，数値が大きい場合は重みづけが小さくなるので，数値がすべて正であれば算術平均と比べて常に小さくなる．例えば，1と100の算術平均は50.5，幾何平均は10である．

　データの下限がゼロになっている一方で上限が存在していなければ，データの分布は歪む可能性が高い．少数の大きな数に過度に影響されるような平均を採用したくないと規制者が考えている場合，平均を用いる規制に幾何平均が登場することがある．このような理由で幾何平均が使われている例として，メディケア（medicare）の償還ルールにおける入院日数，水質基準における大腸菌の数などが挙げられる．1998年，アメリカ合衆国労働統計局（Bureau of Labor Statistics）の算出した消費者物価指数が生活費の上昇分を過大に反映しているとして批判されたが，労働統計局はその批判に応え，関係する生産物全体の平均価格を計算するにあたって幾何平均を用いるようになった．ある生産物の価格だけが上昇して同じグループの他の生産物の価格がほとんど変わらない場合，幾何平均を用いると指数の上昇が抑えられるのである．

　幾何平均の限界は次の点にある．算術平均の場合，母集団に占める標本の割合の逆数を掛ければ，外挿法によって[訳注5]標本の算術平均から母集団のデータの合計値を得ることができるが，幾何平均の場合はそのような使い方をすることができない．ある裁判例で，水力発電用のダムによって1年間に失われた魚の数が問題になったことがある[(8)]．この推定値は，無作為に選ばれた日の1日あたりの平均値に365を掛けて算出されたものであった．被告となった会社は，以下のように反論した．「失われる魚の数は日々大きく変動しており，非常に多くの魚が失われる日もあるから，1日に失われた魚の数の平均を算出する際には，算術平均ではなく幾何平均を用いなければならない」．しかし，1日あたりの幾何平均から1年間の合計数を導き出す方法はないので，これは無理なのである（例えば，幾何平均は正の数についてのみ定義されるため，標本に含まれるある日に失われた魚の数がゼロだったとすると，1日あたりの幾何平均は計算不可能であることに注意しよう）．

　さらに，調和平均（harmonic mean）と呼ばれるタイプの平均値もある．調和平均の定義は難解に聞こえる．「データの逆数の［算術］平均の逆数」であ

る．この調和平均は，大きな数値よりも小さい数値に大きな重みづけを与えて平均値を出したい場合に用いられる．調和平均は正の数値について定義され，常に幾何平均よりも小さくなる．例えば，アメリカ合衆国環境保護局(Environmental Protection Agency：EPA)の規定では，ある車両が複数の燃費テストを受けた場合，テスト結果の調和平均を算出してその車両の燃費を表すものとする，とされている[9]．極端な例を挙げると，例えばある車両が燃費テストを受け，1つ目のテストでは1ガロン[約3.8リットル]あたりの走行距離が20mpg[1ガロンあたりの走行マイル]，2つ目のテストでは40mpg[約64km]となったとしよう．これらの逆数の[算術]平均は，1/2(1/20 + 1/40) = 3/80と計算できる．調和平均はこの逆数，80/3 = 26.6mpgである．なお，幾何平均は28.3mpg，算術平均は30mpgとなる．どの数値が「正しい」のだろうか？　この車両がそれぞれのテストで100マイルずつ走行したと仮定しよう．すると，消費したガソリンの総計は100/20 + 100/40 = 7.5ガロンとなる．つまり，200/7.5 = 26.6mpgである．テスト全体の数字を計算する際，mpgの逆数が用いられ，小さな数値の方により大きな重みが与えられる結果，調和平均が適切な答えとなる．幾何平均や算術平均では値が大きすぎるのである．

　調和平均は常に幾何平均よりも小さくなるが，この2つの値は近くなる傾向があり，したがってこれらの差はあまり重要ではない場合が多い．しかし，ある主要な憲法訴訟でこの差が中心の争点になったことがある．合衆国憲法[第1条第2節]では，下院議員を州の間で「それぞれの人口に応じて」配分することが規定されている．1人1票の原則に基づいて，下院議員1人あたりの有権者数が各州で同じになるのが理想であろう．しかし，現在のところ法令によって下院議員の定数が435に固定されており，各州に少なくとも1人の代表議員が割り当てられ，しかも割当数を分数にすること(fractional representatives)は認められていないため，厳密な平等を実現するのは不可能である．一般に用いられる方法は，各州に1人の議員を割り当てた後，51人目の議員を人口の最も多い州に割り当て，52人目の議員を(後述する意味で)「議員1人あたりの」人口が最も多い州に割り当てる…ということを435議員すべてについて行う方法である．しかし，「議員1人あたりの」人口(州の「優先数」と呼ばれる)を計算するとき，州がすでに確保している議員数で割るのだろうか？　割り当てられた後の議員数だろうか？　それと

も，これら2つの何らかの平均なのだろうか？ この計算には様々な方法が使われていたが，1941年，数学者から構成される委員会の進言に従って，連邦議会が「ヒルの方法 (Hill method; Huntington-Hill method)」として知られる「均等配分の方法」を採用した．この方法では，ある州に(その州にとって) n 個目の議席を配分することを考える場合，そのときの分母は n と $n-1$ の幾何平均とされる [$n-1$ はその州が現在確保している議席数]．この方法によれば，どの2州をとってきてもその相対的な差異が最小になるような配分が得られる(2州の「相対的な差異」とは，州ごとに算出した1議席あたりの有権者数の大きい方と小さい方の比を指す)．

1990年に行われた議員数割り当てのとき，モンタナ州が2議席から1議席に減らす一方，その議席はワシントン州に移り，同州は8議席から9議席に増えた．どうしてこのようなことになったかと言うと，最後の議席を配分する際，モンタナ州の優先数は(法令に定められている通り) 1と2の幾何平均，すなわち $\sqrt{1 \times 2} = 1.41$ であったためである．モンタナ州は「調和平均(ディーンの方法(Dean method)としても知られている)の方が憲法上の平等の要請をよりよく実現するので，そちらを使うべきだ」として訴訟を起こした．仮に調和平均が用いられていたとすれば，モンタナ州の優先数は除数を $1/2 \, (1/1 + 1/2)^{-1} = 1.33$ として計算されていたはずである．そうなると除数がわずかに小さくなるため，ワシントン州が8議席から9議席に増えるときの(調和平均を除数とした)優先数よりも大きくなっていた．モンタナ州の優先数が大きいので，最後の議席はモンタナ州が得ていただろう．さらに，一般的に言って，調和平均を利用した方が小さい州にとっては有利になる．調和平均は幾何平均よりも常に小さくなるからである．

モンタナ州は，「調和平均を使えば，どの2州についてみても理想的な選挙区(district)からの絶対的な乖離が最小になる」ということを指摘し，調和平均の利用を正当化していた．絶対的な乖離とは，その州の平均的な選挙区における議員1人あたりの有権者数が理想的な1人あたり有権者数からどのくらい離れているかを示す数値である．2つの州についてのこの値の合計がこの2州の「絶対的な乖離」となる．モンタナ州の場合，幾何平均を使うと理想からの絶対的な乖離が260,000となり，調和平均を使うと209,165に下がる．だが，調和平均を使用すると相対的な差異は1.52に上昇してしまい，これはワシントン州がモンタナ州と比べて52%も状況が悪くなっていることを

意味する．不均等を示すこれらの測定値——相対的な差異と絶対的な差異——のどちらが憲法上要求されるのだろうか？　答えはどちらでもない．最高裁判所は全員一致でモンタナ州の異議を棄却した．裁判所によると，不均等を示す測定値［絶対的な差異，相対的な差異，その他］のうちのいずれにおいても，憲法上の重要性を有する実質的な原理を見出すことはできない」[10]．つまり，連邦議会は調和平均，幾何平均，あるいはそれ以外の平均値のいずれも使うことができ，幾何平均の使用を定めている法令は，単に可能な手段の中から1つを選択しているだけであるから，違憲ではないのである．

　平均値，さらには中央値を持ち出しても，まだ話が終わらない場合もある．1人あたり国内総生産(GDP)の平均値はアメリカ合衆国の方がスウェーデンよりも大きい．そして，合衆国において中央値に相当する世帯は，スウェーデンにおいて中央値に相当する世帯とほぼ同じ生活水準で暮らしている．けれども，以上のことから，合衆国のすべての階層の人たちがスウェーデンの同じ階層の人たちよりも暮らし向きが良いとか，あるいは同等以上だとかと結論づけることはできない．所得階層を下るに従って，スウェーデンの人たちの生活水準は，合衆国の人たちの生活水準をはるかに上回るようになる．スウェーデンで下位10％に位置する人たちの所得は，合衆国で下位10％に位置する人たちの所得よりも60％も高いのである．合衆国の1人あたりGDPがスウェーデンよりも大きいのは，合衆国の富裕層がスウェーデンの富裕層よりも裕福だからである[11]．

ばらつきを測る尺度

　ばらつき(変動あるいは散らばり)を表す要約統計量は，中心の値からの偏差がデータにおいてどのくらいあるかを示すものなので，データを記述するうえで重要である．中心の位置を表す測定尺度と同じく，ばらつきを表す測定尺度にも様々な形のものがあり，それぞれが元のデータの異なる側面を強調する値となっている．

分散と標準偏差

　ばらつきの測定尺度として群を抜いて重要なのは，分散(variance)と標準偏差(standard deviation)である．分散とは，「データの平均値からの偏差を

2乗したもの」の平均値である．一方，標準偏差とは，分散の正の平方根である．通常，分散はσ^2，標準偏差はσと表記する．これらの値がばらつきを示している理由は，データ要素が平均値から遠くなればなるほど，分散や標準偏差も大きくなるという点にある．上記の定義から，ただちに次の性質を導くことができる．

- 分散と標準偏差は決して負の値になることはなく，データにまったくばらつきがない場合にのみゼロとなる．
- データの各値に定数を加えても，分散や標準偏差は変化しない．
- データの各値に定数cを乗じると，分散はc^2倍になり，標準偏差は$|c|$倍となる．
- 標準偏差は元のデータと同じ単位で表される．このことから以下の有用な性質が導ける．データ要素が平均値からどのくらい遠いかを測定する際，単位は関係なくなる．例えば，身長をセンチで測った場合に平均身長よりも標準偏差1個分だけ背の高い男性は，インチで測っても同じように標準偏差1個分だけ背が高い．

データのばらつきが重要な場合，データ分布の記述にあたっては，平均値や中央値に標準偏差が併記されることがある．ある裁判例を紹介しよう．製薬会社のバクスター・インターナショナル (Baxter International) は将来の収益の見積もりを発表したが，楽観的にすぎることがわかった．実際の収益が発表されると，バクスター社の株価が大きく下がり，誤解を与える見積もりを発表したという理由で同社は訴えられた．裁判所は，バクスター社は内部的に様々な見積もりを行っているはずであり，正確な株価を形成するのに十分な情報を市場に与えるためにはそれらの見積もりの平均値，中央値，そして標準偏差を開示すべきであったと判断した．裁判所は次のように述べている．「平均値は中央値よりも大きいという知識，または標準偏差が重要であるという知識は，市場価格を決定するような取引を行うプロの投資家にとってとりわけ役に立つであろう」[12]．

有名なエクソン・ヴァルディーズ (Exxon Valdez) 号事件（以下，エクソン事件と呼ぶ）では，アラスカのプリンス・ウィリアム湾に大量の原油を流出させてしまったエクソン社に対し，25億ドルの懲罰的損害賠償を課すことが妥当であるか否かを最高裁判所が審理している[13]．最高裁判所は減額を

認めたが，その際，懲罰的損害賠償の予測不可能性を指摘したうえで，州レヴェルの民事訴訟における賠償額の包括的研究を証拠として引用している．その研究によれば，懲罰的賠償と填補賠償[訳注6]の比の中央値は0.62：1，平均値は2.90：1，そして標準偏差は13.81であった．この研究から，裁判所は次のように結論づけた．「分布の範囲は非常に広く，填補賠償がかすんでしまうほどの懲罰的賠償を被告に課しているのは外れ値にあたる事例である」(14)．エクソン事件の場合，この結論は支持できない．なぜなら，この分析は填補賠償の金額を考慮に入れておらず，エクソン事件のように巨額にのぼる填補賠償に対する懲罰的賠償の標準偏差は，裁判所が用いた全事件の標準偏差と比べてずっと小さいからである(15)．

標準偏差はデータ分布の重要な特徴を記述するために用いられ，変動を表す測定尺度として特に役立つ．例えば，推定や測定を行うときはその不確実性を考え，標準偏差プラスマイナス2個分の範囲を推定値として用いることがある．なぜそのようにするのかと言うと，データは正規分布（釣鐘形のカーブとして知られている．詳細は第5章を参照）に従うという仮定が置かれる場合が多く，その場合には平均値から標準偏差1.96個分以上離れたデータは約5％しかないからである．したがって，例えば，FBIが犯罪の現場で発見した銃弾を被疑者宅で発見された銃弾と結びつけようと考えたとき，慣例通り両方の銃弾に含まれる微量元素を測定し，双方の測定値が標準偏差4個分の範囲に収まった場合に「一致」と判断していた（つまり，各測定値の標準偏差2個分まで許容しているわけである）(16)．

データが正規分布に従うという仮定が置けない場合，ロシアの数学者のパフヌーティー・リヴォーヴィッチ・チェビシェフ（Pafnuty Lvovich Chebyshev; 1821-1894）が証明した重要な定理があり（実際にこの定理に出会うことは少ないが），この定理から，直感に訴えるような標準偏差の解釈を導くことができる．チェビシェフの不等式と呼ばれるこの定理は，次のようなものである．どのようなデータセットにおいても，無作為に選ばれたデータ要素が平均値から標準偏差 k 個分離れている確率は $1/k^2$ 未満となる．例えば，どんなデータセットでも平均値から標準偏差2つ分以上離れたデータ要素は1/4未満であり，そして標準偏差3つ分以上離れたデータ要素は1/9未満しかない．定理の重要性はその一般性にある．つまり，いかなるデータセットにも当てはまるのである．したがってこの命題は，データが正規分布に従う

と仮定する場合に成立する命題よりもずっと弱い内容だという点に注意されたい．

　標準偏差は，平均値から離れたデータ要素を特定する目的でもよく用いられる．ある子どもが社会保障の高度障害給付(Social Security Disability Benefits)の有資格者であるかどうかを判断するとき，その子どもが2つの領域で「顕著」な機能上の障害を抱えていること，または1つの領域で「極端」な機能上の障害を抱えていることを保険監督官が認定しなければならない(「領域」とは，「子どもができること(あるいはできないこと)のすべてを包含するための概念であり，広範囲にわたる機能を指している」)．規則によると，もし子どもの標準テストの成績が平均値と比べて標準偏差2個分以上低ければ機能上の制約が「顕著」と判断され，標準偏差3個分以上低ければ「極端」と判断される．テストの点数が平均値を中心にして正規分布に従うと仮定すると(これは無理な仮定ではない)，「顕著」な制約を抱える子どもは下位2.5％，「極端」な制約を抱える子どもは下位0.1％しかいないことになる[17]．

　「平均値から標準偏差2つ分以上離れている観測値は，平均から顕著な乖離を示しているとみなされる」からと言って，「平均値との差が標準偏差2個分以内に収まっている観測値は，平均に近い値である」とは言えない．標準偏差2個分の中にもばらつきの余地が大きく残されており，この範囲に分布する観測値が類似しているか否かは，明らかに文脈に依存する．1992年，アメリカ合衆国連邦通信委員会(Federal Communications Commission：FCC)は遠距離電気通信(テレコミュニケーション)サーヴィスの料金に関するルールを作った[訳注7]．そこでは，全米の都市部での平均料金との差が標準偏差2個分以内に収まっている場合，地方での料金が都市部の料金と「同程度であるとみなす」と定義されていた．この定義をめぐって裁判が起こされたが，これに対してFCCは次のように述べて抗弁を行った．都市部で最も高い料金は，平均値から標準偏差2個分上のあたりに位置している．したがって，地方での料金がこの水準に達しているのであれば都市部の最高料金に近い，つまり最高料金と同程度だということになる．裁判所はこのアプローチの論理を認めはしたが，結局退けた．なかでも裁判所は，同程度だとされる都市部の最高料金は都市部での平均料金の138％にものぼり，都市部の最低料金の2倍を上回る，という点を指摘している．裁判所の結論による

と，「なぜそれら（都市部の最高料金と都市部での平均料金）を同程度であると考えてよいのかわからない」[18]ということであった．

　統計の専門家は分散や標準偏差をほとんど反射的に用いるが，法が関わる文脈においては，別のばらつきの測定尺度がより適切な場合もある．例えば，平均値と同じように，大きな外れ値が存在するときには問題が生ずることがある．分散は差の平方を用いて計算するため，大きな偏差により大きなウェイトが置かれることになり，ばらつきの測定尺度に深刻な歪みが発生してしまうおそれがある．さらに，外れ値が測定尺度を歪ませることとは別に，差の平方がデータの記述としてそもそも不適切だという問題も起こるかもしれない．

　最も単純な種類のばらつきの測定尺度として，上位のパーセンタイルと下位のパーセンタイルの差を挙げることができる．データの「レンジ（range：範囲）」とは，データセットの中での最大値と最小値の差のことである．言うまでもなく，レンジは外れ値の影響を非常に受けやすい．より影響を受けにくいのは「四分範囲（interquartile range：四分位数間レンジ）」で，これは上位25％にあたる値と75％にあたる値の間の差であり，それゆえ真ん中50％に位置するデータを含む領域ということになる．さらに，「平均絶対偏差（mean absolute deviation）」というばらつきの測定尺度もある．これは平均値からの偏差の絶対値を平均したものである．偏差を2乗しないので，平均絶対偏差は標準偏差よりも通常は小さくなる．

　ばらつきの測定尺度は，選挙区割り当てに関する初期の裁判例での際立った特色となっている．1人1票の原則のもとでは，連邦議会または州議会の選挙区の人口のばらつきは，一定の限度までしか認められていない．連邦議会の選挙区については，「人口のばらつきのうち，絶対的平等を達成しようという真摯な努力にかかわらず避けられなかったもの，あるいは正当理由が示されたものだけが認められる」[19]．一方，州議会の選挙区についてはより緩やかな基準になっており，厳密に人口が等しくなっている状態から少々乖離していても許される．しかし，それも「州が合理的な政策を実施していることに伴う，正当な考慮に基づく場合だけ」である[20]．

　これらの基準のもとでは，選挙区の割り当てについて異議が申し立てられた場合，ばらつき具合を要約する測定尺度のうち，裁判官はどれを用いるべきなのだろうか．統計の専門家は反射的に標準偏差を選ぶかもしれないが，

偏差の平方を使った測定尺度を好むべき格別の理由はない．この文脈では，標準偏差を直感に訴えるように解釈することはできないのである．連邦最高裁判所は，ばらつきの程度を測るために，レンジ（理想的な選挙区割りの状態からの乖離が最も大きい選挙区と最も小さい選挙区の差），平均絶対偏差（「平均偏差」と呼ばれている），四分範囲の変形版（例えば，理想的な選挙区割りの状態からの乖離がＸ％点の範囲内に収まっている選挙区の数）に目を向けた．これは問題ないように思える．

　統計的な観点からこれよりずっと問題になりうるのは，連邦最高裁判所が１人１票の原則に照らして選挙区の間のばらつきを気にしており，それが有名な*Bush v. Gore*事件（以下，ブッシュ対ゴア事件と書く）の判決の表面上の論拠になっていたことである[21]．周知の通り，2000年の大統領選挙では，フロリダ州最高裁判所が手作業による票の数え直しを命じていたが，連邦最高裁判所は数え直しを停止させた．裁判所の匿名意見（７対２の多数意見）によれば，投票者の意思を識別できるか否かを手作業での数え直し（フロリダ州最高裁判所が採用した基準）によって判定するにあたって，判定基準の厳しさが投票者ごとに異なる可能性が出てくる．その例として，裁判所は以下のことを指摘している．すでに数え直しが完全に終了していたブロワード・カウンティ（Broward County）では，カウントされていなかった票のうち26％が再集計によって新たにカウントされた（すなわち，これらの票を投じた人たちの意思は識別できたわけである）．これに対し，同様に手作業での数え直しを行ったパーム・ビーチ・カウンティ（Palm Beach County）では，カウントされていなかった票のうち新たにカウントされたのは８％にすぎなかった．カウントされていない票を手作業で数え直す際，カウンティによって（あるいは投票所によっても）異なる基準が用いられている可能性があり，したがって平等保護条項違反の憲法問題が生ずる，という点で７名の裁判官の意見は一致した．

　この議論は次のように説明できる．あるカウンティでは投票者の票がカウントされず，より緩やかな基準を採用しているために票の回復率［カウントされていなかった票のうち，新たにカウントされるようになった票の率］が高い別のカウンティではカウントされていたとすれば，その投票者はカウンティによる基準のばらつきが原因で不平等な扱いを受けていることになる．そのように害される投票者の数は，平等保護の問題を示す測定尺度と考える

ことができよう．この人数は，カウントされていない票の割合，および，カウンティの間でのその割合のばらつきと関連している．つまり，もしカウントされていない票の割合やカウンティの間でのばらつきが減少するのであれば，このように害される人の数も減る可能性が高いのである．

　裁判官が等閑視していたと思われるのは，手作業で数え直す以前にも，カウントされていない票の割合がカウンティごとに大きく異なっていた，という点である．したがって，手作業による数え直しを行うと，カウントされていない票の数を減らすことになるため，ばらつきの度合いは減少こそすれ増加はしないと考えられる．ただし，カウンティごとに用いられている票の再判定の方法の違いがばらつき減少の効果を相殺してしまわない，と仮定しての話である．効果が相殺されない場合，カウントされていない票の割合とばらつきの点から言えば，数え直しは平等に反するのではなく，むしろ平等を促進していたということになる．

　割合およびばらつきは，次のようになっていたと考えられる．議論の焦点となったパンチ・カード式の票を採用している15のカウンティでは，数え直しの前の時点でカウントされていなかった票の割合（投票数100票あたりのカウントされなかった票数）は0.86から3.04の範囲に分布しており，平均値は1.770，標準偏差が0.644であった．平均値を考えると，標準偏差は小さくない．ここで，15のカウンティのそれぞれで票の回復率が26％と8％のどちらか（平等保護の問題を生じさせる，あるいは少なくとも平等保護の問題を示している例として裁判所が引用した率）であったと仮定しよう．15のカウンティで回復率が8％と26％のどちらかであるとして，すべての可能な分布（$2^{15}=32,768$通り）をコンピュータで計算すると，カウントされない票の平均割合の平均値は1.47に減り，割合の標準偏差の平均値は0.557に下がる．可能な分布のうち98％では，割合の標準偏差は小さくなる．

　したがって，数え直しを認めるとすれば，基準の幅を認めて回復率のばらつきを広く許容するとしても，おそらく平等に資することになる．ブッシュ対ゴア事件においては，多数の弁護士がいたにもかかわらず，彼らは事案のこの側面について裁判官の注意を喚起することはなかった[22]．

標本合計と標本平均の分散

　分散と標準偏差の利用法のうち理論的に最も重要なのは，「無作為に抽出

した標本に基づく推定の誤差がどの程度ありうるかを測定する」という利用法である．ある母集団の男性の平均身長を推定するとしよう．その場合，母集団から無作為に標本を抽出し，標本における平均身長を計算して，それを母集団における平均身長の推定値として用いる，という方法が考えられよう．しかし当然，標本を無作為に繰り返し選ぶとすると，標本における平均身長にはばらつきが生じ，したがってこの推定値にもばらつきが生じる．このばらつきは「標本抽出誤差(sampling error)」と呼ばれる．このばらつきを示すのに普通用いられるのは標本平均の標準偏差であり，これを標本平均の「標準誤差(standard error)」と言う．

標本平均の標準誤差を求めるために，母集団から標本を1回抽出した場合の標準偏差を考えよう．このような抽出を繰り返すと，個々の抽出における身長の分散は母集団における身長の分散に等しくなる．母集団における身長の分散をσ^2，標準偏差をσと表記しよう．ところで，互いに独立した確率変数の「和の分散」はその「分散の和」と等しくなることが数学的に証明できる[23]．それゆえ，2人の個人を抽出して身長の和をとると，和の分散は身長の分散の和と等しくなる．分散は同じなので，和の分散は母集団における身長の分散を単純に2倍したものとなる．これを拡張して考えると，n人の個人を抽出してその身長の和を出す場合，和の分散は$n\sigma^2$，和の標準偏差は$\sqrt{n}\sigma$となる．$1/n$を乗じて平均を算出している場合，和の分散$n\sigma^2$は$1/n^2$を乗じられるので，身長の標本平均の分散は母集団における身長の分散を標本数で割ったもの，つまりσ^2/nとなる．身長の標本平均の標準誤差は，この値の正の平方根をとるだけで導ける（$\sigma/\sqrt{n}$）．言葉で表現すると，身長の標本平均の標準誤差は，母集団における身長の標準偏差を標本数の平方根で割ったものということになる．通常，以上の計算をする際には母集団の特性値［上記の例では身長］の分散はわかっておらず，標本から推定しなければならない．

この重要な結論は，「平方根の法則」として知られている．この法則からは，標本数を大きくすれば標本平均の標準誤差をいくらでも小さくすることができるということが言え，その点は朗報である．ただ，精度は「標本数の平方根」倍しか上昇しないという点ではがっかりさせる結論である．というのは，標本から推定される平均身長の標準誤差を大幅に減少させようとすれば，ずっと大きな数の標本が必要になるからである．

アイザック・ニュートン（Isaac Newton）がイギリス王立造幣局（Royal Mint）の長官であったころ，造幣局は貨幣の精度を定期的に検査していた．これは13世紀を起源とする古くからの儀式的な慣行であり，見本貨幣検査（trial of the Pyx）として知られていた．まず，一定の期間にわたり，それぞれの日に鋳造されたコインの中から1個が選ばれる．そのコインはピクス（Pyx；ギリシャ語で「箱」を意味する．初期のキリスト教文書では，ピクスは聖餐のパンを取っておくための容器とされている）と呼ばれる箱に入れられ，三重に鍵がかけられる．この見本貨幣検査は数年ごとに公表されていたが，そこでは選ばれたコインの重量がまとめて計測され，王との契約で要求されている重量と比較された．王立造幣局の長官にはある程度の誤差（これは「公差（remedy）」と呼ばれる）が生ずることまでは許されていたが，公差を超えると長官は処罰されることになっていた．長らくの間，公差は1ポンドあたり約12グレイン，ソブリン［イギリスの金貨］あたり約0.854グレインであった．ソブリンあたりの公差は，ソブリン貨の重量の標準偏差（σ）にほぼ等しく，n個のソブリン貨に対する公差はだいたい$n\sigma$であった．

ランダムな重量の変動によって造幣局長官が処罰されてしまうことを防ぐ目的でこの公差が設定されていたのだが，現在の目から見れば，許容差を与えすぎている可能性があったことがわかる．選ばれたソブリン貨の重量のばらつきがランダムで，かつ独立した要因によって発生していたとすると，コインの総重量の標準誤差は$\sqrt{n}\sigma$しかない．公差が貨幣の個数nに比例して線形に増えていく一方，標準誤差はnの平方根倍にしか増えないので，標準誤差の個数で換算した公差はピクスの数とともに増えていく．計算してみると，公差は標準誤差189個分にもなっていたのである．8世紀以上もの間，公差を超える例がほとんどなかったのも頷ける．

相関

男性から構成される母集団において，身長と体重はどのくらい関連しているのだろうか．関連の度合いを測定する尺度として役に立つのは，変数間の「共分散（covariance）」である．2つの変数の間の共分散は，各変数の平均値からの偏差を掛け合わせた積の平均である．言い換えると次のようになる．母集団内のそれぞれの人について，その人の身長から平均身長を差し引き，「身長の偏差」を出す．同様の計算を体重に関しても行い，「体重の偏差」

も出す.そのうえで,それぞれの人の「身長の偏差」と「体重の偏差」の積を計算し,この積の[母集団内での]平均値を算出する.これが身長と体重の共分散である.

背の高い男性の場合,身長が平均を上回るとともに体重も平均を上回ることが多い.逆に,背の低い男性の場合,身長・体重ともに平均を下回ることが多くなるだろう.したがって,身長の偏差と体重の偏差はどちらも正になる(背の高い男性の場合)か,どちらも負になる(背の低い男性の場合).いずれにしても,身長の偏差と体重の偏差の積の平均は正の値をとる.他方,もし背の低い人が太っている傾向にあり,反対に背の高い人が痩せている傾向にあったとすれば,積の平均は負の値をとることになるだろう.さらに,身長と体重との間に関連がなかったとすれば,平均よりも背が高い人のうち約半分は平均体重以上,残りの約半分は平均体重以下ということになろう.偏差の積を計算すると,前者の場合は正になり,後者の場合は負になる.正の偏差と負の偏差の平均はゼロに近い値となるだろう.これと同じことは,平均よりも背の低い人の場合にも当てはまる.

変数に定数が加えられても共分散の値は変わらないが,スケールの幅が変われば共分散の値も変わる(変数に定数を乗じると,共分散はその定数倍になる).例えば,身長の測定単位をインチからセンチに変えると,体重との共分散の値も変化してしまう.そこで,共分散(cov)を各変数の標準偏差(sd)の積で割れば,スケールの幅(および位置)に依存しない無次元の測定尺度ができ,かつ,絶対値で0から1の間[つまり−1から1の間]の値に収まるように基準化できる.これを「ピアソンの積率相関係数」と言う.この相関係数は,母集団における関連性を記述するのに使われる場合にはギリシャ文字の ρ (ロー)で表され,標本における関連性を記述するのに使われる場合には r で表される.相関係数の定式は次のようになる.

$$\rho = \frac{\mathrm{cov}(X,Y)}{\mathrm{sd}(X)\,\mathrm{sd}(Y)}$$

相関係数は,一方の変数と他方の変数とが線形の関係にある場合に $+1$ または -1 の値をとる.これは完全な正または負の相関を示している場合である. r の絶対値が大きいときは,変数間に強い線形の相関があるということになる.強い相関と弱い相関の境界を画定する一般的なルールはないが,社会科学においては0.50以上の相関係数は「強い関連性を示している」とされ

ることが多い．例えば，LSATのスコアはロー・スクールでの成績を予測するための良い指標だと考えられており，入学者選考もそのスコアに基づいて行われている．それでも，ロー・スクール1年次の成績（GPA）とLSATのスコアとの間には，0.60未満（あるいはもっと低い値）の相関しか見られないのが普通である．

相関が無視できないくらい大きいか否かを判断する際，r（母集団の場合であればρ）の次の性質が，係数の解釈に役立つ．r^2は，一方の変数の分散全体のうち，他方の変数の分散で「説明される」あるいは「帰せられる」割合であり，逆に$1-r^2$は「説明されない」割合である．「説明される」というのは，一方の変数の分散が他方の変数の分散によって引き起こされている［変数間に因果関係がある］ことを必ず意味するわけではない．そうではなく，変数間に関連性が存在するために，一方の変数の分散の一部が他方の分散によって予測されうる，という意味である．相関が強ければ，予測の精度も良くなる．この考え方については，回帰分析を扱う第11章でより厳密に述べよう．

相関係数を使って関連性を解釈する場合，以下の理由から注意が必要となる．

1. データの中心部では線形の関係が弱い，あるいはまったく見られないとしても，極端な値（外れ値）が存在するために高い相関係数が出ることがある．図2.2の1番目の図と2番目の図を比べていただきたい[24]．法律上の目的からこのようなデータを「相関あり」と見るべきかどうかは，また別の問題である．

　以前，「公教育のための融資制度が，貧困層に対して差別的になっている」としてテキサス州が訴えられたことがあるが，そのときにこのような状況が発生した[25]．原告が証明しようとしたのは，テキサス州では「各学校自治区において，家族の経済力と教育への支出との間には，直接の相関が存在する」ということであった[訳注8]．この主張を補強するため，原告はテキサス州内の学校自治区の1割を対象とした研究を引用している．この研究では，学校自治区内の世帯収入の中央値と，生徒1人の教育に州と自治体が使っている支出額とが比較されている．生徒あたりの課税財産の市場価値によって5つのグループに分けると，生徒1人あたりの財源と世帯収入の中央値との間には0.875（各グループをデータ要素として

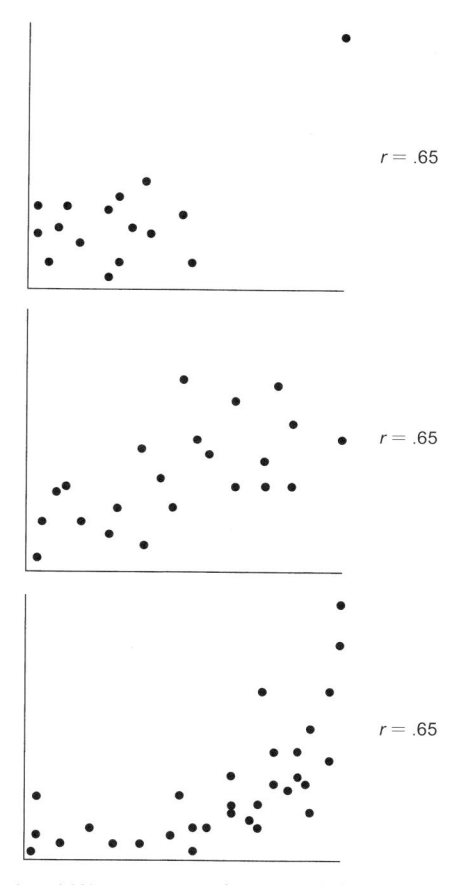

図 2.2　相関係数 $r = 0.65$ のデータの 3 種類のパタン

扱う場合），あるいは 0.634（各グループに含まれる学校自治区の数に応じた重みづけを行う場合）の相関が見られた．しかしながら，この研究結果は連邦最高裁判所の過半数の裁判官を説得できなかった．最高裁判所によると，データが示していたのは次のことのみであった．すなわち，標本内で最も裕福な少数の学校自治区は世帯収入も最も高く，教育に費やす金額も最も多くなっている一方で，最も貧しいいくつかの学校自治区では世帯収入も最も低く，教育に費やす金額も最も少なくなっている，ということ

だけである．残りの学校自治区(標本のほぼ90％の学校自治区)では相関が逆，つまり，教育に費やす金額が２番目に多い学校自治区群は世帯収入が２番目に低く，教育に費やす金額が２番目に少ない学校自治区群は世帯収入が２番目に高くなっている．このことから，裁判所は「経済力による差別が存在するとの主張を基礎づける事実はない」と結論した[26]．

　最高裁判所のデータの見方に疑問の余地があるのは明らかである．もし最高裁判所がデータ上相関は見られないと言いたかったのであれば，上述の通りそれは誤りである(先に記した相関係数は，専門家証人が計算したものではなく，弁護士や裁判所が計算したものでもなさそうである)．データの中心部で負の相関が見られるのにもかかわらず，全体の相関が正になっている理由は次の点にある．負の相関が見られる学校自治区群は平均値付近にかたまっており，したがって変数間の関係についての情報源としてはあまり役立たない．それに対して，正の相関を示している学校自治区群は平均値からより離れていて，それゆえ影響力のある指標として作用している．また，最も裕福な学校自治区群と最も貧困な学校自治区群(これらは正の相関を示している)は数が少なすぎ，その結果をもって制度全体の特徴とするには不十分だということが最高裁判所の言わんとしているところだったとすれば，その主張の当否を判断するのは難しい．なぜなら，生徒数で見た学校自治区の規模がわかっておらず，特に，この研究を行った教授は，自分が学校自治区の標本をどのように選んだのかについて報告していなかったからである．

2．相関係数は線形の関係を測定するものだが，非線形の関係の場合，それがどんなに強い関係であっても，相関係数によっては示すことができない可能性がある．この点については，図2.2の一番下の図を参照されたい．極端な例を出そう．もしXがゼロの周りで対称に分布し，かつ$Y=X^2$と表せるとすると，YはXから完璧に予測しうるのに，XとYの相関係数ρはゼロになることが示せる．この例が示しているのは，もしXとYが無関係であれば一般に$\rho=0$となるが，その逆は必ずしも成り立たない，すなわち$\rho=0$であってもXとYは必ずしも無関係ではない，ということである．非線形の関係はしばしば回帰モデルを使って計算される．

3．2つの変数XとYの間に(完全ではないにせよ)強い線形の関係があるとしても，Xのばらつきによって説明されるYのばらつきの割合は，Xの観測

値の範囲が狭まるにつれて減っていく．これは「希薄化(attenuation)」と呼ばれている．
4．最後に，次の成句を挙げておこう．「相関関係は必ずしも因果関係を意味しない」．この成句は，見せかけの相関(擬似相関)を示す不条理な例で説明されるのが普通だが，架空ではない問題を使う方が現実味は増すかもしれない．

　希薄化の例，そして見せかけの相関があったと思われる例として，連邦取引委員会(FTC)の次の事件を考えてみよう[27]．鶏卵生産者の全国同業組合は，「たとえ大量に卵を食べたとしても，卵の摂取が心臓病のリスクを高めるということを証明する正当で信頼に足る科学的証拠はない」という内容の広告を出した．FTCは，当該広告の内容が事実に反し誤解を与えるという理由で，広告を禁止するための訴訟手続をとった．トライアルの中で，委員会のスタッフは世界保健機関(World Health Organization：WHO)が用意したデータを持ち出しており，そこでは40ヵ国におけるコレステロール摂取量と虚血性心疾患(IHD：心筋梗塞など)による死亡率が報告されていた．これに続き，FTC側の専門家は，これらの国々における卵の消費量に関するデータを集めて証言した．この2つの変数(IHDと卵の消費量)の間の相関係数は0.426である．卵の消費量とIHDのデータは，図2.3に示されている．相関関係は因果関係の存在を示唆してはいるが，相関関係を発生させる要因と考えられる交絡因子[訳注9]が非常に多いため(例えば食事に含まれる肉の赤身など)，卵を不利にする証拠はせいぜい弱いものにすぎない．しかし，もし交絡因子を除去するためにアメリカ合衆国(図2.3の36番)と似ている国(少なくとも卵の消費量が似ている国)とだけ比較対照を行うとすると，このようなデータの切り取りによってIHDと卵の消費量の間の相関は消えてしまう(図2.3の垂直線の間に分布する点を参照)．

　この研究では，グループ(国)の平均を比較して個人に関する推論を行っている．このような種類の研究は「生態学的(ecological)」な研究と呼ばれる．生態学的研究は，個人についてのデータを用いる場合よりも，相関係数が大きくなる可能性が高い．なぜかと言うと，平均をとると国の内部にある[個人についてのデータの]ばらつきが取り除かれ，ランダムなばらつきが減少することにより相関係数が大きくなるからである．グループの平均から個

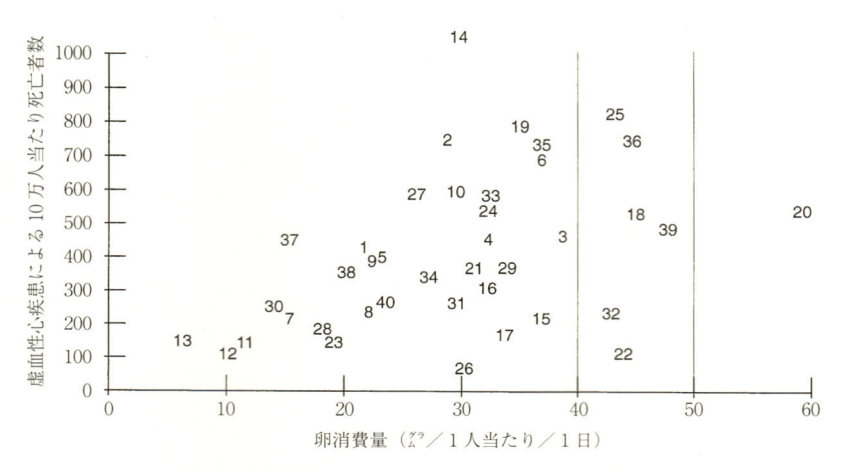

図2.3　40カ国における虚血性心疾患（IHD）と卵消費量

人について結論を引き出そうとする場合，この事実には留意しておく必要がある．

2つの比率の相違の測定

重要な法的問題の中で，「2つの比率の比較」と関係している問題は非常に多い．議論を具体的にするために，受験者に男性と女性の両方が含まれる試験を例として考えよう．男性の合格率(Y)は女性の合格率(X)よりも高いとする．ここで，合格率（または不合格率）の相違を記述する方法としては，以下の3種類の候補がある．

1. 合格率（不合格率）の差： $Y-X$

この測定尺度は以下の点で望ましい性質を有している．(i)合格率の差と不合格率の差は（符号の変化を除き）等しい．(ii)この合格率の差に「試験を受けた女性の数」を掛けると，その相違によって不利益を被った女性の数が導出できる．しかし，この差がどのくらい重要と解釈されるかは，比率［ここでは合格率］の高低レヴェルによって変わる．ある裁判所が述べたように，「97％と90％の間にある7％の差は，例えば14％と7％の間にある7％の差と同様に扱うべきではない．というのは，後者の数値の方が，より大き

な相違の程度を明らかに示しているからである」[28].

2．合格率(不合格率)の比： Y/X

「相対リスク(relative risk)」または「率比(rate ratio) [比率の比]」と呼ばれるこの測定尺度は，比率 [ここでは合格率] の高低レベルを考慮に入れるものである．相対リスクの値は，比率が97％と90％の例では1.08，14％と7％の例では2.0となる．相対リスクの欠点は，合格率から算出した場合と不合格率から算出した場合とでは一般に値が異なってしまうことである．上記の例で不合格率を使って計算すると，97％と90％の例(女性の不合格率は男性の不合格率の3.33 [＝10/3] 倍ある)の方が14％と7％の例(女性の不合格率は男性の不合格率の1.08 [＝93/86] 倍しかない)よりも相違が大きいということになり，したがって合格率を使って算出した場合とは数値の大小が逆転する．一般的に言って，両方のグループの合格率が高い(0.5を上回る)ときは相対リスクは2.0未満の小さな値になるという，「天井効果(ceiling effect)」が生じる．しかしこのとき，たとえわずかな差であっても，不合格率の比の方は大きく異なる値をとる．どちらかの比率を優先させる明確な理由がない場合，[合格率を使うときと不合格率を使うときの]この不整合は非常に厄介なものとなる．

アメリカ合衆国雇用機会均等委員会(Equal Employment Opportunity Commission：EEOC)は，採用試験がいかなる人種(あるいは保護対象になっているその他のグループ)に対しても「不利な影響(adverse impact)」を与えていないかどうかを審査することになっている．その際に適用される「5分の4ルール(four-fifths rule：80％ルール)」の下では，合格率が「最も合格率が高いグループの合格率の80％」に達していないグループがあるかどうかが判断される．もしそのようなグループがあれば不利な影響の存在が推定され，当該採用試験が職務と関連する(job related)ものであることを証明しなければならない．技能試験が問題になったある裁判例では，黒人の合格率が0.582，白人の合格率が0.704であった．この2つの合格率の比(相対リスクあるいは率比)は0.582/0.704＝0.827であるから，不利な影響の存在は推定されないことになるだろう．しかし不合格率の比(白人対黒人)は0.296/0.418＝0.708となるので，不合格率が計算に用いられる場合は不利な影響があったことになる．もし合格率がきわめて高ければ，技能試験は実質的に応募資格

の1つとなる．したがってその場合は，合格率よりも不合格率の方が重要なはずだ，と論じることもできよう．

3．オッズ比

第1章で述べた通り，ある事象の起こりやすさを示すオッズは，「その事象が起こる確率」を「その事象が起こらない確率」で割ったものと定義される．つまり，事象の起こる確率をpとすると，その事象のオッズは$p/(1-p)$で表される．例えば，事象が起こる確率が20％だとすると，その事象のオッズは0.20/0.80＝1/4，または1対4である．逆に，事象が起こらない確率が0.80/0.20＝4，または4対1である．

2つのオッズの比（これが「オッズ比（odds ratio）」と言われる）も，統計的・生態学的研究によく登場する統計量である．男女両方が受ける試験を例にとると，オッズ比は「男性の合格のオッズ」を「女性の合格のオッズ」で割るだけで導ける．オッズ比は2つの比率の相違を表す測定尺度として広く用いられているが，やや奇妙に思える結論をもたらすことがある．例えば97％と90％の例では，男性の合格のオッズは0.97/0.03＝32.3，女性の合格のオッズは0.90/0.10＝9となる．ゆえに，男性が合格するオッズ比は32.3/9＝3.6である．それに対して，14％と7％の例で男性が合格するオッズ比は$(0.14/0.86)/(0.07/0.93)＝2.16$となる．したがってオッズ比は前者の方が後者よりも大きいということになり，不条理に思える結論，少なくとも直感に反する結論が出てくる．

オッズ比が持つ重要な性質の1つは不変性である．結果（合格または不合格）および先行条件（男性または女性）の要素の両方が正反対に入れ替わっても，オッズ比は変わらないのである．例えば，「男性が合格するオッズと女性が合格するオッズの比」は，「女性が合格しないオッズと男性が合格しないオッズの比」に等しい．技能試験の例で言うと，黒人が合格するオッズと白人が合格するオッズの比は，白人が合格しないオッズと黒人が合格しないオッズの比と同じになる（どちらの場合もオッズ比は0.585である）．オッズ比は合格率に関しても不合格率に関しても同じであるから，EEOCの80％ルールが相対リスクではなくオッズ比を使って述べられていれば，先に触れた厄介な不整合の問題は生じなかっただろう．

一般に，相対リスクが比率の相違を示している場合は常に，オッズ比はよ

り大きな相違を同じ方向に示すことになる．例えば，相対リスクが1より大きければオッズ比は相対リスクよりも大きくなる（14％と7％の例では相対リスクは2，オッズ比は2.16となる［どちらも男性の方が合格しやすいことを示している］）．もし逆に相対リスクが1より小さければ，オッズ比は相対リスクよりも小さな値をとる．しかしより重要なのは，比較されているグループにおける比率がどちらも非常に低いとき（例えば珍しい伝染病の疫学的研究の場合など），オッズ比は相対リスクとほぼ等しくなり，疫学的データから因果関係の推論を行う場合に，オッズ比が相対リスクの代わりに用いられることである．これについては第9章を参照されたい．

　オッズ比（そして相対リスク）の欠点は，比率の比を扱っているため，絶対数を考慮に入れることができない点である．連邦最高裁判所の*Craig v. Boren*事件判決は，この欠点の例となっている[29]．この事件では，「酩酊性のない」度数3.2％のビールを21歳未満の男性および18歳未満の女性に販売してはならないとした，1958年のオクラホマ州法が問題となっていた．最高裁判所の解釈したところによれば，18歳から20歳の男性のうち約2％が酒気帯び運転で逮捕されているのに対し，同じ年齢の女性では0.18％しか逮捕されていない，ということが統計調査で明らかになっていた．このデータから算出されるオッズ比と相対リスクは非常に高い値であり（どちらも11を超える），男性であることと酒気帯び運転による逮捕との間に強い関連性が示唆されるものの，ブレナン（William J. Brennan）裁判官はこの関連性が「希薄」なものにすぎないとの判断を下した．このデータで問題になっているパーセンテージは，男女ともきわめて小さいからである．この視点から男性に対する差別を正当化するのは適切ではないとして，最高裁判所はこの州法を違憲とした．

第3章　複合事象

　確率論では，単一事象（simple event）と複合事象（compound event）という区別をする．単一事象は，ランダムな実験の結果のうち，結果を複数組み合わせることはしないもののことである．複合事象は，単一事象を組み合わせたものである．例えば，コイン投げを2回行うとしよう．この実験の結果として起こりうるものは，「表裏」,「裏表」,「表表」,「裏裏」である．これらの各結果は，1/4の確率で起こる単一事象である．1回目のコイン投げで表が出ることは，単一事象「表裏」と「表表」から成る複合事象である，と見ることができるだろう．少なくとも1回表が出る事象は，単一事象「表裏」,「裏表」,「表表」の複合事象である．法の世界で確率の計算が行われる事象はほとんどすべて複合事象であり，しかもそのうちのいくつかは単一事象をかなり複雑に組み合わせたものになっている．そうした複合事象の確率の計算法や解釈方法を理解するためには，それを構成している単一事象の組合せの法則を理解する必要がある．そうした組合せの基本法則として，和の法則（addition rule）と積の法則（product rule）という2つがある．以下では，これら2つの法則やその解釈についての諸問題について議論をする．

和の法則

　陪審員候補者名簿から，陪審員となる人を無作為に選ぶとする．候補者名簿は，20％が黒人で，10％がラテン系アメリカ人，［そして残りが白人］となっている．最初に選ばれる人が，黒人かラテン系アメリカ人のどちらかである確率は，どれぐらいだろうか．答えは次のようになる．これら2つは排反事象であるので（なぜなら，黒人を選んだらラテン系アメリカ人を選ぶことは

できず，逆も同様），どちらか一方が起こる確率は，各々の確率の和，すなわち0.20 + 0.10 = 0.30となる．この例が示しているのは，「いくつかの排反事象のうちのどれか1つが起こる確率は，各々の確率の和に等しい」という基本的な，確率の和の法則である．

　排反事象の確率を足し合わせることは，確率計算の応用上，非常によく行われるテクニックである．有名な事件を例として挙げよう．1894年に，フランス軍参謀本部所属のアルフレッド・ドレフュス(Alfred Dreyfus)が，フランスの軍事機密をドイツに漏らしたとして，非公開の軍法会議で有罪の判決を受けた．事件は，次の点にかかっていた．すなわち，軍事機密情報を含んでいたとされる5つの内部文書の内容を，パリ駐在のドイツ大使に伝える手書きの「メモ」を書いたのが，ドレフュスであったのかどうかという点である．ドレフュスはユダヤ人であった．当時は反ユダヤ主義の嵐が世間を席巻していた時代であり，それが彼の有罪判決にも影響したと言われている．

　ドレフュスは，フランスの監獄島である悪魔島(デビルズ島)に投獄され，言語を絶する劣悪な状況下に置かれた．フランス本国では，ドレフュス派と反ドレフュス派に2分された．1899年に，世論の抗議に押され，この事件の公開形式の再審が行われた．再審では，検察当局が，手書きメモの筆跡を鑑定する目的で，有名な犯罪学者であるアルフォンス・ベルティヨン(Alphonse Bertillon)を法廷に呼んだ．筆跡はドレフュスのものと似ていなかった．しかし軍は，ドレフュスが自分が書いたことを隠すために，筆跡が違ったものに見えるようにしたのだと主張した．ベルティヨンは，軍の主張を支持して，手書きメモにある多音節の単語13個のうち4個において，最初と最後の文字で怪しい奇妙な「一致」が見られるという証言をした．ベルティヨンは，普通に書いた場合，1個の単語でこのような一致が生じる確率を，0.2と評価した．そして，普通に書いた場合，4個の単語で一致が生じる確率は，$0.2^4 = 0.0016$であると論じた（ここでは積の法則が使われており，これについては後ほど議論する）．このように低い確率が出るということは，問題の文書の筆跡は普通に書かれたものではないということだと，ベルティヨンは考えた．そしてこれは，自分が書いたことを隠そうとドレフュスが筆跡を偽った，という検察の主張の支持につながる．こうして，ドレフュスは再び，有罪の判決を下された．

　ベルティヨンの議論は，前提が怪しいままであった．すなわち，「一致」

の定義が説明されていないし，なぜ「一致」があると筆跡が普通に書いたものとは言えなくなるのかということも説明されていない．しかも，1個の単語で「一致」が生じる確率の数値自体に，明らかに根拠がなかった．しかし，仮にベルティヨンの議論の前提が正しいとした場合でさえ，彼の計算は誤っている．その後，彼の誤りは，控訴裁判所により任命された，科学アカデミー（Academie des Sciences）の専門家チームによって指摘されている．ベルティヨンの誤りのうちの1つは，多音節の単語13個のうち4個での一致の発生は，複合事象であるということを看過していたことにあった．すなわち，一致が実際に見つかった特定の4単語の組合せだけでなく，13個の単語から作成可能な4単語の組合せすべてを考えなければならない．なぜなら，4単語の全組合せのうち，どれであれ1つの4単語の組合せで，その4個の単語の間に一致が見つかれば，[本件での証言と同様に]そのメモについて普通に書いた筆跡であるという仮説を，ベルティヨンは退けるだろうからである．したがってベルティヨンは，これらの4単語の全組合せのそれぞれについて，その4個の単語に一致が見つかる確率を計算しなければならないはずである．13個の単語のうち4個を選んで作ることができる組合せは，全部で715個ある[訳注1]．ちょうど4個の単語のみにおいて一致が見られるという事象は，その715個のそれぞれの場合の間で相互に排反である．なぜなら，ある4個の単語の組合せのみで一致が見られるということは，とりもなおさず，他のどの4個の単語をとり出しても，その組合せにおいては一致が見られないということに他ならないからである．和の法則を適用すれば，4個の単語の組合せ715個それぞれについて，その組合せた4個の単語のみで一致が生じる確率を計算し，それら715個の確率を足し合わせることになる．そして1つの単語で一致が生じる確率が0.2だというベルティヨンの評価を仮に真面目に受け取ってそのまま使うとするなら，ある4個の単語の組合せを1つ考えたとき，ほかでもないその4個の単語でのみ一致が生じる確率は，0.000215である（これをどのようにして計算するかは，積の法則を議論する際に示す[82頁]）．したがって13個の単語の中のちょうど4個の単語で一致が生じる確率，言い換えれば，13個の単語から任意の4個の単語を取り出したときに，それらのどれかちょうど1つの組の4単語において一致が見られる確率は，$0.000215 \times 715 = 0.1535$である．通常の[有意水準5%などの]基準からすれば，これは小さい確率とは言えない．

さらに，ベルティヨンの主張したことは，要するに，普通に書いた筆跡では，4個もの単語で一致が生じることはありそうもないだろう，ということであった．彼は，ちょうど4個の単語で一致があれば，それが普通に書かれた文書であるという仮説を退けるであろうから，もっと多くの単語で一致が生じている場合にも，普通に書かれた文書であるという仮説を退けなければならないはずである．したがって彼は，ちょうど4個，ちょうど5個，……，ちょうど13個の単語で一致が生じる確率を計算すべきであった．これらの事象は排反である．なぜなら，ある特定の数の単語で一致が生じている場合には，それより多い数（や少ない数）の単語で一致が生じることはありえないからである．それぞれの数の単語で一致が生じる確率を別々に計算する．そして，再び和の法則を使って，これらの確率を足し合わせると，13個の単語から4個以上を選んで作ることのできる単語の組合せのうちいずれか1つの組合せで，その単語すべてで一致が見つかる確率を計算することができる．正しく計算を行えば，この確率は0.2527となる．科学アカデミーの結論は，普通に書かれた筆跡であるという帰無仮説を棄却する根拠はない，というものであった．ドレフュスに対する有罪の判断は取り消された．悪魔島で5年耐えぬいたドレフュスは，軍に復帰し，少佐に昇格し，レジオン・ドヌール勲章を受賞した．2006年には，フランスの下院で，彼の無罪判決100年を記念する式典が開かれた．

　2つの事象が排反でなく，したがって2つ同時に起こりうる場合，それらの複合事象の確率は，排反でない2つの事象の確率の和から，2つが同時に起こる確率を引いたものである．これを，コイン投げの例を使って説明しよう．コインを2回投げ，少なくとも1回表が出る確率を求めることを考える．単純に足し算をすると，1回目に投げて表が出る確率（複合事象「表裏または表表」の確率）プラス2回目に投げて表が出る確率（複合事象「裏表または表表」の確率）となる．これらそれぞれの確率は1/2なので，足すと1になる．2回とも裏が出ることもありうるので，これは明らかに誤りである．こうした誤りが起こるのは，1回目に表が出ると2回目は表は出ないとか，逆に1回目に裏が出ると2回目は裏が出ないとかいうことにはならず，事象が排反ではないからである．2つの事象に重なりがあるので，単純に足し算をすると，表表をそれぞれの事象で1回ずつ，合わせて2回数えてしまう．以下のように，重複して数えたうちの1回分の確率を引き算すると，正

しい答えが導ける．すなわち，0.50＋0.50-0.25＝0.75である．

　3つ以上の事象が存在する場合は，重複して数えた分の補正はより複雑になる．単純化のため，考案者の名前を取ってボンフェローニの不等式（Bonferroni's Inequality）と呼ばれる単純な定理が，しばしば使われる．これは「複合事象の起こる確率は，その複合事象の構成要素となる各事象の起こる確率の和以下である[訳注2]」という定理である．構成要素となる各事象が複数同時に起こる確率が非常に小さい場合は，構成要素となる各事象の起こる確率の和は，複合事象の起こる確率に非常に近くなる．したがってその場合は，構成要素となる各事象の起こる確率の和がしばしば複合事象の起こる確率の近似値として用いられる．

　ボンフェローニの不等式の例として，珍しいカーペットの繊維が，殺人現場で遺体から見つかった，という事例［18頁参照］を考えてみよう．その繊維と，被疑者のアパートのカーペットから採取された繊維が比較された．犯罪現場から見つかった繊維が被疑者のアパート由来のものでない場合に，それが被疑者のアパートのカーペットから無作為に取った繊維と一致する確率は0.01であるとする．しかし，被疑者のアパートのカーペットに，珍しい繊維が50種類（1種類1種類がそれぞれ0.01の確率で犯罪現場のものと一致する）ある場合は，その50種類の繊維をすべて検査して少なくとも1種類の繊維が犯罪現場のものと一致する確率は，ボンフェローニの不等式から0.01×50＝0.50以下となる[訳注3]．実際の値は0.395[訳注4]であり，0.50よりもいくぶん小さいが，これは2種類以上が一致する確率が小さくないからである．したがって，どのようにして一致を確かめたか，および，その結果をどのように報告するかで結果は全く異なったものとなりうるのである．別々に検討した場合に一致が見いだされる確率（カーペットの例での0.01）と，複数の検査をした時に少なくともそれらの1つ以上で一致が見いだされる確率（カーペットの例での0.395）とが相違することを「選択による効果（selection effect）」と呼ぶことがある．

　選択による効果の問題は，学問的な厳密性の問題だけでは決してない．アメリカ合衆国食品医薬品局（FDA）は，新薬の治験を行う製薬会社に対し，その新薬が効果をもたらすと会社が期待する患者のグループを，予め特定するように要求している．その理由は，多くのサブグループ［全体のグループの中のある条件を付けたグループ］がありうるうえ，そのうちのいくつかは

新薬が効果がない場合でも，新薬に対し統計的に有意なプラスの反応を示す可能性があるからである．こうしたことは，セントコー（Centocor）社の事例で実際起こった．この会社は，セントキシン（Centoxin）という，特定のタイプのグラム陰性菌による敗血症の治療に高い効果があると期待されていた薬の開発を進めていた．研究を開始する前，セントコー社は，この薬を投与された患者は，偽薬を投与された患者よりも14日後の時点での生存率が高いと予測していた．しかし，臨床試験の期間中，中間観察の後に，セントコー社は最終観察の時点を28日にずらした．このようにしたのは，14日を最終観察の時点にすると生存率に何の改善も見られなかったが，28日を最終観察の時点にすると少し改善が見られたからであった．この変更を理由に，FDAは研究を却下した．後の研究でこの薬に効果がないことが示され，最終的にこれ以上治験を行うことなく新薬申請は撤回されたが，それまでに10億ドル近い費用が使われていた．ここで注意すべきことは，選択による効果があるからといって，ある特定の結果の起こる確率が変わるわけではないということである．コインを100回投げた場合に1回以上表が出る確率は1に近くなるが，ある特定の回に表が出る確率は依然として1/2であり，何度もコイン投げをしたという事実の影響を受けることはない．

　ドレフュス事件や先の繊維の例においては，試行の回数を数えられたので，少なくとも1回「当たる」確率を計算することができた．しかし多くの場合，こうしたことは行えない．マサチューセッツ州のウォーバン（Woburn）における小児白血病の集団的な発生に関する事例が，試行の回数を数えることはいつできていつできないか，ということのよい例となっている．1969年から1979年の間に，ウォーバンでは小児白血病の発生が12件あったが，全米の発生率に基づいて予測した場合には5.3件しか発生しないはずだった．図3.1のGとHで示された2つの市営の井戸が汚染されていることが明らかになり，原因は近くの2つのゴミ捨て場の産業廃棄物だと思われた．2つの会社がそれらのゴミ捨て場の廃棄物の投棄に関与していた．汚染された井戸水が白血病の原因であるとの理由に基づいて，これらの会社に対して訴訟が提起された．

　この事件のストーリーは，ジョナサン・ハー（Jonathan Harr）のベストセラー *A Civil Action*（雨沢泰訳『シビル・アクション：ある水道汚染訴訟(上)(下)』新潮社，2000年）で語られている．この本を基に同名の映画も作られ，

ジョン・トラヴォルタ (John Travolta) が，原告側の代理人として使命感に燃えて活動する弁護士を主演している．

　ウォーバンで小児白血病がこれほど多数発生する確率は，全米の発生率を前提とすれば1％にも満たない．よって5％という通常の統計的有意性の水準によれば，ウォーバンの白血病の長期発生率は全米平均よりも大きくないという帰無仮説は棄却されるだろう．しかしながら，白血病の集団的な発生が起きているのではないかと疑われ注目を集める地域の数は無数にある[訳注5]．そのような多数の可能性を前提とすれば，たとえリスクがすべての場所で同じであっても，集団的な発生がいくつか起こることは予想できることである．そのような集団的な発生が起きた場合には，邪悪な要因が作用しているのではないかと見てしまう．そして，誤って濡れ衣を着せてしまう率が不当に高くなってしまうだろう．

　他方で，ウォーバンの中での集団的な発生の場合は，試行を複数回行う場合の補正が可能なので，問題はより明確である．ウォーバンには，だいたい同じくらいの大きさの国勢調査地区が6つあった．6件の白血病が，第3334地区で集団的に発生している．この地区は，問題となった井戸のある地区の隣である．図3.1を参照してほしい．「井戸水が原因ではないので白血病はど

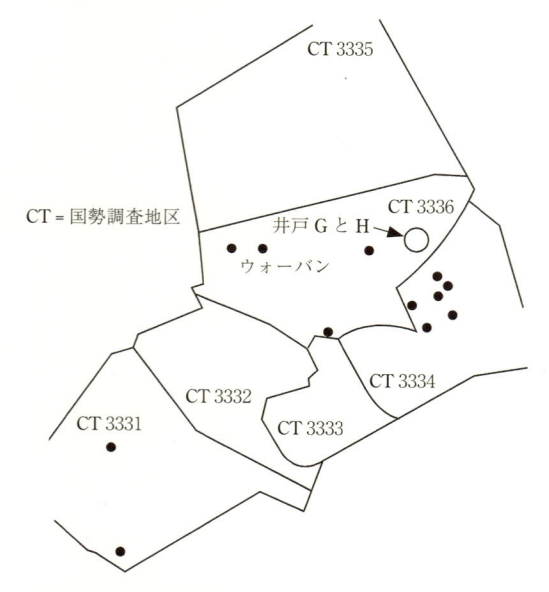

図3.1　小児白血病患者の所在，マサチューセッツ州ウォーバン，1969～1979年

の地区でも同じ確率で発生する」という帰無仮説を採択する場合，ある１つの地区だけで白血病が６件以上発生する確率は，ウォーバン全体で12件発生しているということを考えに入れれば，0.0079である[訳注6]．

ボンフェローニの不等式により，６つの地区のうち少なくとも１つの地区で６件以上の白血病が発生する確率は，１つの地区のみで６件以上の白血病が発生する確率の６倍，すなわち6×0.0079＝0.047より少なくなる．６つの地区のうち少なくとも１つの地区で６件以上の白血病が発生する確率の正確な値は，今求めた６つの地区の和よりもわずかに小さいだけである．なぜなら，ある２つの地区で６件の白血病が発生する確率は非常に小さい（0.000006[訳注7]）からである．すなわち，複合事象を構成する事象は排反でこそないものの，それに極めて近いのである．この計算結果から，白血病がどの地区でも同じ確率で発生するという仮説は，（５％ぎりぎりではあるが）棄却される．

より強い結果を導くことも可能である．ドレフュス事件や繊維の例では，可能な結果すべてを考えなければならなかった．その理由は，関心のある事象が，４個の単語の組合せのいずれか，あるいは50種類の繊維のうちのいずれかが一致しているということであったからである．すなわち，どの単語・どの種類の繊維が一致しているかということは無関係であった．ウォーバンの例の場合は，これは当てはまらない．井戸に隣接する国勢調査地区で白血病の過剰発生が見つかり，もっと離れた地区では見つからなかったという事実は，因果関係を立証する上で重要な証拠の１つである．ウォーバンの水道パイプは相互につながっているものの，汚染された井戸からの水は，近隣の家々により多く行っていたと思われる．井戸と近接していることが，白血病が実際に発生した地区にまず注目することの十分な根拠となると仮定すれば，今問題にすべきはそうした地区で白血病が過剰発生する確率のみであって，その他の地区での確率を足すことは必要ない．このような限定を課すことが妥当と言えるのは，井戸に近い地区でなく井戸から遠い地区で過剰発生が出たときにも，帰無仮説を棄却しないという場合のみである．こうした理解に基づけば，帰無仮説は，「白血病がどの地区でも等しい確率で起こる」という仮説のままであるが，計算する確率は，井戸に近い２つか３つの地区で白血病が過剰に観察されるという事象の確率となる．したがって，１つの地区のみで過剰発生が観察される確率を，６倍ではなく２倍か３倍にすれば

よい．こうすれば，より低い有意水準でも有意になるだろう．

　実際に観察されたことにまず焦点を当てることの根拠を，データを知る前に見つける必要はなく，データから独立していさえすればよい．ただし，後から見つけた根拠については，慎重に吟味しなければならない．こうした根拠について慎重にならなければならないのは，病気の集団的な発生の観察を説明する後付けの理屈など，少し考えさえすればいくらでも容易に考えつくからである．すなわち後付けで，あたかもそうした地区やクラスター（発生群）が何らかの正当な根拠に基づいて選ばれたものであるかのようにして，その確率計算が正当化されているように見せかけることが容易にできてしまうのである．ウォーバンの例は，こうした問題が起こる気配をはらんでいる．なぜなら，汚染された井戸が白血病の原因であるという理屈は，弱いからである．何が白血病の真の原因であるかは，誰にもわかっていない．

　他方で，試料の一致などの「マッチング」を探す際に複数回の試行がなされた，という理由だけで選択による効果の補正を行うことは，常に適切であるとは限らない．検証する仮説が，複数回の試行のうちの１回の試行での特定の一致に関するものである場合は，補正を行うことは正しくないだろう．なぜなら，先に述べたように，その１回の試行での一致の確率が，他の回の試行の影響を受けることはないからである．この点に関するいくつかの混乱の重要な実例として，DNA型鑑定における確率の計算がある．多くの刑事捜査で，被疑者はまず，コンピュータによるDNA型データベース[訳注8]の検索によって身元を割り出されてきた．そうしたデータベースの数や規模が大きくなるにつれて，被疑者の身元割り出しがまずこれに基づいてなされることは，より多くなるだろう．このような場合，[DNA型の]一致の確率の計算は，通常のものを修正しなければならない，と全米研究評議会(National Research Council)の「DNA型証拠に関する委員会」が，ある報告書で述べている．２つある修正のうちの１つとして委員会が勧めているのは，計算した一致の確率に，検索したデータベースのデータ数を掛け算することである(1)．これは明らかに，ボンフェローニの不等式を適用して検索に反映させるものである[訳注9]．しかしながら，この文脈での補正は，誤りである．問題に関連があるのは，当該被疑者が無実であること［ここでは正確には，犯罪現場の試料からのDNA型が，当該被疑者のものではないということ］を前提にしたときに，［試料からのDNA型が］DNA型データベース中のどの人と

でもいいから1人と一致する確率でなく，DNA型データベース中の当該被疑者との一致が見つかる確率である．後者の確率こそが，一致の確率の通常の計算で求められるものである．いくつとの比較が実施されるか［すなわち，データベースのデータ数］は，基本的に無関係である．

複数の被疑者の一人一人につき1回ずつのテストがなされる場合に，複数回の試行の確率計算での補正が必要ないという本書の立場は，いささか矛盾があるように見えるかもしれない．すなわち，偶然生じた一致を少なくとも1つ見つける可能性を上げるために試行を多数回行うのだとしたら，そのようにして見つかった一致はなぜ被疑者に不利な強い証拠となるのだろうか．スクリーニング捜査で偶然見つかる可能性があるようなものを見つけた場合に，どのようにしてそれが偶然の一致ではないという強い証拠になるのだろうか．

本書の立場に矛盾がないということを理解するために，殺人現場の遺体から珍しいカーペットの繊維が見つかったという例に戻ろう．珍しい繊維は，500枚のカーペットのうち1枚という頻度で生じるとしよう．くだんの犯罪は，5000戸の家(そのそれぞれに1枚のカーペットがある)がある町で起こり，犯人はそれらの家のどれかに住んでいると考えられるとする．それぞれの家からカーペットの繊維を1本ずつ採取して，犯罪現場で見つかった珍しい繊維と比較するという，大規模なスクリーニング捜査［被疑者を絞り込むための捜査］が行われた．珍しい繊維はカーペット500枚につき1枚の率で生じるので，10戸の家でそうした繊維が見つかると予想される[(2)]．その他の証拠の影響は脇に置いておくと，犯罪現場から見つかった繊維が被疑者の家(その家には犯罪現場に残された繊維と一致する繊維があった)のものである確率は，スクリーニング捜査が行われる前の5000分の1から，約10分の1[訳注10]へと，500倍に上がる．500という乗数は，調査対象となる家の数がいくつの場合であっても変わらずに適用されるし，またよくあることだが，数がわからない場合であっても同じ数字が適用される．さらに，調査が網羅的でなく，被疑者の家が，一致する繊維があると割り出されたただ1つの家，あるいは2，3の家のうちの1つである場合も，変わらずに適用される．この仮想事例から，次のようなことがわかる．500という乗数が表しているのは，より大人数の調査対象から小さな集団へと被疑者の範囲を狭めるという，残された痕跡という証拠の証明力である[訳注11]．そして，スクリーニ

ング捜査において，一致するメンバーがその集団の中に少なくとも1人は見つかることがほぼ確かであるという事実は，調査対象の人数を減らすという証拠の証明力とは無関係なのである．

　DNA型鑑定の場合は，偶然の一致に関する確率は，検索するデータベースのデータ数に鑑みれば非常に小さいので，複数回の比較を行う場合の補正を行っても行わなくても，結果に大した違いは出ないかもしれない．しかし，その他の場合は，非常に大きな違いが出る可能性もある．そのような場合の議論は，次章に譲ろう．

積の法則

　シルヴィア・アン・ハウランド(Sylvia Ann Howland)は，マサチューセッツ州の古い捕鯨の町ニュー・ベッドフォード(New Bedford)で1865年に亡くなった．彼女は，自分の非常に大きな不動産の約半分からの所得を遺贈する遺言状を残していた．遺贈先は，彼女と一緒に生活していた，姪のヘティ・H・ロビンソン(Hetty H. Robinson)であった．遺言状の検認の後，ヘティ・ロビンソンは，訴訟を提起した．これは，ロビンソンとおばハウランドの間に結ばれた，お互いに自分の財産を相手に遺贈するという相互遺言の合意を履行することを求めるものだった．この請求を支持するものとして，ロビンソンは，より以前に書かれたおばの遺言書を提出した．そこでは，自身の財産をすべてロビンソンに遺贈するとされていた．この遺言書には，奇妙な2ページ目があった．このページには，遺贈者によるものだとされるサインが，別になされていた．このページは，相互遺言の合意について説明するものだった．また，このページの写しもあり，これにも遺贈者によるものだとされるサインがなされていた．ロビンソンが言うには，彼女のおばが遺言にサインする際に，この2ページ目の写しにもサインをしたとのことだった．遺言執行者は，ロビンソンのこの合意の主張を否認した．その根拠は，2つの2ページ目のサインは，遺言に書かれた，双方とも真正のものであることを争っていない1ページ目のサインを，なぞり書きしたものに見えるということであった．ロビンソンが裁判所に訴え，これは有名な裁判事件になった [ハウランド遺言事件]．

　数々の有名な人々が証人になった(その中には著名な詩人で，息子が後に連邦最高裁判所裁判官になったオリヴァー・ウェンデル・ホームズ・シニ

ア Oliver Wendell Holmes, Sr.もいた）が，そのうちの一人にハーヴァード大学の著名な数学者である，ベンジャミン・パース（Benjamin Peirce）がいた．彼は，息子に伴われて出廷した．この息子チャールズ・サンダース・パース（Charles Sanders Peirce）は，後に有名な哲学者となった．父親の方のパースにより，この事件は，統計的推測が恐らく初めて用いられた訴訟事件となった．彼は，2ページ目のサインとその写しのサインが両方とも真正なものだとしたら，それらのサイン同士が非常に似通ったものになる確率を計算しようとしたのである．

　パースは，シルヴィア・アン・ハウランドのサインには，上から下への筆の運びが30個あると述べた．彼はこれらの筆の運びを，真正なサインと，争われているサインのうちの1つにおいて調べ，これらのすべてが「一致」しているとした．そうした一致点を使用するという点において，彼は現代の筆跡鑑定を先取りしている[訳注12]．そして彼は，他の様々な文書から取った，シルヴィア・アン・ハウランドの真正なサインであることに争いのない42個のサインで組み合わせ可能なすべてのペアにおいて，そうした一致の数を数えた．861個[訳注13]のペアのそれぞれに上から下への筆の運びが30個あるので，比較するのは25830個でありそのうち5325個，すなわち5個中1個より少し多い程度，一致していた．1/5を2つの上から下への筆の運びが一致する確率として使用すると，そうした一致が30個生じる確率は，1/5の30乗である．パースはこの確率を計算すると（計算間違いによって），「2666×10^{18}回に1回」になると証言している（正しい答えは，5325/25830を使用した場合は379×10^{18}回に1回で，1/5を使用した場合は931×10^{18}回に1回）．この結果は度肝を抜くようなものであり，事実パースも抜かってしまった．パースは次のように証言している．「この数は人間の経験をはるかに超越するものである．これくらい極めて起こりにくいことは，実際上不可能なことと同じである．このような吹けば飛ぶような極小の確率は，現実の生活では起こりえないことと言える．これは法が気にする最低ラインをはるかに下回っている……．したがって，本件において提示されている一致を，名前を普通にサインした場合に生じたものとみなすことは，理に適っているとは言いがたい．」[(3)]

　この計算の前提にあるのは，確率論の初歩で出てくる，独立性定理（あるいは独立性の定義）と呼ばれているものである．事象AとBが同時に生じる

確率は，（Bを前提としたときのAの確率）×（Bの確率），または同じことだが（Aを前提としたときのBの確率）×（Aの確率）である[訳注14]．もしAとBが独立事象であるならば，Aの確率は，Bが生じたかどうかの影響を受けない[訳注15]．すなわちこれは，Bという条件付きではない，単なるAの確率である[訳注16]．したがって，「複数の事象が独立であるような特別な場合は，それらの事象が同時に生じる確率は，個々の事象が生じる確率の積になる[訳注17]」，という積の法則が成り立つ．例えば，ドレフュス事件の例において，ある1個の単語で一致が生じることは，別の単語で一致が生じることと独立だと仮定しよう．すると，ベルティヨンが計算すべきは，一致が特定の4個の単語で一致が生じ，残りの9個の単語では生じない確率であった．これは，13個の事象の確率の積であり，すなわち$(0.2)^4 \times (0.8)^9 = 0.000215$となる．

　積の法則に従うと，確率がかなりの速度で極めて小さな値になる．しかし，掛け算する確率の事象が実際に独立なものであるかどうかは，疑わしいことが多い．先ほどのハウランド遺言事件では，確率を掛け合わせるにあたって，パースは次のことを仮定していた．すなわち，2つのサインの，対応するある縦方向の線が一致しているかどうかは，他の対応する縦方向の線が一致しているかどうかと独立であるという仮定である．見たところパースはこの点について裁判では批判を受けてはいなかったようであるが，この点は批判されるべきであった．なぜなら，この点が正しくないことはほぼ確実であったからである．一般的に言って，（この事件での真正なサインと真正かどうか争われているサインのように）ほぼ同じ時に似た条件の下で書かれたサインは，（この事件でデータとして使われた，他の文書から取ってきたサインのように）いくらか時間を隔てて書かれたり異なる条件の下で書かれたりしたサインよりも，一致する可能性が高い．したがって，一致は単独では現れず，大挙して現れる傾向がある．つまり，一致が見つかれば，他にも一致が見つかる確率が上がるであろう．実際，パースのデータをより詳しく現代的な分析にかけると，独立性を仮定したモデルで考えられるより一致の数が多かったり少なかったりするサインのペアが多すぎ，独立性を仮定したモデルと整合的でない，ということが明らかになる．

　積の法則の同様の誤用は，後年，前に論じた[(4)]リズリー(Risley)事件においてもなされている．検察側の専門家証人は，ある1つのタイプ文字に1つのキズがある確率として，明記せずにある数値を仮定していた．そしてこの

専門家証人は，こうした個々の確率を掛け合わせることで，11個のキズすべてが同時に生じる確率[同時確率]は40億分の1であると結論した．データは我々の手元にないが，これらのキズが独立でないことは，大いにありそうである．なぜなら，キズの発生は，タイプライターの機械の経年数と関係しているであろうからである．ニューヨーク州最高裁判所は正しくもこの証言に反駁し，次のように述べている．証言は「観察されたデータに基づくものではなく，単なる憶測によるものである．そして，検討中の物事と何の関係もない一般的な理論から演繹して推測をしようとしても，それは通常の証明方法としては何の役にも立たないものである．」(5)

3番目の例は，有名な *People v. Collins* 事件(以下，コリンズ事件と呼ぶ)(6)である．この事件での，独立性を仮定したモデルの使用は取るに足らない程度のものであったが，ある世代の証拠法研究者の想像力をかきたてた．ある女性が，路地で後方から襲われ，ひったくりにあった．彼女は，加害者が金髪の女性であるということを目で確認することはできた．ある証人が，金髪の女性が路地から走り出て，あごひげと口ひげを生やした黒人の男性の運転する黄色の車に乗ったのを目撃していた．2, 3日後，目撃情報に従って本件犯罪を捜査していた警察官が，この目撃情報と一致する1組のカップルを逮捕した．トライアルでは，このカップルが犯人であるという主張を強化するために，検察官は，数学の講師を証人として呼んだ．検察官は講師に，次のような諸要素の独立性と確率を仮定することを求めた．仮定された確率は，黄色の車(1/10)，口ひげを生やした男性(1/4)，ポニーテールの女性(1/10)，金髪の女性(1/3)，あごひげを生やした黒人の男性(1/10)，車に乗っている異人種のカップル(1/1000)というものであった．これらの確率を掛け合わせることで，目撃情報に一致するようなカップルの全人口中の率は1200万分の1である，と数学の講師は結論した．そして，被告人は有罪判決を受けた．

この事件は上訴されたが，カリフォルニア州最高裁判所はこれを破棄自判した．裁判所は，主張された確率やそれらの独立性の根拠がまったく示されていない，と指摘している．これらの指摘のうち，主張された確率の根拠がまったく示されていないという方は，明らかに正しい．なぜなら，仮定された確率は，完全な憶測によるものだったからである．独立性の欠如については，仮定された諸要素が独立でない(とりわけ，カップルが異人種である

ことは，男性があごひげを生やした黒人でかつ女性が金髪であるということと相関関係にある）と結論した点では，裁判所は正しかった．しかし，仮定された諸要素が同時に生じる確率は，個々の確率の積ではないと結論した点では，ひょっとしたら誤っていたかもしれない．なぜなら，もしこれら個々の確率が条件付確率だとしたら，独立でなくとも，それらを掛け合わせることは適切であっただろうからである．したがって，車に乗っている異人種のカップルの中に，あごひげを生やした黒人の男性が1/10いるとすれば，異人種のカップルとあごひげを生やした黒人の男性が同時に起こる確率はまさに1/1000×1/10になる．そして，異人種のカップルで男性の方はあごひげを生やした黒人である場合の中で，女性の方は金髪である確率は1/3であるとすれば，3つの事象すべてが同時に起こる確率は1/1000×1/10×1/3である等々，といった具合である．もちろん，個々の確率が仮定の上でのものなので，こうした計算は完全に空想上のものでしかない．

　裁判所が独立性の仮定を認めなかった，より深刻な最近の問題がある．1999年にイギリスで，サリー・クラークという女性が，自分の赤ん坊であるクリストファーとハリーを殺害したかどで有罪となった．クリストファーは1996年，ハリーはその約1年後に生まれている．2人とも死亡当時見かけ上は健康な乳児であった．クリストファーは生後8週間，ハリーは11週間で死亡している．死亡原因は不明であった．そのため，1人目の乳児の死亡後の診断では，乳幼児突然死症候群(SIDS)とされた．2人目の乳児の死亡後，2人の乳児を殺害した容疑で，母親のクラーク夫人は逮捕され起訴された．トライアルにおいて，著名な小児科医の教授であるロイ・メドウ卿(Sir Roy Meadow)が，証言を行った．証言は，1993年から1996年の間におけるイギリスの5つの地域での乳児の死亡についての，政府から大規模な資金援助を受けた研究に関するものであり，これはその当時まさに公表されるところだった研究である．この研究で明らかにされたところによれば，SIDSでの死亡のリスクは1303分の1であるが，勤労者がおり喫煙しない家庭で，かつ母親が26歳以上であるかまたは乳児が一人っ子である場合，確率は8543分の1に減る．クラーク家はこれらの特徴を有していた（父母ともにソリシタ［イギリスの事務弁護士］だった）ので，1：8543という数字が適用できた．またこの研究の報告書では，1家庭でそうした死亡が2人生じるリスクも計算している．その計算は，$1/(8543 \times 8543) = 1/7300$万というものであった．

メドウ教授はこの数字について証言した（このことはメディアで大きく報道された）が，それに付けられたこの研究の注意書きについては言及しなかった．すなわちその注意書きによれば，この数字は，本研究で扱われたもの以外の「遺伝的要因の発生の可能性を考慮」したものではなく，SIDSの死亡が2人生じたような例において「虐待が常に原因であると仮定することは不適切」であろう．イギリスでは1年に70万の生児出産があるので，「偶然によって1家庭でSIDSの死亡が2人生じることは，100年に1度程度しか起こらない」と，メドウ教授は証言において結論している．さらに彼は統計数字以外にも，検死所見についても証言し，2人の乳児どちらにも，変死を示唆する部分があると思われるとしている．

　トライアルでこの証言に対して異議が出されることはなかった．しかし被告人側の反対立証において，被告人側の専門家証人であり前述のSIDS研究の編者の1人でもあったベリー（Berry）教授という人が，遺伝的要因を根拠に1：7300万という数字に対して異議を唱えている．SIDSの確率を単に2乗するのは，両者に共通の遺伝的要因により2人の死が引き起こされた可能性を考慮していないので，単純化しすぎであると彼は指摘している．証拠要約にあたって，トライアルの裁判官は，統計数字に信頼を置きすぎないようにと，陪審員に注意を促した．裁判官は，「裁判所では統計数字を基に人々に有罪を宣告することはしません」「ある家庭でSIDSの死亡が1人生じたら，同じ家庭でもう1人生じることがない，ということを意味するわけではありません」と注意していた．しかしながら，陪審は10対2の評決で，この母親に対して有罪を宣告した．

　最初の上訴では，裁判所は1：7300万という数字に対する異議を却下している．2乗することに反対する議論は陪審に知られており，またトライアルの裁判官も証拠要約の説示で繰り返している，と裁判所は指摘した．加えて検察側は，1家庭でSIDSの死亡が2人生じることは非常に稀であるという大まかな主張を行ったのみであり，そのため正確な数字は重要ではなかった．

　2度目の上訴では，ハリーが感染症で死亡したことを示す，新しく発見された医学的証拠と，ミスリーディングな統計数字を使ったことを根拠にして，陪審の評決に破棄申し立てがなされた．公判の2日目に検察側は，自分たちはもはや陪審の評決を支持しない，と発表した．そして裁判所は，新たな証拠を根拠にして，有罪判決を破棄した．傍論において裁判所は，統計数

字についての原判決も破棄すると述べた．裁判所はメドウの証言を，「明白に誤り」で「ひどくミスリーディング」だと表現している．そして裁判所は，1家庭でSIDSの死亡が2人生じることは，7300万分の1という数字で示されているよりも「ずっと頻繁に生じる」ことを示唆する証拠があったと述べている．先ほど述べた研究のデータからも，これは正しいと思われる．この研究では，SIDSの乳児が出た323家庭のうち，5家庭で以前にもSIDSの乳児が出たことがあった．対照群［169頁参照］の乳児のいる1288家庭（SIDSの乳児それぞれについて，同時期に生まれた4人の乳児対照群とされていた）では，2家庭でのみ以前にSIDSの乳児が出たことがあった．SIDSの乳児が出るオッズは，以前にSIDSの乳児が出た家庭の方が，そうでない家庭より約10倍大きい．

恐らく前例のない展開だと思われるが，事件が終結した後，サリー・クラークの父親は，この事件でのミスリーディングな証言を理由として，イギリス医事委員会（General Medical Council）に，メドウ教授を告発している．審理の後，委員会は，メドウ教授の証人としての行動は，「まったく容認できない」ものだとし，医師としての登録を剥奪した．しかし，彼は後に登録を回復されている．

DNA型鑑定は，独立性の仮定が重要な役割を果たす，もう1つの重要な事例である．DNA分子は，塩基[訳注18]同士の結合等によって鎖状の構造をもっている．このDNA鎖の，ある特定の位置［DNA鎖上の「位置」のことを座位またはローカスと呼ぶ］では，同じ短い塩基配列が何度も繰り返されている[訳注19]．この塩基配列の繰り返しのパタンは，アリル（allele）と呼ばれる．このアリルは，一人一人で異なっている．ペアとなる2本の染色体の同じ座位にあるアリルの組合せは，遺伝型（genotype）と呼ばれる[訳注20]．2つのアリルが同じである場合は，遺伝型はホモ接合（homozygous）と呼ばれる．それに対して同じでない場合は，遺伝型はヘテロ接合（heterozygous）と呼ばれる．2人の異なる人間のアリルが一致する場合，遺伝型も一致する．座位にある，識別できる遺伝型の種類はかなり多い．例えば，FBIのデータによれば，ある座位では，黒人は909種類の遺伝型があり，白人は901種類の遺伝型がある等，といった具合である．さらに，ある座位で行えるのと同じ検査は，異なる座位でも行える．

法医学・科学捜査の諸研究所では，観察されたアリルすべてが同時に生じ

る頻度を決定するために，それぞれのDNA鎖における，そしてその様々な座位におけるアリルの頻度を掛け算することを，日常的に行っている．FBIのデータベースでは，4つの人種のグループそれぞれについて1000人未満の個人しか登録されていなかった時期があり，ある特定の座位の遺伝型が，2人の異なる個人で一致する確率は，0.03から0.001であった．それでもDNA型鑑定が強力な方法なのは，そうした確率を掛け算しているからである．すなわち，同時に一致が生じる確率は，掛け算により計算され，100万分の1，10億分の1以下といった非常に小さい数字になる．父親のDNA鎖と母親のDNA鎖は独立であるという仮定は，ハーディー・ワインベルク平衡（Hardy-Weinberg equilibrium）と呼ばれている．また，異なる座位のアリルは独立であるという仮定は，連鎖平衡（linkage equilibrium）と呼ばれている．

DNA型鑑定[訳注21]の諸研究所の専門家が裁判所で証言をし始めた頃，これらの仮定は憶測に過ぎないと，批判する論者も多かった．彼らは，ハーディー・ワインベルク平衡が破られる場合があると指摘した．それは，母集団の中に，アリルの頻度が著しく異なる部分集団があり，各部分集団の中で交配が行われる傾向がある場合である．そうした場合，当該部分集団で観察される頻度の高いアリルは，片方の親ともう片方の親の両方に見られる可能性が高いため，子孫ではそれらが組み合わさる可能性が高い．その結果，ホモ接合の遺伝型の頻度は，独立性の仮定の下で予想されるよりも多くなるだろう．DNA型鑑定の批判者たちは，ホモ接合が過剰に観察されることを報告しており，このことは独立性の仮定が破られていることを示唆しているとする．DNA型鑑定の擁護者たちの返答は，過剰に観察されている理由は単に，質量がそれほど異ならないアリルを鑑定が正確に識別できていないからである，というものである．

連鎖平衡については，データベースを詳しく分析した結果，2組や3組のアリルが同時に観察される頻度は，独立性の仮定の下で予想されるものと整合的であることが明らかになった[7]．この証拠は，独立性の仮定を支持するものではあるが，DNA型鑑定を熱狂的に支持する専門家が主張するような，100万分の1や，あるいはさらに10億分の1という次元での一致の確率についての主張を正当化するほどのものではない．イギリスのドハニィ事件[8]では，検察側の専門家証人は，この事件におけるDNAプロファイルのランダム生起比率として，4000万分の1という数を弾きだした［32頁参照］．

しかし被告人側は，この専門家証人が，マルチローカス・プローブ法とシングルローカス・プローブ法[訳注22]の独立性を不適切に仮定した上でそれぞれの頻度を掛け算した，という理由で反論した．これに対し検察側の専門家証人は，マルチローカス・プローブ法で識別されたバンドが，シングルローカス・プローブ法で識別されたバンドと同じか，それに非常に近い場合は，独立性は仮定できないということを認めた．控訴院はこれらの専門家証人に同意し，独立とならないリスクが存在し，そのリスクは数量化できないとした．そして控訴院は，シングルローカス・プローブ法のみの場合のずっと高いランダム生起比率を使って証拠を分析し，有罪判決を破棄した．

　実際，真に独立性が存在したとしても，先ほどの証言で持ち出された，途方もなく小さなランダム生起比率は，非常にミスリーディングなものでありうる．なぜなら，証拠として出されている数値は，真の一致の頻度ではなく，一致と判定されたものの頻度であり，これには真の一致と過誤が含まれているからである．このうち後者はしばしば無視されている．その理由は，検査技能の程度を測定する方法が非常に限られていることに鑑みれば，過誤を数量化することが極めて難しいからである．過誤には，たまたまサンプルを取り違えてしまったようなものから，不一致があるにもかかわらず，技師の意見ではそれがDNA型の違いのためではなくむしろ検査の過程で生じた何らかの産物のためであるとされたので，一致していると判断したような場合までが含まれる．例えば，犯罪現場で見つかったサンプルには，被告人には欠けている余分なバンドがあるかもしれないが，それはサンプルの汚染によって生じたものだと技師が断定し，被告人と一致したと結論するかもしれない．こうしたことを考えると，独立性を仮定したモデルによって導かれた恐ろしく小さい数値の持つ証明力に疑問が出てくるが，無関係の個人の間でDNA型が偶然一致することは非常に稀であるという仮定は，現在は広く受け入れられている．

第4章 有意性

　ある企業の女性従業員たちが性差別を主張して，雇用主たる当該企業を相手にクラス・アクション（集団訴訟）を提起した．その主張によれば，彼女らの平均給与は当該企業の同じ部署の男性従業員に比べて2000ドルほど少ない．ある労働経済学者が原告側の専門家証人として証言し，男女間のこの平均給与の差は統計的に有意なものであると述べた．別の事件では，商品取引ブローカーが訴えられた．その商品取引ブローカーはF口座とG口座の取引についての裁量権限を付与されていた．このうちF口座の所有者が，被告ブローカーは自分が個人的な利害を有するG口座のために，儲けの上がる取引をG口座に回してF口座の利益を吸い上げたと主張した．被告ブローカー側の専門家証人は，F口座の取引の利益率が低いように見えても，それは統計的に有意ではないと証言した．

　これらの事件における統計的有意性についての専門家証言は，訴訟上の争点にとって重要な関連性を有しているが，ではいったいその有意性とは正確には何を意味しているのであろうか？　とりわけ，性差別の存否やブローカーの利益吸上げの有無に関する証明力に対して，どのような意義を有するものなのであろうか？

有意性の概念

　有意性の概念は統計的推論にとって必要不可欠なものであり，日常会話や法学での意味とは異なって，より狭くテクニカル（数学的）な意味を統計学においては持っている．そのテクニカル（数学的）な意味を理解するには，まず，統計の専門家が統計分析の結果として提示する命題や言明の基礎となっ

ているデータとは，大きな母集団から無作為に抽出された標本(サンプル)であることを理解しなければならない．さらに，大きな母集団から無作為抽出された標本が複数あるとき，それらの間に本質的な差異はないものと仮定されている．すなわち，たとえ標本の間に差異があるように見えても，それらは無作為抽出の際に生じる偶然の産物に過ぎず，何度も無作為抽出をしていけば相殺し合って消えてゆく種類のものであるということである．これらの仮定は，帰無仮説(null hypothesis)と呼ばれる．帰無仮説が真であると仮定すれば，実際の標本に見られる大きな差異が生じる確率を計算することが可能となる．この確率のことが「有意確率(attained level of significance)」とか「P値」と呼ばれ，あるいは「裾野の確率(tail probability)」と呼ばれることもある．観察データに見られる差異は，P値が非常に小さい場合に有意であると呼ばれる．P値が小さいならば，統計学の専門家は帰無仮説を棄却する．例えば，前記の雇用の性差別事件の場合なら，単なる偶然以上のものが起きていると結論付ける．逆に，上記のブローカーの事件の場合で，F口座とG口座の間の差異が統計的に有意でないならば，統計の専門家は単なる偶然の結果である可能性を排除できないと結論する．

では，P値がどれくらい小さければ「十分に小さい」として帰無仮説を棄却する(捨て去る)ことが適切となるのであろうか？ その基準は有意水準と呼ばれ，従来通常用いられている基準は0.05(5%)であり，0.01(1%)が用いられることもある．0.05の基準を用いる場合で説明しよう．帰無仮説が真であると仮定した場合に，標本において見いだされた差異と同等以上の差異が生じる確率が5%未満であるならば，当該差異は統計的に有意なものであるとされることになる．この5%基準の意味は，帰無仮説を棄却した場合の中の，帰無仮説が真であるにもかかわらずその帰無仮説を棄却してしまうという，5%の割合の過誤を無視するということに他ならない．真であるにもかかわらず，その帰無仮説を棄却するという過誤(エラー)のことをタイプⅠエラー (第一種の過誤)と呼ぶ．偽であるにもかかわらず，その帰無仮説を棄却しないという過誤のことはタイプⅡエラー (第二種の過誤)と呼ぶ．タイプⅠエラーの割合が有意水準に対応する．[これを条件付確率の式で書けば有意水準＞p(帰無仮説を棄却する｜帰無仮説が真)となる．] タイプⅡエラーの割合が，第7章で取り扱う検定力(power)と関係している．通常用いられる用語法によれば，P値が小さいほど，有意性のレヴェルが高いということ

になる．

　有意水準の5％や1％の閾値が慣習的に用いられているだけで理論的根拠のないものであることから，法律家の間では，それを法律の分野で用いることへの躊躇が見られた．しかし，実務的には，代替の閾値として提案される水準値（例えば10％）とどちらを使うかというような選択よりも，有意性を査定する上で生じるその他の諸問題の方がずっと重要である．にもかかわらず，論者の中には，統計学の慣習である5％水準は恣意的なものなので法においては使うべきではなく，民事裁判の証明度である証拠の優越の基準は51％の確率を意味するのであるから，法律家は49％基準を用いるべきであるとまで極論する者さえいる．彼らによれば，帰無仮説が真である確率が49％以下であるならそれを棄却すべきことになる．その論拠は，有意水準5％は民事裁判における証拠の優越の基準を不当に高くしていることになる点にある．

　確かに5％という値自体は恣意的なものである（とは言え，統計学においては広く受容されている基準である）．しかし，上記の法律家の批判は間違っている．なぜなら，それは5％（あるいは彼らの主張する49％）が，帰無仮説が真である確率であると前提しているからである．有意水準としての5％はそのような確率ではない．それは，帰無仮説が真である場合に，当該標本が抽出される確率なのである．これら2つの確率はまったく異なるものである．第1章で指摘したように，帰無仮説が真であるときに当該標本が抽出される確率，すなわちp（当該標本｜帰無仮説が真）と，当該標本が得られたときに帰無仮説が真である確率，すなわちp（帰無仮説が真｜当該標本）とは一般的に一致しない．帰無仮説が真である確率と有意水準とを関係付けるには，事前確率分布を仮定した上でベイズの定理を応用しなければならない．とは言え，裁判所はこれまで，統計学における通常の有意水準を受け入れるのが常であった．ただし，P値が閾値の5％をわずかに上回っているだけの場合には5％水準の例外とする場合もあった．それはそれで正当化可能な判断であると言えよう．本章でも後にこのような判例を検討する．

　大きな母集団からの無作為抽出の結果がこの世界を構成しているという考え方は，正面から明示されることもあれば，仮想的な前提であることもある．コンピュータでランダムに電話番号の数字を作出して自動で電話を掛ける社会調査の方法である乱数番号法（RDD: Random Digit Dialing）によって

1000人の有権者を抽出して政治意識調査をし，その調査結果から全有権者の意見分布を外挿法によって推定する場合が，明示の母集団（有権者集団）から無作為に標本を抽出する具体例である．他方，性差別訴訟においては，争点の数値は男性従業員と女性従業員の平均賃金の間の差であり，この場合の母集団としてのその時点の全従業員は，調査時の有権者集団のような意味での具体的なものではない．しかし見出された特定の差異は，やはり一時的で偶然的な要因の影響を受けると想定される．その時点の母集団従業員は，無限時間の従業員の流列からの標本であると想定するのが通常である．あるいは，男性従業員と女性従業員への特定の賃金の割当ては，従業員への可能な賃金割当ての全体集合から選択された１つの割当てであるにすぎないとみなすこともできる．この後者の見方をモデル化するには，全従業員分の賃金額を書いた札をツボの中に入れて，そこから選び出す場合だと考えればよい．ツボの中から，男性従業員数と同じ数の札を無作為に抽出する．それらが，男性従業員の個々の賃金となり，そこから男性従業員の平均賃金が計算される．そしてツボの中に残された札が，女性賃金の個々の賃金となり，そこから女性従業員の平均賃金が計算される．この作業を何度も繰り返し，それぞれの抽出の記録をとどめておいて，男女２つのグループの平均賃金を計算する．抽出回数の中の５％未満においてのみ男女の従業員の間の賃金格差が2000ドルを超えたのであれば，この賃金格差は，５％水準で統計的に有意であると呼ばれる．こうして，明示の標本抽出はなされなくても，データについて，多数の可能性の中の無作為な実行における割合を観念することができる．

　商品取引口座の例の場合，両方の口座での総取引回数分の札がツボの中に入れられ，それが全取引に対応付けられる．利益の上がった札にはその旨記載されている．このツボの中から無作為に札を取り出す作業をＦ口座での取引回数分繰り返し，取り出された札はＦ口座でなされた取引に対応付けられる．ツボの中に残された札がＧ口座での取引に対応する．この作業を何度も繰り返す．そして，この作業の総回数の５％以上で，Ｇ口座での利益の上がる作業の回数が実際のＧ口座での利益の上がった取引回数以上であったならば，Ｇ口座の有利な結果は有意ではないとされる．この場合，Ｆ口座とＧ口座での取引における利益の上がる取引回数の差異は単に偶然の産物である，という帰無仮説が真である可能性を棄却できないことになる．

「十分に大きな差異」の定義には2つの側面がある．第一に，標本で見出された差異かそれを超える大きさの差異すべてを意味する．そのようになる確率は「裾野の確率」と呼ばれることがある．その理由は，確率分布における両端の極端な値をすべて含む確率だからである．すなわち，非常にありそうもない差異の生起確率である．この定義は，特定の差異の生起確率とは区別されなければならない．特定の差異の生起確率は「点確率(point probability)」と呼ばれる．では「それを超える差異」も考慮するのはなぜなのであろうか？ 第一に，ある特定の差異についての点確率は，帰無仮説が真であるという仮定の下では，非常に小さなものとなることに注目する必要がある(これには，帰無仮説とちょうど一致するという差異ゼロの場合も含まれる)．見出された差異と同程度以上の差異が生じる確率の総計が，裾野確率である．偏りがないコインによるコイン投げで，100回の試行のうちでちょうど50回表が出る確率は，たった8％である(50回は表の出る期待値であり，かつ，最も起こりそうな事象である)[訳注1]．それに対し，100回中で表が出るのが50回かそれより少ない場合の確率は約2分の1である．標本中で観察された回数が非常に小さいことをもって帰無仮説を棄却しようとするのであれば，それ以下の確率であればなおさら棄却すべきことになる．こうして，裾野の確率は棄却の可否についてのルールとなるべきことになる．

　第二に，「十分に大きな差異」は，標本において生じたのとは逆方向の差異を含む場合もあれば，含まない場合もある．標本において平均賃金の差異が2000ドルで，男性従業員の方が女性より多く受け取っているという場合，「十分に大きな差異」は，男性従業員が女性に比べて少なくとも2000ドルだけ多く受け取っている場合として定義されることもあれば，一方の従業員が他方の従業員よりも少なくとも2000ドル多く受け取っている場合として定義されることもありうる．前者の場合の有意性は，片側検定と呼ばれる．それは，5％有意水準が，一方向のみでの極端な値となる確率を指しているからである(例えば，男性従業員が女性従業員よりも多く稼いでいる，など)．後者の場合は両側検定と呼ばれる．それは，5％の有意水準が，両方向に極端な場合の確率を指しているからである(例えば，どちらかの集団が他方の集団よりも2000ドル多く稼いでいる，など)．この点については，本章で後にもう一度触れることにする．

帰無仮説の棄却

　「帰無仮説を棄却する」ということは，見出された差異が偶然の産物であるとの説明を排除することを意味し，かつ，それ以上のものではない．偶然による説明を排除することは，見出された差異を説明するその他のメカニズムが考えられる場合よりも，明示にせよ黙示にせよ偶然か否かが決定的な問題となっている場合においての方が，より重要となる．昇進の事件において，偶然が問題となるのは，昇進の可否にとって重要な要素については男女の間に同等に分布しているかもしれない，という仮定のレヴェルにおいてのみである．この仮定はしばしば争われる．例えば，*Ste. Marie v. Eastern R. Ass'n*事件[1]という性差別に基づくクラス・アクションにおいて，フレンドリィ（Henry Friendly）裁判官は次のように判示している．すなわち，専門技術職や管理職の地位に昇進する女性の数は少なく，そのことを偶然の産物として説明することは不可能であるが，男女間のこの格差は差別自体の証拠とはならない．なぜなら，女性の昇進率を計算する際の分母の人数には秘書（圧倒的多数は女性である）の数も算入されているが，秘書は専門技術職や管理職に昇進するために必要な訓練を受けていないからである．

　他方，差異が統計的に有意ではないということの意味は，その差異は偶然の産物として説明することが可能かもしれないということであり，確定的に偶然の産物であることを意味するものではない．標本が小さすぎる場合，証拠が不十分であるという理由だけで，実際に存在する差異が有意ではないとされる場合が生じる．したがって，有意でないからといって，帰無仮説を受け入れるべきであるということはできない．単に帰無仮説を棄却できないだけである．もちろん，他の証拠が存在して，偶然によっては説明できないことが明らかになる場合もありうる．人種間の昇進差別事件である*Waisome v. Port Authority of New York & New Jersey*事件[2]においては，そのような証拠が存在した．この事件において，白人職員の14％は昇進したが，黒人職員は7.9％のみが昇進を認められた．たったの5名の黒人職員のみが昇進したにすぎなかったので，統計的にはこの昇進率の差異は有意でないとされた．しかし，控訴裁判所は，統計的に有意でないことは本件では重要ではないと判示した．なぜなら，この差異が偶然の産物ではなく，筆記試験の結果に基づいていることが，証拠から明らかであったからであった．その筆記試験に基

づいて昇進の可否が判断されており，試験の結果により黒人職員の方が，昇進の可能性が低くなっていた．

標準誤差 2 個分ないし 3 個分を基準とするルール

　有意性を計算する通常の方法は，観察された標本と帰無仮説の下での期待値との間の差異が標準誤差何個分であるかを計算する方法である．標準誤差（通常は不正確に標準偏差の呼び名が当てられる）何個分であるかの計算は，連邦差別訴訟の分野では有意性の判断基準として確立している．*Castaneda v. Partida*事件[3]は，大陪審に選任されるメキシコ系アメリカ人が過少であるとする，陪審関連の人種差別訴訟である．この事件で連邦最高裁判所は，脚注において，「期待値と観察数との間の差異が標準偏差 2 個分ないし 3 個分以上であるなら，陪審が無作為に選出されているという帰無仮説は，社会科学者から見て疑わしいものと言える．」と述べた．もちろん，標準誤差 2 個分か 3 個分かの間には有意確率の点で無視できない差異があるが，連邦最高裁判所はこれらの間のどこに線引きをするかについては検討する必要がなかった．なぜなら，その訴訟での実際の差異は，標準誤差29個分もあったからである！ しかし下級審は，社会科学についてのこのほとんどアバウトな判断を杓子定規にとらえて，判例法に仕立ててしまった．すなわち，標準誤差 2 個分未満の差異は，一応の推定をするには不十分である，という法的ルールにしてしまった．

　このルールが訴訟における証拠の十分性を判断するためのルールとして設定されたとするなら，連邦最高裁判所のここでの社会科学解釈は不完全であることになる．どこに間違いがあるかと言えば，両側検定と片側検定の違いの無視にある．社会科学の研究においては，両側検定が通常は推奨される．例えば，男女の賃金格差の社会学的研究においては，問題は男女間で賃金が同等か異なるかである．確かに我々の先行知識に基づけば，男性の方が女性よりも賃金が高いであろうと想定できるが，男性有利と女性有利の双方が，同等賃金であるという帰無仮説の否定の証拠になりうる．したがって，両側検定を用いるべきなのである．両側検定の場合，標準誤差1.96個分が，一般的基準である 5 ％の有意水準に対応する．片側検定の場合，同じ 5 ％の有意水準は標準誤差1.64個分である．よって，片側検定が適切である場合，一般的な有意水準は標準誤差1.96個分ではなく1.64個分となる．

社会科学の分野においては，男性の賃金が女性よりも少ないことはあり得ないという非常に強い根拠を有している場合にのみ，片側検定の利用が正当化されるだけである．そしてたいていの場合において，そのような事前判断は，科学的ないし学術的研究においては不適切であるとされる．したがって，社会科学では原則として両側検定が推奨されるのである．とはいえ，差別に基づく訴訟の場合は例外である．この場合，男性が原告となって訴えているのではない限り，原告の女性従業員が男性と同程度ないしそれ以上の賃金を得ているか否かは，問題とならない．そのような場合には，いずれにせよ原告女性従業員の請求は棄却されるだけである．男性従業員が女性従業員よりも高い賃金を得ているにもかかわらず，男女間で賃金格差が存在しないという帰無仮説を棄却しなかったときのみが誤判となる．この誤判の割合は，片側検定によって判断される．こうして，女性従業員が男性従業員と少なくとも同程度の賃金を得ている場合，賃金差別訴訟での5％水準の片側検定では，標準誤差1.64個分で判断するべきことになる．この場合の第一種の過誤の率は，学術研究において標準誤差1.96個分で判断した場合の第一種の過誤の率と同じく5％となる．裁判上の争いにおいて片側検定を用いることの利益は，それによって帰無仮説を棄却しやすくなることである．逆に言えば帰無仮説が偽であるにもかかわらずそれを棄却しないという過誤の割合をより小さくできるのである．

　片側検定と両側検定の間の差異が結論の差異をもたらした事案として，*Hazelwood School District v. United States*事件[4]が挙げられる．この事件では，郊外の学区での教員採用における黒人差別が争点となった．連邦最高裁判所の多数意見は，大多数が黒人であるセントルイス市の教員採用状況を，教員採用率の計算で考慮すべきか否かに裁判の帰趨がかかっているとして，その点の判断をするよう原審に差し戻した．この多数意見は，上記の判断を導く際に，次の事実に基づいていた．すなわち，両側検定を用い，かつセントルイスの教員を排除した場合，採用された黒人の数と（教員採用で黒人差別がないという）帰無仮説から計算される期待値との差異は標準誤差2個分未満であり，他方，セントルイスの教員を含めると，期待値との差異が標準誤差5個分を超えるという事実である．スティーヴンス(John Paul Stevens)裁判官はその反対意見において，片側検定を用い，黒人教員の過少さはセントルイスの教員を入れなくても5％水準で統計的に有意となることを示し，

どちらの方法によっても人種差別の存在が証明されたと言えるので，下級審への事件差戻しは不要であると結論付けている．我々の立場によれば，スティーヴンス裁判官の方が，片側検定を用いて差戻しを不要であるとした点で正しいと言える．

　標準誤差2個分という基準は，P値の推定の方法である．その場合に仮定されているのは，元の確率分布が正規分布で近似できるという点である．しかし，この基準は，元の確率分布が正規分布で近似できない場合もあり得ることに鑑みれば，P値によって表す方が適切であろう．また，標本が期待値から遠すぎるためではなく，むしろ期待値に近すぎるがゆえに無作為抽出の仮定が疑問視される場合には，標準誤差2個分という基準は役に立たない．このようなことが起こった例としては，陪審員選任が問題となった事件のうち，陪審員の構成について人種ごとに人数が割り当てられていたことがデータから窺われた事件が挙げられる．例えば，ルイジアナ州オーリンズ・パリッシュで生じた事件[5]では，刑事訴追の可否を判断する大陪審が9つ，1958年から1962年にまたがる4年の間に選任された．ルイジアナ州では，大陪審の陪審員の人数は12名であった．9つの大陪審の8つにおいてそれぞれ黒人が2名陪審員に選任され，残る1つにおいては1名のみの黒人が選任された．当該地区の成人の人種構成においては，3分の1が黒人であった．ルイジアナ州最高裁判所は大陪審における黒人割合が小さいことについて，黒人の方が識字率が低いことと，黒人の方が経済的困窮に基づいて陪審員を辞退することが多いことに基づくものであると判示した．しかし，実際に陪審員を務めた総数中の黒人の割合（17/108＝15.7％）が，陪審に選任されうる総人口中の黒人の割合と一致していると仮定し，よって各陪審中の黒人の期待値が2名足らずであると仮定しても［12*(17/108) ≒ 1.89］，現実に上記の黒人割合とほぼ同程度の大陪審が構成される確率はほんの0.001でしかない[訳注2]．したがって陪審員選任が無作為抽出であるという帰無仮説は棄却されるべきだったのであり，むしろ，人数割当てが隠れて実施されていたとみる方がずっともっともらしいのである．

　もう1つ別の事件では，ある債権回収会社が回収委託を受けた債権の回収金額の一定割合を報酬として受け取っていた．実務慣習に基づいて，当該債権回収会社は委託債券の70％を回収できるとして，現実の回収前にこの割合に基づいた所得を申告していた．アメリカ合衆国証券取引委員会(SEC)が捜

査を開始した．この債権回収会社の会計士が，会社の上記主張を検証するため，40の委託債券を無作為抽出する作業を3回繰り返し，それぞれの債権回収率を計算したと証言した．それによれば，それぞれの標本の回収率は69％，70％，および71％であったとされる．しかし，回収率が本当に70％であったとすれば，3つの無作為抽出標本が全て上記の数値のように期待値70％に非常に近くなる確率は実は0.05よりも小さいのである．したがって，上記3つの標本を無作為抽出したというこの会計士の主張や，その標本の回収率が上記であったという主張は疑わしいものである．よって，この会計士の報告書は信頼できないものであると推論される．実際にも，その後この会計士は，債権回収会社の粉飾に参画していたことを自白している．

　たぶん，隠された割当制の存否が主要な争点となる事件の中で最も重要なものが，積極的差別撤廃措置計画（affirmative action plan）であろう．画期的とされる判決である*Grutter v. Bollinger*事件[6]において連邦最高裁判所は，ミシガン・ロー・スクールが少数人種の学生を入学させるために用いていた積極的差別撤廃措置計画を合憲と判断した．連邦最高裁判所が明示した基準は「大学が特定の人種集団に対する入学人数の割当制を採用することや，特別の選抜手続を作って当該人種だけをその手続に乗せることは禁止される．しかし他方で大学が，すべての志願者に一様に適用される基準によって，各志願者の個別評価において人種や民族を「プラス要素」として柔軟に評価することは禁止されない」というものである．本件法廷意見が述べるように，ミシガン・ロー・スクールの入学者選抜手続はこの判断基準に合致するので，憲法の平等保護条項に違反しないと裁判所は結論付けた．この多数意見に対しては4名の裁判官が反対意見を付している．

　少数人種の合格率の変動が過度に小さい場合には，それは禁止される割当制の存在の証拠となる，とする点で多数意見も反対意見も一致している．両者が対立するのは，どのような統計的データが重要であり，そこからどのような結論が導かれるべきかの点である．多数意見は，各年度にミシガン・ロー・スクールに入学した少数人種の人数割合に注目し，1993年から2000年の間この割合は13.5％から20.1％まで変動しており，この変動は「割当制の存在とは矛盾する」と判断した．4名の反対意見は，より重要な統計は入学した少数人種の学生ではなく，ミシガン・ロー・スクールに入学を許可された学生の方であるとした．この場合，反対意見の方が正しいように思われ

る．反対意見を書いたレンクイスト(William Rehnquist)長官は，データを見て，1995年から2000年までの間，「ミシガン・ロー・スクール志願者に占める3つの少数人種の学生(アフリカ系アメリカ人(黒人)，ヒスパニック(ラテン系)，およびアメリカ先住民(アメリカ・インディアン)の学生)の割合と，入学許可を受けた少数人種学生の割合とを比較すると，両者は余りにも一致しており，ミシガン・ロー・スクールが『人数も若干は考慮した』ことの結果であるとして片づけることはできない」と判示した．確かに数値間の非常な近似が見られることは否定できない．レンクイスト長官は割合を示す表を提示し，その中の2つの例を強調している．すなわち，1995年に志願者に占めるアフリカ系アメリカ人学生は9.7%であるのに対し入学許可を受けたアフリカ系アメリカ人学生は9.4%であった．また，2000年のそれぞれの数値は7.5%と7.3%であった．他の年度の数値も，他の少数人種の数値もほぼ同様であり，もっと近い数値もある．以上からレンクイスト長官は，数値を見れば結論は明らかであるとした．すなわち，「人種ごとに志願者割合と入学許可者割合とが非常に近似している以上，ミシガン・ロー・スクールが人種に基づく精密な入学者採用計画を実施してきた結果であると結論付けざるを得ない」[7]と論じている．

では，本当にこれらの数値は，人種に基づく選抜を示すものなのであろうか？ 実はここでの統計的推論は，それほど明白なものとは言えないのである．志願者に占める人種割合に基づく割当制が存在していたと仮定すれば，入学許可を受けた学生数は，人種を考慮しないで志願者から無作為に行った選抜の結果偶然によってもたらされた学生数よりも，期待値に近い数値となるであろうか？ このような統計学的な問題設定は，本件の訴訟代理人弁護士によっては提起されていない(裁判官も提起していない)．〔志願者集団からの無作為抽出の結果の期待値は，志願者集団における各人種の割合となるから，両者が不自然なまでに一致していない限り，無作為性を否定して割当制を推論することができないのである．〕1つのアプローチとして，4つの人種グループ(アフリカ系アメリカ人学生，ヒスパニック学生，アメリカ先住民学生，およびその他の学生＝白人やアジア系学生など)のそれぞれが志願者全体に占める割合に基づく期待値と，現実に入学を許可された者の数との間の差異を，6年間のそれぞれの年度ごとに計算し，その計算結果を6年分をセットとして，それらの間に「非常に密な対応関係」が実数と期待値との

間に生じる確率を計算すると,それは23％となる[8]．これは統計的に有意ではない結果である．よって数値間の近似は十分に小さいとは言えず,志願者から人種を考慮することなく選抜したという帰無仮説を棄却することができないのである．この分析によれば,本件のデータは,少数人種の志願者にも白人と同じ合格確率を与えるにすぎない「積極的差別撤廃措置計画」の結果と矛盾しないものとなる．しかし,別の計算方法を用いた場合,本件の数値間には非常な近似が見られることになり,偶然によって起きたとすることができないという結果となる．少なくとも本件のデータから言えることは,本件では割当制があったとしてもその効果は微小なものでしかないということである．

統計的有意性と法的有意性

連邦最高裁判所は,統計的な乖離は「長期間にわたって見られるもので,かつ,十分に大きなもの」でなければ差別についての一応の証明とはならない,[よって相手方に立証の責任が転換することはない]と判示している[9]．長期にわたり,かつ,十分に大きい差異というものは,統計的にも有意な差異であることが通常である．しかしだからと言って,統計的に有意な差異が常に法的にも有意とされるわけではない．単なる偶然の結果だという説明を否定することができるほど大きな差異があるということと,差異が違法ではないとする他の説明を一応の証明として否定することができるほど十分に大きな差異があるということとは,まったく別のことである．前者は統計的有意性のことであり,後者は実務的ないし法律的な有意性のことである．

統計的有意性と実務的有意性の区別の具体例として,アメリカ合衆国雇用機会均等委員会(EEOC)の「5分の4基準(80％基準)」を挙げることができる．先に述べたように,雇用者が実施する試験が少数人種に対して不利に作用しているか否かを判断するために,雇用機会均等委員会は,ある人種,性,または民族集団における合格率が最高の合格率の集団の8割(5分の4)未満であった場合,その試験は当該集団に対して不利に作用していると一般的に推定されるとしている．逆に5分の4以上であれば,不利に作用しているとは推定しないとしている[10]．数値が統計的に有意と判断するには小さすぎる場合,試験のより長期にわたる利用の証拠や,他の雇用者による利用実績などを考慮することもできる．実務的基準としての80％基準を採用する

こと，および，統計的有意性の争点については別途の指示をすることによって，雇用機会均等委員会は両者の概念の相違を認めるとともに，相違を強調してもいる．

　小さな差異は法的に有意な差異とはならないという事実から，以下の問題が提起される．すなわち，有意性を検証する上で，帰無仮説として厳密な意味での平等を採用するべきか，それとも帰無仮説として許され得る最大限の差別を採用するべきか，という問題である．例えば，EEOCは，合格率が最低のグループの合格率が，最高のグループの8割以上の場合は間接差別（disparate impact：差別的効果）とは判断しないとしているので，帰無仮説としては最高のグループの8割を採用して標本における格差を判断しているようにも理解できる．この立場自身は理論的には非合理なものとは言えないと思われる．しかしこの立場では，統計的に有意な差異を出すためには，標本データの差異が，5分の4基準の要求する，最高のグループの8割という差異では不十分となり，それよりも大きな差異が標本データにあることが必要になる，というもっともな反論を許すことになってしまう．これまでのところ，上記の立場を採用した判例は知られていないが，事案によっては適切な立場となりうるであろう．この問題については第6章の信頼区間の議論の際にもう一度触れることにする．

　困難な判断に直面して，結論の正当化のために，法的有意性と統計的有意性の概念を同一視する裁判所もある．いくつか例を挙げよう．連邦政府がデラウエア州を相手に，公民権に基づく訴訟を提起した．連邦政府は，デラウエア州が「アラート」という名の教養試験を州警察官の採用試験で課していることが，黒人に対する違法な差別であると主張した[11]．争点の1つは，当該試験の成績が仕事上の成績と十分に相関していて，黒人の志望者に対して不利に作用していても，当該試験の利用を正当化できるだけのものとなっているかであった．デラウエア州側の専門家証人は，現役の警察官の試験の成績と彼らの仕事上の成績とを比較し，相関係数で0.15から0.25の相関があると証言した．

　裁判所はそこで，この相関が本件試験の有効性を証明するに十分なだけの大きさを判断しなくてはならなくなった．これらの相関係数の値が「低い相関」というべきか「中程度の相関」と呼ぶべきかについて専門家たちの間に「真剣な意見の相違」が見られた．標準的な統計学の文脈において相関係

数0.1は「低い相関」とされ0.3は「中程度の相関」とされていること，および本件の相関係数で統計的に有意なものには0.3を超えるものが皆無であったことから，裁判所は本件相関は「中程度の相関」とは呼べないと判断した．さらに，被告側は，警察官の仕事上の成績の変動全体のうち，本件試験の成績で説明できる割合は，R^2と呼ばれる相関係数を2乗した値である4％から9％に過ぎないということを自認したことも，裁判所は根拠として指摘した（なお，数値的にはR^2はもっと小さいはずである）．裁判所はしかし，本件試験は有効性のあるものであると判断した．その理由は，相関係数が統計的に有意であるからというものである．「［本件試験成績が警察官の仕事上の成績を］予測する力は弱いとはいえ，統計的関係性の強さが統計的有意性の基準レヴェルに到達するだけのものであれば，合衆国側の専門家証人である統計学者が証言したように，本件2つの変数の間の関係性は『現実のもの』であるということができる．」と判示した．確かにそれは正しいが，しかし，仕事上の成績との相関が十分に大きいとして，裁判所がその差別的効果にもかかわらず有効であると判断するべきか否かという，法政策上の問題には答えたことにならない．後に述べるように，ほとんどすべての相関は，標本サイズが十分に大きければ統計的に有意となるのである．

　裁判所は多分，「アラート」が十分に確立した試験であり，多数の州において採用試験で用いられているという事実に影響されたのであろう．さらには，被告側が指摘したように，本件での相関係数の値はたぶん選抜効果[訳注3]によって実際よりも引き下げられているであろうと思われる．選抜効果が起きたのは，「アラート」の試験成績が75点未満の受験者は採用されなかったために，それらの不採用者は警察官にはならなかったので，それらの者の仕事上の成績はデータには入っていないからである．選抜効果に対する補正が，説明されていない，たぶん疑わしい計算方法でなされた結果，相関係数は30％台の前半にまで上昇したとされる（例えば，試験成績と仕事上の成績との相関係数は31％ないし0.31となるとされた）．本件判断の際に裁判所は，この相関係数の上昇を無視した．その理由は，この補正を行うと統計的有意性を計算できないからであった．最後に，裁判所は本件試験の合憲性を肯定しつつも，デラウエア州が設定した合格最低点が高すぎると判示し，それを引き下げるように命じた．こうして「アラート」の差別的効果の軽減を図ったのである[訳注3]．

有意性を決定する要因

　統計的有意性に影響を与える主要な要因は，標本の大きさである．標本のサイズが大きくなればなるほど，標本平均値の標準誤差は小さくなる[訳注4]．雇用差別事例を例にすれば，標本サイズを4倍にすれば，標本平均値の標準誤差は2分の1となる．そして，ある差異の大きさが表していた標準誤差の大きさは2倍となる[訳注5]．このように，有効標本サイズが大きくなるにつれて有意性レヴェルが上昇するので，標本が十分に大きい場合にはわずかな差異も有意とされることになりうる．

　他方，差異が有意ではないように見える小さなサイズの標本の場合，帰無仮説が真であることに対する弱い証拠にしかならないので，標本が有意ではないときには帰無仮説を棄却できないとしか言えず，帰無仮説の方を採用するとまで言うことはできない．有意ではない結果が帰無仮説の方を支持すると言えるのは，標本のサイズが十分に大きい場合であり，それゆえ帰無仮説が偽であるにもかかわらず標本が有意ではなくなる確率が非常に小さい場合である．このような考え方は検定力の概念に関係しており，後に第7章で扱う．

　先に述べたように，他の条件が一定なら，有効標本サイズが増加するにつれて有意性も上昇する．有効標本サイズとは，標本内の独立した要素数のことである．例えば，通常の雇用関係の場合，各従業員は独立である．なぜなら，ある1人の従業員の賃金が，他の従業員の賃金を決定することはないからである（少なくとも理論的にはそう言える．現実には相互依存関係が存在することもありうる）．他方，昇進での差別が問題となった場合で，複数年度にわたるデータが使われたとしよう．この場合に，ある従業員が2回にわたって昇進を拒否されていた場合，データ的には昇進を拒否された従業員2人，昇進拒否件数2件と言うように計上されたとしたら，有効標本サイズにおいて2を計上することはできない．なぜなら，これら同1人に対する複数回の昇進拒否の間に相関があるのが通常だからである．このようなデータ間の相関を無視すると，標本サイズを過大評価することになってしまう．なお，この過大評価が有意性にどれだけの影響を与えるかを測定することは，非常に困難である．

　有意性に影響を与える第三の要素は，測定対象たる効果の変動幅である．

血液標本の場合はほんの数滴であったとしても，血液自体が比較的均一なものなので，非常に正確な結果を得ることができる．いいかえれば，心臓は血液を無作為化する良い装置だとみなしうる．他の条件が同一であるなら，母集団が多様であるよりも均一である場合の方が，差異が有意とされる可能性が高くなる．このために，会社の男性役員と女性役員の間の報酬の差異の方が，会社の従業員全体で平均をとった賃金の男女差よりも有意となる場合が多くなる．なぜなら，役員集団内での報酬のばらつきの方が，全従業員における賃金のばらつきよりも小さいからである．

これらの考慮から統計学者は，それぞれがより均一な部分集団(層)に母集団を分割し，それぞれの層から無作為抽出して，それらの部分標本を統合するという層化(stratification)の手法を編み出した．層化については第8章で詳しく論じる．

有意性に影響を与える第四の要素は，統計的検定が両側検定か片側検定かであるが，これについては既に触れた．片側検定の方が両側検定よりも棄却する力が強い．その意味は，帰無仮説が偽である場合にそれを棄却できる可能性が，両側検定よりも片側検定の方が大きいということである．このことから，適用可能である限り片側検定の方を用いることの方が望ましいと言える．そしてほとんどの差別事件においてはこれが当てはまる．

第五に，複数回の試行(標本抽出や検査など)を行うことから生じる選択による効果(selection effect)と統計的有意性との関係を考慮しなければならない．複数回の試行がなされている場合の選択効果の補正には，ボンフェローニの不等式(Bonferroni's Inequality)を用いるのが常套手段である．この補正手段には2つの方法があるが，どちらも同じ結果になる．第一の方法は，一致の確率に試行回数を掛け合わせることで，少なくとも1つは一致が生じる確率を計算するというものである．この場合，帰無仮説を棄却できるのは，計算結果が0.05よりも小さい場合である．もう1つの方法は，有意水準0.05の方を試行回数で割り，その計算結果の数値を各試行の有意水準として用いると言うものである．前の章に出たカーペットの繊維の一致が問題となった事例を例にとれば，そこでは検査(試行)が50回行われ，各検査結果では確率0.01で一致するとされた．この場合，1回だけの検査(試行)だったらこの検査は有意ではないとされたであろう．なぜなら，少なくとも1回の試行で一致する確率は，第一の方法の試行回数倍である50倍によって0.5とな

り，これは通常の有意水準0.05の10倍に相当するからである．もう１つの方法では，有意水準の方が試行回数で割られて0.05/50＝0.001が各試行での有意水準となり，これは各回の試行の場合に得られた0.01の確率の10分の１となる．

複数回の比較の場合に有意水準を補正することが争点となった事件として，巡査部長への昇任のために警察が課す多肢選択式の試験で，不正行為が行われたというものがある．試験監督官に渡された匿名の告発メモと，その他の事実関係から，違法な連絡手段を用いて不正行為を行ったと，何名かの警察官に嫌疑がかかった．調査が開始され，その結果，被疑警察官たちに対する行政上の懲戒手続が進められることになった．嫌疑をかけられた警察官の中の一組は，それぞれ６問及び７問の誤答をしていたが，その中の６つの誤答が両者間で一致していた．これは誤答の一致としては最大値である．懲戒手続きを提起した内部査問局（Internal Affairs Bureau）の統計専門家が証言して次のように述べた．本件試験を受験し各組の誤答数がそれぞれ６問及び７問となった，無作為抽出された10000組の警察官を取り出したところ（嫌疑を掛けられた警察官の組の各自が誤答したのと同じ問題を誤答する場合だけではなく，どの問題への誤答であれ各自の誤答数が６問および７問である組），６問以上の誤答が一致する組は１つもなかったと証言した．この統計の専門家は偶然によって両者の誤答６問が一致する確率を計算して，それはp＝0.0003であるとした．

査問委員会はまず，匿名の告発メモに関する証拠は手続きから排除されると判断した．それを受けて，被疑警察官側の専門家証人は，本件試験を受験した12570名の警察官から作りうるすべての２人組——これは$_{12570}C_2$で計算され7900万組に上る——から被疑警察官の組が発見されたものとして扱われるべきであると論じた．その上で，この専門家証人はボンフェローニの不等式を用いて，本件調査に適用すべき有意水準の補正を行った．有意水準（この専門家証人は特に説明することなく標準とは異なる0.001を用いた）の値を可能組合せ数で割って，補正後有意水準として790億分の１とした．この補正後有意水準に比べれば，上記の偶然による一致の確率（0.0003）は遥かに大きいことから，弁護側は本件被疑警察官の誤答の一致は統計的に有意ではないと主張した．

この弁護側の議論には２つの問題がある．第一に，被疑警察官らを名指し

した匿名の告発メモの証拠がどのようなものであるかは，容疑者を統計的に絞り込むスクリーニング捜査が行われたか否かとは無関係である．例えば，被疑警察官らがウィジャボード［日本でいうコックリさん］などで名指しされたのであったとしても，そのこととスクリーニング捜査が行われたかとは無関係であるのと同じである．事前の被疑者同定のために統計的手法が用いられたか否かだけが問題なのであって，その答えがノーなら，スクリーニング捜査はなされていない，と言うだけである．とは言え，もっと根本的な問題は，スクリーニング捜査によって被疑者が最初に同定されたとしても，そもそもそのために複数回の比較のための有意水準の補正がなされるべきか否かである．そのような補正が適切となるのは，帰無仮説が，「疑わしいだけの誤答の一致が見られる組は1組も存在しない」であるような場合である．そのような場合であれば，仮説は1つのみであり，それを棄却する複数の機会が生じているので，有意水準の補正は必要とされる．しかし，本件でのように，誤答の一致によって既に被疑警察官の組は同定されており，したがって帰無仮説は「疑わしい組は1つも存在しない」ではなく，「この特定の警察官の組に見られる誤答の一致は偶然の一致に過ぎない」である．いくつかの細かい点を無視すれば（それらにはあとで触れる），この特定された帰無仮説を棄却する機会は1つしか存在しない．したがって，複数回の比較のための有意水準の補正は，必要性がないのである．

　弁護側の専門家証人は，複数回の比較のための有意水準の補正として8で割ることも必要であるとして，次のような根拠を挙げている．すなわち，訴追側の専門家証人がある指標を用いて被疑警察官らを4つの異なるグループに分け，かつ，それぞれのグループに2つの異なる基準を用いて統計計算をしたからという根拠である（4×2＝8）．さらに，本件昇任試験には午前の部と午後の部があり，誤答の一致はそれぞれの部ごとに別々に計算されていた．しかし，弁護側専門家証人はこの部分については，別々のデータであるとして，複数回の比較による有意性水準の補正は必要でないとしている．

　興味深いことに，これら弁護側専門家証人の主張は，どれもみな間違っている．まず，被疑警察官をそれぞれ異なる4つのグループに分けたからといって，有意水準の補正が必要となるわけではない．なぜなら，帰無仮説（誰も不正を行わなかった）が1つだけあるわけではないからである．それ

それのグループごとに，別個独立の帰無仮説が存在するのである．次に，2つの異なる統計的検定手法が用いられたからといって，それだけで有意水準の補正が必要となるわけではない．それが必要となるのは，それらのうち少なくとも一方の手法で棄却されれば帰無仮説が棄却される結論となる場合だけである．ところが，本件の第二の検定は，被疑警察官らが間違えた問題が「誤答選択肢(distractor)」であった可能性を検討するために用いられたものであった．この「誤答選択肢」とは，他の問題でその他の警察官受験者が選んでしまう誤答よりも，それらの受験者によって選ばれやすい誤答の選択肢の意味である．これを検討するために第二の検定では，被疑警察官らが間違・・・・・・・・・・・・・えたのと同じ問題に誤答した他のすべての警察官の組と，被疑警察官の間違いとが比較された．訴追側の専門家証人が明示していたように，第二の検定は第一の検定をチェックするためだけに用いられている．すなわち，帰無仮説が第一の検定で棄却され第二の検定では棄却されなかった場合，裁判所は当該質問が「誤答選択肢」であるとして帰無仮説を棄却しないかもしれないことを慮ってのチェックであった．このように第二の検定は第一の検定に対して棄却割合を高めるようなものではなく，むしろ低くするようなものだったので，2つの検定を用いたとしても第一種の過誤を増加させることはない．したがって，複数回の比較に基づく有意性の水準の補正は必要なかったのである．他方，本件昇任試験の午前の部と午後の部を別々に分析したことからは，有意水準の補正が必要となる可能性があった．その可能性とは，被・・・疑警察官らの誤答の一致が偶然によるものであるという帰無仮説を棄却する機会が，午前の部の検定と午後の部の検定で2回あり，かつ，棄却が起きたのがどちらの部であったかは無関係である場合である．なお，午前と午後の部で異なるデータが用いられているとの弁護側の専門家証人の指摘は，複数回の比較の場合の第一種の過誤[訳注6]の増加に対する保護とはならない．この裁判例が示すように，どのような場合に複数回の比較のために有意水準を補正すべきかの決定には，非常に困難な場合もある．

有意性のないデータ

　データが有意ではない場合，法的基準と統計的基準を融合するという問題が生じる．1993年の画期的判決である*Daubert v. Merrell Dow Pharmaceuticals, Inc.*事件(以下，ダウバート事件と呼ぶ)[(12)]において，連邦最高裁判所

は，次のように判示した．すなわち，連邦証拠規則(FRE)の702条の下で，事実審裁判官は，科学的証拠についての「門番(gatekeeper)」となるべきである．科学的証拠を陪審審理の場に提出させるためには，裁判官はまずその申請された証拠が事件にとって関連性(relevance)があるか否かを判断するだけではなく(関連性がなければ証拠として提出させない)，それが「信頼に値する(reliable)」ものであるか否かを判断しなければならない(信頼性のない証拠も提出させない)．証拠が信頼に値すると判断されるためには，資格のある専門家の個人的意見であるというだけではもはや足りない．当該専門家の意見が，科学的知見に基づいていなければならない．ここでの問題は，民事事件においては証拠の優越(preponderance of evidence)を基準，すなわち証明度として事実認定がなされるということである．これは，事件の要件事実がすべて，陪審によって「そうでないよりももっともらしい(more likely than not)」と判断されなければ真実として認定されないということである．それ以上の確実性は要求されず，ダウバート事件判決もこの大原則を変更しようとするものではなかった．統計的に有意ではないデータは科学的知見としては十分でないと通常は考えられているので，そのようなデータに基づく専門家証人の意見は必要な基礎を欠くものであるように思われるであろう．しかし，他方で，通常の5％の有意水準を採用することは，単なる証拠の優越よりも高い基準を設けているようにも見える．証拠の優越は，確率が51％以上であればよいとされるからである．「見える」と強調したのは，この章の最初の節でも述べたように，これら2つの確率概念は全く異なるものだからである．有意水準における確率であるP値は，帰無仮説が真であるときに当該証拠が得られる確率，すなわちp(証拠｜帰無仮説が真)であり，証拠の優越における確率は，当該証拠が与えられたときに問題の仮説(証明主題)が真である確率，すなわちp(問題の仮説が真｜当該証拠)である．とは言え，両者は十分に関連しており，5％の有意水準を要求することは，必要な証明の水準を証拠の優越よりも高く設定することにつながりうる．

　有意性を要求すると民事事件における証明度を不当に高くすることになってしまうという議論は，それを支持する裁判官もいる．そのような事件の1つでは，数百もの民事請求がなされていた．それらの請求では，アメリカ合衆国でダイエット薬として販売されている薬品エフェドラを含有する食用栄養補給薬(サプリメント)が脳卒中，心外傷，痙攣などを発症させると主張さ

れた．原告らの専門家証人は，エフェドラを服用していた場合の出血性の脳卒中の割合が，エフェドラを服用していなかった場合の5倍以上大きい，という研究に主として依拠していた．しかし，エフェドラ服用者の人数は非常に少なかったので，この5倍というオッズ比は，通常の5％水準では統計的に有意でなかった（有意確率は，ある専門家の計算によれば7％であった）．ダウバート手続（Daubert hearing）と呼ばれる，科学的証拠の証拠能力の審理の後，受訴裁判所は専門家証人を審理での証言から完全には排除しなかった．裁判所は，もし当該専門家証人の証言を完全に排除していたら証拠に必要とされる質を許容できないほど高めてしまうことになると判断した．その代わりに裁判所の判示したのは，専門家証人は因果関係について医学的ないし科学的「確実性」をもって証言することはできないが（これは通常の定式化である），エフェドラが「脳卒中，心外傷，痙攣を一定の範囲のハイリスクの人々にはもたらすかもしれないこと」[13]についてのみ，証言することが認められる，ということであった．示唆に富む証言を排除したくはないが，連邦最高裁判所の指示は尊重したいという，受訴裁判所の願望は理解できる．しかし，この裁判が認めた定式化は，エフェドラの効果と適用範囲についてはあまりに不明確である．そのため，陪審がこの定式化に基づいて，原告に生じた原告集団共通の損害賠償についてどのような合理的判断に至ることができるか，極めて不明確となった．その上，科学的な基準から解き放たれた以上，科学的証言がどのような場合に科学的知見に依拠していると言えるかを定義する方法がなくなってしまうのである．

　ならば有意性を無視すればいいのであろうか？　問題は，標本が小さすぎる場合には信頼できないことを裁判官は知っているということであり，その点に関しては裁判官は正しい．我々はどこかに線を引かなければならないが，それを直感でやるのは信頼に値するやり方ではないということである．したがって，有意性の概念は，標本サイズがその正確性について疑問を生じさせるほど小さいときに，データの適切性を測る基準として位置づけられるべきことになる．しかしこのことは，有意性のない証拠は法律において無価値であることを意味しない．それが科学的探究において，せいぜいわずかな価値しかないとして扱われるとしてもである．

　統計的有意性と法的有意性の間のこのような緊張関係に直面して，知見が科学的な精査をパスしなければならない，という要求を裁判所はやめるよう

になり，いつもながらの安易な道に走っているように見える．すなわち，証言を陪審に聞いてもらい，その弱点を明らかにしてもらい，その上で判断してもらって評決をさせよう，という陪審への丸投げである．

~目次~

第Ⅰ部 導入

第1章 方法(概念とアプローチ/分析範囲)

第2章 視角(比較の中の民主化研究/最近の現代中国政治研究/新しい研究課題/まとめ)

第3章 制度(中国市民社会組織の諸構成/市民社会組織を取り巻く法制度/法規制の緩和とその限界/まとめ)

第Ⅱ部 JIGSデータを用いた比較分析

第4章 比較の中の中国市民社会組織—概況(プロフィールの国際比較/中国国内の地域間比較/変化する社団/党組織の有無別の比較/まとめ)

第5章 党・政府関係:「埋め込まれた規則」へのしたたかな戦略(先行研究と本章の分析枠組み/社団と党・政府との関係/社団の活動展開と政治過程への参加/社団の主観的認識/まとめ)

第6章 ネットワーク(本章の分析枠組み/政府機関との関係の緊密度・諸アクターとの協調・対立関係/諸アクターに対する信頼/活動分野による社団のネットワークとガバナンスの多様性)

第7章 政治過程(中国の政治・政策決定過程をめぐる議論/設立目的/政治過程における活動の展開/まとめ)

第8章 民弁非企業単位(民非の成長/存立様式/自律性・政策関与・組織ネットワーク/まとめ)

第9章 基金会(中国の基金会とその発展/地方性基金会と政府/地方性基金会の政治観/政府との距離と政治観の関係にみられる地方性基金会の傾向/まとめ)

第10章 公共サービスの委託(概要/制度依存度/政策環境/まとめ)

第Ⅲ部 事例研究

第11章 人民団体—労使頂上団体を例として(「統一戦線」と人民団体/中華全国総工会/中華全国工商業連合会/まとめ)

第12章 都市コミュニティ(中国都市部のコミュニティ/社区と草の根NGO/まとめ)

第13章 農村コミュニティ(農村市民社会組織の定義/分類/諸構成/まとめ)

第14章 国際社会と草の根NGO(設立における国際社会の役割/能力向上に向けた国際社会の活動の展開/政府との関係構築/活動戦略/まとめ)

第15章 メディアの批判報道(社会代弁意識の目覚め期(1978-89年)/社会的責任意識の向上期(1992-2002年)/公共意識の構築期(2003年-現在)/まとめ)

第Ⅳ部 国際比較の中の中国

第16章 アドボカシーの国際比較—7カ国との比較(社会団体によるアドボカシーのリソース/東アジア諸国との比較/まとめ)

第17章 BRICsの一員としての中国の市民社会(BRICs諸国で行われたJIGS調査の概要/BRICs諸国における社会団体のプロフィール/社会団体の行政への接触経験とアウトサイド・ロビイングの経験/BRICs諸国における社会団体の主観的な影響力認知とその決定要因/まとめ)

第18章 結論(序論の5つの疑問(Q)への回答/参加と制度化/中国政府の対応/社会的制度化の意味,可能性/今後の展望)

現代世界の市民社会・利益団体研究叢書
第1巻 現代日本の市民社会・利益団体

辻中豊編著　重版出来！

本書は「団体の基礎構造に関する調査」(JIGS)による一連の比較市民社会・利益団体分析の出発点をなす書物である。

JIGS の活動が、世界的に見ても稀な、市民社会組織に対する包括的な研究になり得ていることは、本書における膨大な調査からもわかっていただけるだろう。

調査自体が行われたのは 1997 年であるが、その方法論は今でもなお、否、今こそ有効である。

～目次～

はじめに
第Ⅰ部　導入
　第1章　序論：本書のモデル・構成・見方・・・・・・・・・・・・・・・・・・・・・・・・・・・・・・・・・・・・辻中豊
　第2章　日本における利益団体研究と JIGS 調査の意義・・・・・・・・・・・・・・・・・・・・辻中豊・森裕城
　第3章　概観：市民社会の政治家と影響力・・・・・・・・・・・・・・・・・・・・・・・・・・・・・・・辻中豊・崔宰栄
第Ⅱ部　日本の政治過程と市民社会・利益団体
　第4章　団体のプロフィール・・・・・・・・・・・・・・・・・・・・・・・・・・・・・・・辻中豊・森裕城・平井由貴子
　第5章　活動地域別に見た団体の存立・行動様式・・・・・・・・・・・・・・・・・・・・・・・森裕城・辻中豊
　第6章　団体―行政関係：政府と社会の接触面・・・・・・・・・・・・・・・・・・・・・・・・森裕城・足立研幾
　第7章　団体―政党関係：選挙過程を中心に・・・・・・・・・・・・・・・・・・・・・・・・・・・・・・・・・・・森裕城
　第8章　ロビイング・・石生義人
　第9章　地球化と世界志向利益団体・・・足立研幾
第Ⅲ部　比較の中の日本：社会過程・政治体制と市民社会組織・利益団体
　第10章　比較のための分析枠組み・・・辻中豊
　第11章　制度化・組織化・活動体・・辻中豊
　第12章　歴史的形成・・・辻中豊・崔宰栄
　第13章　組織リソース・・辻中豊・崔宰栄
第Ⅳ部　全体的な分析と結論
　第14章　現代日本市民社会の団体配置構造：要因相互間の関連・・・・・・・・・・辻中豊・崔宰栄
　第15章　結論・・・辻中豊

A5判・370頁・4000円+税

第 2 巻　現代韓国の市民社会・利益団体

辻中豊・廉載鎬編著

1987 年 6 月 29 日、盧泰愚による「民主化宣言」。それにより、韓国の政治制度の何が変わり、何が残ったのか…

民主化宣言から 10 年後の韓国調査で明らかになったのは、「民主化途上における過渡期的性格」や「権威主義の残滓」のようなものだけではなく、日本以上に活発な市民社会の組織・諸団体の民主的・政治的活動の存在であった。

これまで主として韓国の研究者によって歴史的・記述的・実践的に論じられてきた韓国の市民社会に対して、いわば外側から、分析的・行動的・量的に接近を試みる。ダイナミックな変化に富む現代韓国の政治体制は、多くの研究者にとって格好の分析対象であるが、マクロな政治社会構造に接近するには、こうした方法も有効であることがわかっていただけるであろう。

A5 判・490 頁・6000 円+税

～目次～
- 第1章　序論
- 第2章　体制変動と市民社会のネットワーク
- 第3章　市民社会のイデオロギー変化
- 第4章　団体形成と政治体制の変化
- 第5章　社会空間
- 第6章　政治空間
- 第7章　市民社会とニューガバナンス
- 第8章　与党ネットワーク
- 第9章　市民社会と影響力構造
- 第10章　団体の「自己影響力」を規定する諸要因
- 第11章　アクター・団体間関係の構造
- 第12章　団体から見た政策の構造
- 第13章　市民運動と市民団体の理念・組織・行動様式
- 第14章　政府−非政府組織(NGO)間の政策競争と合意形成過程
- 第15章　女性運動
- 第16章　ほどほどの地方分権
- 第17章　市民社会の団体配置構造
- 第18章　結論

別巻　日本における市民社会の二重構造

Japanese Dual Civil Society: without Advocates

ロバート・ペッカネン著、佐々田博教訳

海外の日本研究者は、日本における小規模な市民社会組織にのみ焦点を当ててきたこともあって、大規模な組織が存在しないということ自体が研究対象になりうるということを見落としてきた。

地域に密着した多数の小規模団体と、専門職化したごく一握りの大規模団体。この乖離を筆者は市民社会の「二重構造」と呼び、「政治制度」論、戦後市民社会氏における「氷河期」論、「規制論争」論、そして「政策提言なきメンバー」論の 4 つの視点から縦横に論じる。

2006 年 The Japan Books の Best Asia Books 受賞。

A5 判・272 頁・3000 円+税

> 木鐸社の新刊案内

現代中国の市民社会・利益団体
―比較の中の中国―

辻中豊・李景鵬・小嶋華津子編

改革開放、第2次天安門事件、社会主義市場経済…20世紀末以降、中国社会は大きな変化を遂げてきた。しかし、中国の内実に通暁した地域研究者と、理論的枠組みによって分析を行う比較政治学者の間には、埋めがたい溝が存在していた。本書の最大の目的は、その溝を埋めるための第一歩を踏み出すことにある。

「団体の基礎構造に関する調査」チーム(＝Japan Interest Group Study)略称JIGS の研究成果をまとめた「現代世界の市民社会利益団体叢書」の第5巻。1997年春の日本調査に始まった JIGS の活動は、同年秋冬の韓国調査、98～99 年の米国調査、2000 年のドイツ調査、2001 年の中国調査と続き、2013 年までに 15 カ国の比較へと展開している。

本書で扱う中国は、市民社会・利益団体の実態がどうなっているのか、これまで包括的な研究がなかったという意味で、最も興味深い研究対象国の一つである。従来のJIGS調査の方法と、日中の中国政治研究者の成果が高いレベルで結びついた、他に類を見ない研究。

A5判・448頁・4000円+税

《著者紹介》　※掲載順、所属は刊行時のもの

辻中　豊　筑波大学人文社会系教授
小嶋華津子　慶應義塾大学法学部准教授
李　景鵬　北京大学政府管理学院教授
袁　瑞軍　北京大学政府管理学院准教授
木島譲次　筑波大学准教授
小橋洋平　筑波大学人文社会系研究員
菊池啓一　日本貿易振興機構アジア経済研究所地域研究センターラテンアメリカ研究グループ研究員

黄　媚　筑波大学人文社会系研究員
汪　錦軍　浙江行政学院准教授
仝　志輝　中国人民大学農業与農村発展学院准教授
趙　秀梅　東京工業大学大学院社会理工学研究科修了
王　冰　筑波大学人文社会系研究員

図書出版　木鐸社

〒112-0002　東京都文京区小石川 5-11-15-302
Tel (03)3814-4195　　Fax (03)3814-4196
振替　00100-5-126746　http://www.bokutakusha.com/

第5章　確率変数とその分布

「確率変数(random variable)」とは，何らかのランダムな過程や実験の結果として生ずる変数であり，個々の値(またはその集合)が観測される確率が少なくとも理論上はわかるようなものを指す．これらの確率変数がとりうるそれぞれの値に対して確率を対応づける関数は，その確率変数の「確率分布(probability distribution)」と呼ばれる［離散確率変数の場合］．ある母集団から個人が無作為に選ばれ，その人の身長が計測されるとしよう．選ばれた個人の身長は確率変数であり，ありうる身長のそれぞれがどのくらいの確率で選ばれるかが，そのような変数の確率分布を定めることになる[訳注1]．同様に，n人からなる標本を無作為に選んで平均身長を算出すると仮定しよう．この場合，抽出されうるすべての可能な標本(大きさn)における平均値もまた確率変数となり，ありうる平均身長のそれぞれがどういう確率で生ずるかが当該標本における平均身長の確率分布を定める，ということになる．

「確率変数」は「ランダム変数」とも呼ばれるが，その名称から受ける印象とは異なり，まったく規則性がなく予測不可能だというわけではない．確率変数の確率分布は非常に大きな情報源である．確率分布がわかれば，完全に正確な記述まではランダム性ゆえに望めないとしても，ランダムな過程に関する有益な予測ができる．先の例を使って言うと，母集団から無作為に選ばれた個人の正確な平均身長をぴったりと予測することまではできないが，確率pの確信度で「n人の個人からなる標本の平均身長はこういう範囲内にある」と言うことはできる．母集団における身長の平均値や分散が既知である場合，あるいはそれらが標本から推定できる場合であれば，このような言明が可能である．多くのケースでは，無作為抽出による標本の平均値の確率

分布はすでに知られているからである．同じように，コインをn回投げたときに表が何回出るかを正確に予測することはできないが，表が少なくともX回出る確率はpである，といったことは言える．いびつでないコインをn回投げたときに表が出る回数の確率分布は既知だからである．

期待値，分散，相関

　第2章では，中心性，散らばり具合，および相関を表す測定尺度を扱った．これらの測定尺度は実際の観測データについての値だが，確率変数は理論上の値を対象とするものである．

　確率変数の平均値は，「数学的期待値(mathematical expectation)」あるいは「期待値(expected value)」と呼ばれる．確率変数の期待値は，確率変数がとりうるすべての値の加重平均である．その際のウェイトは，各値が実現する確率によって与えられる．例として，コインを投げる場合の確率変数の期待値を考えよう．表に対して1，裏に対して0の値を割り当て，表が出る確率をp，裏が出る確率を$q=1-p$とする．すると，コインを1回投げるときの期待値は$1\times p+0\times q=p$と計算できる．

　2つの確率変数の和の期待値は，その2変数の間に相関があるか否かにかかわらず，期待値の和と等しくなる．ゆえに，もしコインをn回投げるとすると，表が出る回数の期待値は1回投げて表が出る確率をn倍したもの(np)と等しくなる．また，n回投げて表が出る割合の期待値は$np/n=p$となる．

　確率変数の分散と標準偏差の定義はデータの場合と同じであり，平均値を期待値に置き換えればよい．したがって，分散は「期待値からの偏差の2乗の期待値」，標準偏差は「偏差の2乗の期待値の正の平方根」となる．この定義を当てはめると，「コインを1回投げた場合に表が出ること」という確率変数の分散は，$(1-p)^2 p+(0-p)^2 q=pq$となる．また，相互に独立した変数の和の分散は，その分散の和に等しい(第2章参照)．それゆえ，「コインをn回投げた場合に表が出る回数」という確率変数の分散は，「コインを1回投げて表が出ること」という確率変数の分散をn倍したものと等しくなる．つまり，分散はnpq，標準偏差は$\sqrt{npq}$である．同様に，表が出る率の分散はpq/n，標準偏差はその平方根であることも簡単に証明できる．これらの重要な結果は，後で述べる二項分布で用いられる．

　第2章で出てきたチェビシェフの不等式は，データの場合と同じく確率変

数の場合にも成り立つ．したがって，どのような確率変数であっても，期待値との差が標準偏差k個分を上回るような値が生ずる確率は$1/k^2$未満である．前に述べたように，確率変数の確率分布が既知であれば，予測される値の範囲はもっと狭くなる．

2つの確率変数の相関係数もデータの標本と同様に定義することができ，変数の共分散や標準偏差の定義に登場する平均値を期待値に置き換えればよい．相関係数がもつ若干の性質についてはすでに述べた通りである．

確率が計算される場面では，決まった数式によって確率変数の確率分布が与えられることが多く，そのような数式においては理想的な状況が仮定されている．広く用いられている確率分布のうちのいくつかは以下で述べよう．

二項分布

n回の一連のランダムな試行を仮定しよう（nは前もって固定されているとする）．各試行の結果は2通り（「成功」・「失敗」）のうちのどちらかであり，「成功」の確率は固定され，そしてそれ以前の結果とは独立しているとする．このような反復試行を「ベルヌーイ試行(Bernoulli trials)」と呼ぶ．コイン投げはベルヌーイ試行の古典的な例である．各試行には2つの結果（「表」・「裏」）があり，表が出る確率は試行を繰り返す間ずっと変わらず，しかも各試行は独立している．すでに見たように，1回試行するとpの確率で成功するような試行をn回繰り返す場合，成功の回数の期待値はnp，成功の回数の分散は$np(1-p)$となる．特定の回数が実現する確率は小さいが，期待値に等しい回数が実現する確率が最も高くなり，期待値から離れるにつれて，その回数が実現する確率は小さくなっていく．いびつでないコインを100回投げるとすると，表が出る回数の期待値は$100 \times 0.50 = 50$となる．50回という特定の回数が実現する確率は0.08である．これに対し，表が0回または100回出る確率はとてつもなく小さく，10^{30}分の1未満となる．差別が問題になっている多くの事案で，二項分布は直感的に用いられたり，計算されたり，あるいは近似的に使われたりしてきた．

*Avery v. Georgia*事件[1]は，古いスタイルの直感的判断の例である．この事案では，60名の候補者から選ばれた陪審員が，ある黒人の男性に対して有罪の評決を下していた．この60名の陪審員の候補者は，次のような方法で無作為に選ばれたということになっていた．陪審員候補者名簿に基づいて候補

者の名前を書いた札——黒人の場合は黄色い札，白人の場合は白い札——を箱に入れ，そこから60枚の札を選び出したのである．箱に入っていた札のうち5％は黄色だったが，60枚の中には黄色い札は1枚も含まれていなかった．連邦最高裁判所のフランクファータ（Felix Frankfurter）裁判官は，「このような場合を単なる偶然のせいにするならば，その正義の女神は目隠しをしているだけではなく頭も認識能力を失っていると言うべきである」と述べ，古いスタイルの直感的判断を示した．この結論は正しいが，黄色い札がゼロになる確率はものすごく小さいわけではない．陪審員候補者の抽出は，近似的に，各試行において黄色の札が選ばれる確率が5％になるベルヌーイ試行を60回行ったものとしてモデル化できる．黄色い札の枚数の期待値は$0.05 \times 60 = 3$である．そして，黄色い札が5％含まれている箱からランダムな試行で白い札が60回選ばれる確率は$0.95^{60} = 0.046$，すなわち4％を超えている．この数字は，無作為な選択が行われたという帰無仮説をかろうじて棄却できるくらいの小ささである．

応用例で特に興味深いのは，二項分布の「裾(tails)」である．左側の裾はほとんど「成功」が観測されない確率，右側の裾は「成功」が非常に多く観察される確率に対応する．この「ほとんどない」や「非常に多い」という事象が起こる確率は「累積二項確率(cumulative binominal distribution)」であり，「累積二項分布(cumulative binominal distribution)」に従う．Xまたはそれ以下の回数しか成功が生じない累積二項確率は，「0回成功する確率」，「1回成功する確率」，「2回成功する確率」，…，「X回成功する確率」をすべて足し合わせた値に等しい．もし二項分布に従っていると仮定したときの理論上の確率が極端に小さい（のに実際には観察される）とすれば，当該帰無仮説は棄却されることになる．

もう1つ，昔の陪審の事件である*Whitus v. Georgia*事件[2]を取り上げよう．そこでは，27％を黒人が占める納税者名簿をもとに2段階の「無作為な」抽出が行われ，90名からなる陪審員候補者名簿が作成されていた（この納税者名簿は人種がわかるようになっていた）．黒人の数の期待値は約24名（$90 \times 0.27 = 24.3$）であるところ，実際に選ばれていた黒人は7名だけであった．これほど少ない数の黒人しか選ばれない累積二項確率は，黒人が選ばれる確率が27％である試行を90回繰り返したときに黒人がまったく選ばれない二項確率，1名選ばれる二項確率，2名選ばれる二項確率，…，7名選ばれる二

項確率を足し合わせた値に等しくなる．連邦最高裁判所はこの確率がわずか0.0000045であると計算し，これを根拠の1つとして，「陪審の選出は人種に関して無作為である」という主張を退けた．

二項分布では，「単独の試行における成功の確率が一連の試行の間ずっと同じである」という仮定が置かれている．しかし，有限の母集団から抽出する場合，まったく同じ特徴（例えば上の例では人種）を持つ人によって母集団が補充されない限り，母集団の変化に伴って成功確率も変わってくるだろう．この点を考慮に入れたものが超幾何分布（hypergeometric distribution）だが，それは次の節で述べることにする．

より最近の裁判例でも陪審員選出の問題に二項分布が応用されているが，こちらは合衆国憲法修正第6条が関わっていた．修正第6条によると，連邦における陪審の候補者は，被告人が訴えられているコミュニティを「公平に代表する母集団」から選ばれなければならない．多くの地方裁判所では，陪審員が選ばれる元名簿に含まれている黒人やヒスパニックの人たちは実際の比率よりも少なめである．なぜなら，その元名簿は——もっぱらというわけではないにしても——主として有権者登録名簿をもとに作成されており，黒人やヒスパニックの人たちは人口の割に登録率が低いからである．実際の比率よりも少なく反映されているということが「『公平な代表』の要請を満たしていない」との主張を支えるのに十分なのか否かをテストするため，裁判所は次のことを調べた．陪審員候補者名簿が完全に母集団（人口）を代表している，すなわち人口比率と一致している，と言えるためには，平均的な陪審員候補者名簿にどのくらいの人数の黒人やヒスパニックを含めなければならなかったのだろうか．これは「絶対数テスト」と呼ばれてきた．裁判所も認めているように，このテストには難点がある．それは，もしマイノリティの数が少なければ，陪審員候補者名簿に含めなければならない人数はその分少なくなるので，マイノリティの反映が過少であることはおよそ重大な問題とはされなくなってしまう，ということである．

これとは別に，「陪審員候補者名簿上のマイノリティの人数がある小さな数を超えない確率」がその元名簿の下でどのくらいになっていたかを計算し，人口比率を完全に反映している場合にその小さな数を超えない確率と比較する，という方法がある．もし確率の差が有意に大きいように見えれば，マイノリティが実際の元名簿で過少に反映されているという事情は「公

平な代表」が阻害されている証拠だ，と考えるのである．*United States v. Jackman*事件[3]で問題になった元名簿では，人口比率を反映していれば黒人が6.3%となるべきところ，実際には3.8%しかいなかった．平均100名からなる平均的な陪審員候補者名簿を人口比率通りにするために加えるべき黒人数は2.5名だけである．一方，二項分布を用いて計算してみると，陪審員候補者名簿に1名以下の黒人しか記載されない確率は，黒人比率が3.8%の実際の元名簿の下では約10.3%になるのに対し，人口比率を反映した仮想的な元名簿［黒人比率が6.3%］の下では1.1%にしかならない．このような計算に基づき，裁判所はこの元名簿を「公平な代表」の要請を満たさないものと判断した[訳注2]．

刑事裁判の場合，陪審員は「有罪」・「無罪」のうちから1つを選ぶので，このプロセスは表面的には二項モデルに非常によく似ている．しかし，有罪が選択される確率は一定ではなく，事件ごとに異なっており，同一の事件でも陪審員によって異なる．かつ，各陪審員の判断は互いに独立ではない．これら，特に後者の点は重要な違いである．だがそれでも，18世紀のニコラウス・ベルヌーイ(Nicolaus Bernoulli)をはじめとする数学者は，通常は上述の複雑化要素を吟味することなく無視し，二項モデルを使って陪審の行動をモデル化してきた．この種の努力の極に位置するのが，おそらく*Ballew v. Georgia*事件（以下では，バーリュ事件と呼ぶ）[4]におけるブラックマン(Harry A. Blackmun)裁判官の意見であろう．バーリュ事件で問題となっていたのは，ジョージア州法上規定されている5名の刑事陪審が合衆国憲法修正第6条および修正第14条に反しているか否かである．裁判所が6名の陪審を合憲とした先例はあった[訳注3]．そこでは，陪審の人数が異なることによる結果に「区別可能な違いはない」と判断されていた．ところがこの先例とは逆に，バーリュ事件では人数によって違いが生ずると判断されたのである．この結論を導くにあたって裁判所が部分的に依拠していたのは，2人の社会科学者の論文であった．彼らは二項モデルを用い，様々な人数の陪審が誤った評決を出す確率を計算していたのである．論文では，彼らは「計算上の便宜のための一時的な仮定」を置いており，各陪審員が独立に（彼らが言うにはコイン投げのモデルのように）有罪か無罪かを選択する，と仮定されている．そして「議論のための仮定」として，無実の被告人が40%の確率で，真犯人である被告人が70%の確率でそれぞれ有罪の評決を受ける，と

仮定されている．彼らはこれらの仮定の下で二項分布を使って次のように確率を計算した．1人の陪審員が，(i)無実の人を有罪とする確率は0.926，真犯人を有罪とする確率は0.971，(ii)真犯人を無罪とする確率は0.029，無実の人を無罪とする確率は0.074．次いで彼らは，被告人の95%は真犯人であるという仮定，そしてブラックストンの主張に従い，無実の人を有罪とする誤りは真犯人を無罪とする誤りよりも10倍悪いという仮定を置いたうえで，二項モデルでこれらの確率を用いた[訳注4]．そうすると，様々な人数の陪審の下で評決に誤りが生ずる確率を示すことができる．ブラックストンの考え方に従って重みづけをした誤りの確率が最小となるのは，陪審員が6～8名になっているときであった．そして「人数が5名以下に減ると，無実の被告人に対して有罪の評決を出してしまうリスクが高くなるため，誤りの確率を重みづけして足した値は大きくなった」．しかし，仮にこのモデルを信頼するとしても，モデルが示した差は無視できるほど小さい．陪審員が7名の場合は1000件あたり468件の誤り，5名の場合は1000件あたり470件の誤りだったのである．それにもかかわらず，裁判所は「陪審員が5名では，人数がより多い場合と比べて正確性は劣る」という自らの結論を補強するためにこの研究を引用した．

仮定が恣意的であったこと，明らかに二項モデルは不適切であったこと，さらに，陪審員および陪審が誤る確率の計算結果が奇妙であったことを考えれば，この2人の社会科学者自身による留保を裁判所が気にも留めず，計算結果を「陪審員の人数が評決の正しさに及ぼす影響に関して真実を告げるもの」として奉じてしまったのは驚くべきことであり，また残念なことでもある．

超幾何分布

前述の通り，二項分布は，各試行の成功確率 p が一定であるような一連の試行に適用される．しかし陪審人の選定のように，試行が有限の母集団から抽出されており，かつ，選択されたものが次の抽出の前に母集団に戻されないという場合は，成功確率はもはや一定ではなくなる．このような場合，成功回数の確率は二項分布ではなく超幾何分布（hypergeometric distribution）に従うことになる．仮説を検定するときは，この確率が二項確率と同じように使われる．特に，累積超幾何確率は累積二項確率に対応している．

超幾何分布と二項分布はどちらも期待値がnpとなる（nは試行の回数，pは試行開始時の成功確率を表す）．一方，超幾何分布の分散はnpq（二項分布の分散）よりは小さくなる．なぜなら，試行を繰り返していると，一方向に偏った結果が生じた後には別方向の結果が生じる確率が高くなり，それゆえ全体的な結果の期待値は二項分布の場合と比べてばらつきにくくなるからである．二項分布の分散に$(N-n)/(N-1)$（有限母集団修正係数；finite population correction factor）を乗じれば，超幾何分布の分散が導ける（ここで，Nは母集団のサイズ，nは母集団から選ばれる標本のサイズである）．もし母集団からの抽出が1回限り（$n=1$）であれば，有限母集団修正係数は1となるため，容易に予想されるように分散は減少しない．標本のサイズが母集団全体に近づくにつれて，修正係数の値は0に近づいていく（つまり，ばらつく余地がなくなる）．もし母集団に比して標本サイズが小さければ，二項分布の分散と超幾何分布の分散との差はあまり大きくならず，二項分布が超幾何分布の近似として代用される場合が多い．しかし，標本サイズが大きければこの差は重要になりうる．修正係数の式によれば，分散の減少率は，抽出された標本サイズが母集団全体に占める割合とほぼ同じだということになる．例えば，母集団のうちの10%が抽出されていれば，成功回数の分散は約10%減少する．

黒人の陪審員の分布は実際には超幾何分布になっている場合が多いのにもかかわらず，陪審員選出における差別のケースでは二項分布が使われている．このことについては，以上とは別の正当化も可能である．確率計算の多くは，「無作為に抽出されているという仮説の下では，これほどマイノリティが少なくなる確率は小さい」ということを示したい被告人が行うものである．そうした文脈で被告人が二項分布を使うというのは，被告人自身を利しない謙抑的な行動である．なぜかと言うと，代わりに超幾何分布を使ったほうが確率はもっと小さくなるだろうからである．逆に，同じ文脈で検察側が二項分布を使うのは謙抑的とは言えないだろう．

*Miller-El v. Cockrell*事件[5]は，連邦最高裁判所で数年前に判断されたケースである［判決は2003年］．トマス・ジョー・ミラー＝エル（Thomas Joe Miller-El）に対し，テキサス州ダラス・カウンティ（Dallas County）の陪審は殺人罪の評決を下し，事実審裁判所は死刑判決を言い渡した．トライアルにあたって検察官は理由不要の不選任請求[訳注5]を行ったが，そのとき，陪審

員になる資格のある黒人11名のうち10名を排除したのに対し，白人については31名のうち4名しか排除しなかった．長年にわたる上訴ののち，連邦最高裁判所は8対1で次のような判決を出した．このような統計的証拠は，陪審員の不選任が人種差別的に用いられているという主張をもっともらしくするものであり，「偶然によってそのような不均衡が生ずることはありそうにない」．しかし，「ありそうにない」というのは控え目な言い方である．人種に関して無作為に選ばれているという帰無仮説は，このようにモデル化できる．ツボの中に黒い札が11枚，白い札が31枚入っていて，そこから無作為に14枚（不選任とされた人たちを表す）が抽出されると仮定する．黒い札の枚数の期待値は約3.7である $[14 \times (11/42)]$．そして，選ばれた札のうち10枚または11枚が黒である累積超幾何確率は約151,000分の1と計算される．したがって帰無仮説は棄却されなければならない．もし超幾何分布ではなく二項分布が用いられれば，10枚または11枚の札が黒となる確率はもっと大きくなり，2,000分の1となる．もちろんそれでも非常に小さい確率である．ミラー＝エルにとっては，どちらの分布を使っても自分の主張ができたわけである．

　選挙をめぐる裁判で使われている統計分析もまた，超幾何分布の例を提供してくれる．ニューヨーク州法の下では，不適切に投じられた票（誰に投じられたかが不明な票）の数が「十分に多く，当該票が勝った候補者から他の候補者に移ることによって，あるいは無効になることによって結果が変わりうる確率を証明できる」場合，敗れた候補者は投票のやり直しを求めることができる．この確率を計算するにあたっては，先ほどと同様に次のようにモデル化して考えればよい．選挙で投じられたすべての票をツボの中の札として，それぞれの札には投じられた候補者の名前が記されているとする．札はツボから無作為に抜き取られる（この操作は票を無効にする手続に対応している）．抜き取られた札は元に戻されないから，勝った候補者の札の数は超幾何分布に従う確率変数となる．このとき，ツボの中に残った勝者の札の数が次点の候補者の札の数以下になってしまうほど勝者の札が多く抜き取られる確率が，票が無効になることによって選挙結果が変わる確率（累積超幾何確率）となる．

　選挙結果が争われた *Ippolito v. Power* 事件[6]では，「勝者」とされた候補者は，対立候補者を17票差（1422票対1405票）で上回っていた．全2827票のう

ち，無効だと原告が主張していたのは101票だった[訳注6]．もしその101票のうち少なくとも59票が勝者に投じられていたとすれば，「無効」票を除いた場合の選挙結果は変わっていたことになる．勝者票のうち無効にされる票の数の期待値は50.8だから［101×(1422/2827)＝50.80…］，これは容易に起こりうることのようにも思える．ところが，「無効」票が実際にすべての票にわたってランダムに分布しているとすると，選挙結果が変わる累積超幾何確率は約6％にしかならない．この例では，標本(101票)は母集団(2827票)と比べて少ないため，超幾何確率と二項確率はほとんど同じである．選挙結果が逆転する確率が小さいことを示したかった勝者は，二項確率を使っていれば逆転の確率がわずかに大きく計算されていただろうから，本来なら二項確率も使えたが，そうはしなかった．この文脈で確率計算の方法がもっている意義は，「無効票の数が勝者票と敗者票の差をある程度以上上回っている場合，逆転が起きる確率が高い」というミスリーディングな直感を正す点，そして，類似の裁判例のほとんどで真に重要と言える問題，つまり，無効票が(ランダムではなく)特定の候補者に多く集まっている可能性が高いかどうかに注意を向けさせる点にある．

正規分布

　正規分布はよく知られた釣り鐘型の曲線であり，数理統計において不可欠なツールになっている．二項分布は整数のみに適用でき，最も正確に図示したい場合は成功回数を縦棒で表したヒストグラムを使う．正規分布はこれとは異なり，曲線によって図示される連続的な分布である．具体例として，図5.1を参照されたい．正規分布は真ん中が盛り上がっており(分布の平均値)，無限大または無限小になるにつれてゼロに近づく対称的な裾が両端にある．ある点における曲線の高さと別の点における高さの比は，前者の点におけるx軸の値の相対度数と，後者の点におけるx軸の値の相対度数の比になっている．そのため，この図は「相対度数曲線(a relative-frequency curve：相対頻度曲線)」と呼ばれることがある．曲線の下の領域のうち，x軸上の任意の2つの値に挟まれた部分は，正規分布に従う確率変数がその範囲の値をとる確率を表している．

　実際には，様々な平均値と標準偏差をもった正規分布が存在する．しかしすべての正規分布に共通する特徴があり，それは，正規分布に従う確率

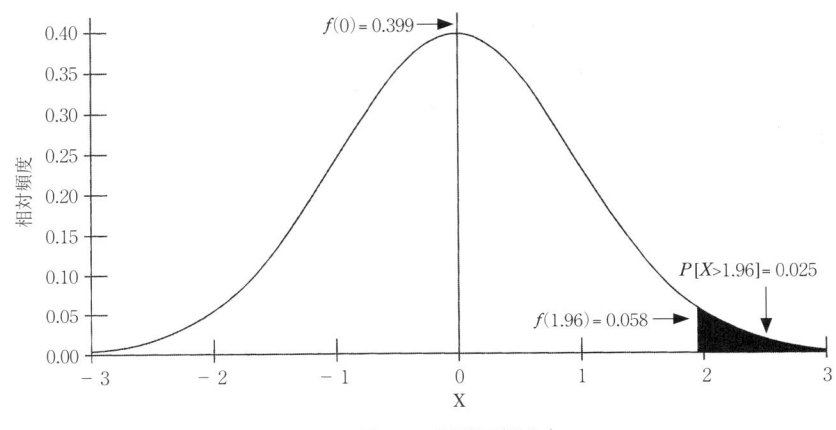

図 5.1　標準正規分布

　変数が平均値から標準偏差X個分以上離れた値をとる確率は（平均値と標準偏差がどんな値であれ）同じだということである．曲線の下の領域のうち約68％が，平均値から標準偏差1個分までの範囲内に収まっている．また，約90％が平均値から標準偏差1.64個分までの範囲内に，そして約95％が標準偏差1.96個分までの範囲内に収まっている．図5.1では，曲線の下の領域のうち約2.5％が平均値を標準偏差2個分以上上回る値をとっていること，別の約2.5％が平均値を標準偏差2個分以上下回る値をとっていることを表している．「平均値±標準偏差2個分」というよく見られる言い回しは，「正規分布に従う変数は，（一般に引き合いに出される）95％に近い確率で期待値から標準偏差2個分までの値をとる」という事実に基づいている．

　正規分布の曲線はもともと，天文学上の誤差の法則として知られていた．この曲線は天体観測の測定誤差の分布を記述したものだからである．誤差と同じくらい不規則で予測困難な事象が既知の確率分布に従っているという事実は，ガウス(Carl Fredrich Gauss: 1777-1854)が19世紀初めに発見して研究した当時は衆目を驚かせることになった．彼の功績を称え，正規分布をガウス分布と呼ぶことも多い．ガウスの後に続く研究者たちは，測定誤差という狭い文脈を超えて，自然界の様々な領域に誤差の法則の考え方を拡張していった．ベルギーの天文学者で詩人でもあったアドルフ・ケトレー(Adolphe Quetelet: 1796-1874)は，人間の特徴のばらつきは「典型的・平均

的な人間(l'homme type)」に対して偶然の要素が作用することによって生ずるため，特徴は正規分布に従うのだと主張している．ケトレーはこの「平均人」の概念によって有名になった．彼は初めのうち，ランダムなばらつきを除去して社会行動の数学的法則を明らかにするための道具としてしかこの概念を見ていなかった．しかし後になって，民主主義的な徳を象徴する優れた道徳性までも平均人に与えることになる．このことから，正規分布に従う現象の広範さを過大に見積もる傾向は「ケトレー主義(Quetelismus)」と名付けられている．

正規分布のうちよく使われるのは，「標準正規分布(standard normal distribution)」である．これは平均を０，標準偏差を１に換算した正規分布である．たいていの統計の本には標準正規分布の表が掲載されており，標準正規分布を利用できる電卓も多い．これを使えば，通常，平均値から標準偏差０〜４個分または０〜５個分離れた値が出現する裾確率まで計算することができる．ある仮説の下で期待値から離れた値が出現する裾確率を計算する場合，その値が平均値から標準偏差何個分だけ離れているかを計算したうえで，標準正規分布表を参照することになる．

誤差と同じくらい予測困難に思える事象が，どうして数学的に明確に定式化されうるのだろうか．その答えは，「中心極限定理(central limit theorems)」という注目すべき一連の定理にある．この定理は要するに，「多くの独立した要素(各要素はその過程から生ずる結果全体に対してはわずかな影響しか与えない)の合計は，要素数が大きくなるにつれて(適切な調整を施せば)標準正規分布に近づく」というものである．普通使われる調整方法は，合計から期待値を差し引き，それを標準偏差で割るという操作である．そうすると平均値０，分散１に標準化された確率変数が出来上がり，要素数が大きくなればなるほど，この分布が標準正規分布に近づいていく．中心極限定理が教えてくれるのは，多くの小さな影響が集まった結果として測定誤差が生じているのだとすれば，測定誤差は正規分布に従う，ということである．他の分布に従う確率変数であっても，標準化した和の極限分布をとれば多くの場合正規分布に近づく．正規分布がこのように大きな役割を果たしているおかげで，数ある極限定理の中でこの定理が「中心極限定理」と名付けられ，重要視されているのである．

主な例として，標本平均が挙げられる．標本は独立したたくさんの要素の

和として構成されているので，十分に大きな標本においては，標本平均の分布は期待値を中心とする正規分布に近くなるだろう．言い換えれば，標本平均とその期待値との差が標準誤差の何個分であるかは，標本サイズを無限に大きくしていくと標準正規分布に従うようになる［一般にこれをZ値と呼ぶ］．十分に大きな標本であれば，構成要素自体が正規分布に従っているかどうかにかかわらず，この結果は妥当する．特に，二項分布や超幾何分布に従う変数も，中心極限定理が成り立つくらい十分な数の試行がなされれば，正規分布に従うことになる．例えば本章の二項分布の節で出てきた *Whitus v. Georgia* 事件に戻ると，90名の陪審員候補者名簿に載せられる黒人の人数の期待値は，既述のとおり約24名であった．これに対して実際の人数は7名，したがってその差は17名である．［選び方が無作為だと仮定すれば］黒人候補者の人数の標準偏差は$\sqrt{90 \cdot 0.27 \cdot 0.73} = 4.2$だから，期待値からは標準偏差4.1（$= 17/4.2$）個分離れているということになる．正規分布表によると，標準偏差4.1個分以上も期待値を下回る確率は0.00002である．この値は二項分布を使って厳密に計算した数値［0.0000045］よりは大きいが，十分に小さい差なので実際上はこれで問題ない．

　昔は，統計学者も他の人たちも，データが正規分布に従っていることを反射的に仮定し，その仮定に基づいて計算を行っていた．それに対して今日では，統計学者や経済学者は，正規分布からずれている可能性に対してより敏感になっている．だが，非統計学者の中には，それほど気にせず古い仮定を用いながら統計的手法を使っている人もいる．

　ある税法関係の裁判例では次の問題が争点となった．銀についてのロングとショートの先物取引契約を特定の形で組み合わせる「バタフライ・ストラドル」が6ヵ月間の約定で結ばれたが，その価格が当該期間中に（手数料を差し引いてもなお）利益をもたらすほど十分に変動するのかどうか．内国歳入庁（IRS）は，バタフライ・ストラドルは利益を生む可能性がきわめて低いので法的に正当な投資とは言えず，単なる税金逃れの手段であるから，投資に基づく控除は認められない，という立場をとっていた．トライアルでは，IRSの専門家（統計学者ではなかった）が「バタフライ・ストラドルの購入および売却に伴う手数料は価格の標準偏差2個分を超えており，また，6ヵ月間のストラドルの価格は正規分布に従っているので，価格が有利な方向に動いたとしても，手数料分をカバーして利益を生み出せるほど価格が変動する

ということはありそうにない」と証言した．しかし，納税者側の専門家が価格のデータを検証したところ，価格は実際には正規分布に従っておらず，「厚い」裾をもつ分布に従っていたのである．このことが意味するのは，平均値から標準偏差2個分以上上回る価格をつけるような変動が，正規分布の下で予測されるよりも頻繁に起こりうる，ということである．分布の裾が厚くなっていた理由としては以下の2つが考えられる．一日ごとの価格変動が互いに独立していなかったこと，そして，（多くの小さな影響を要素とするという仮定に反して）大きな変動に寄与した日が何日かあったことである．この裁判例は重要な点を例示している．つまり，正規分布の仮定の下で予測されるよりも大きなばらつきがデータで出現するのは珍しいことではないのである．

ポアソン分布

n回の独立した試行（成功確率はpで一定）での成功回数をXとすると，Xは平均値npの二項分布に従う．ここで，nを大きくする一方でpを0に近づけ，npが定数μに近づくようにする．ある期間に事象（例えば事故）が発生する確率を考える場合がその例である．当該期間を次々に細かい部分に分けていくと，それらの各期間に事象が発生する確率pは減少するが，区分された期間の数は増えていくため，積は一定に保たれるかもしれない．そのような場合，Xはポアソン分布（Poisson distribution）として知られる極限分布に従っている（この分布の名称はフランスの数学者シメオン・ドニ・ポアソン（Siméon Denis Poisson: 1791-1840）にちなむ）．ポアソン分布は，個別的には稀な事象が多数の試行の中で発生する回数の分布を記述したものなので，多くの自然現象がこの分布に従っていることが観察される．交通量の多い交差点での交通事故の件数，予防接種プログラムで悪影響が出る事例の数などが例として挙げられる．ポアソン分布は，平均値μが与えられれば，事象の様々な発生回数の実現確率を示してくれるのである．このようなポアソン過程においては，将来の事象の発生確率は過去の事象のパターンに依存しない．

例えば，原告の子どもが政府によるプログラムの下で予防接種を受けた後に機能障害を負ったとして，原告がイスラエル政府を訴えた，という裁判例がある．このワクチンは，機能障害という副作用を非常に稀にもたらす場合

がある，ということが知られていた．他のプログラムでの先行研究によると，この種のワクチンが副作用をもたらすのは平均で310,000回に1回の割合であったという．原告はこのリスクについて説明を受けており，それを受け入れていた．だが，原告の子どもに投与されたワクチンは，約310,000回あたり4回も副作用を引き起こしているバッチ［ワクチンの製造単位］からのものだった．この事実は原告が受け入れていたリスクと整合するのだろうか．この答えはポアソン分布によって導ける．ポアソン分布によれば，310,000回の接種に1回という期待値を所与とした場合，副作用が4回以上発生する確率は約1.7%と計算できる．このプログラムで使われたワクチンの束がそれ以前のバッチと比べてリスクが高いわけではない，という仮説は疑問視せざるをえないだろう．

ステューデントの t 分布

これまでは比率を比較するという話であった．しかし多くの問題では，標本における比率ではなくて標本における平均値が関わってくる．ここでも，中心極限定理を多少使うことができる．中心極限定理によると，標本サイズが十分に大きければ，標本の比率と同様，適当に調整すれば標本の平均も標準正規分布に従う．調整の方法は，帰無仮説の下での期待値を差し引いて標本平均の標準誤差で割る，というものである．比率の場合には，帰無仮説の中で各試行での成功確率が明確にされているため，標本の比率の標準誤差も特定されることになる．ところが平均の場合はそうではない．帰無仮説の中で平均値が指定されていても，標準誤差は特定されず，どんな値もとりうる．その対策として，たいていのケースでは，標本そのものから標準誤差を推測しなければならない．標本サイズが比較的大きい場合には問題はなく，標本平均は依然として正規分布に従う．しかし，標本サイズが小さい場合やあまり大きくない場合（目安としては30以下とされるのが普通），標準誤差自体を推測する必要があることから，標本ごとのばらつきが無視できなくなるという問題が付け加わる．標本ごとのばらつきが大きいと，標本平均の分布は正規分布と比べて裾が厚くなる．この問題に対しては，W. S. ゴセット (W. S. Gosset) という人が，正規分布に従う母集団から抽出された標本によって母集団の標準偏差が推測できる，という場合の「平均値の標本抽出誤差」を数学的に定式化することを思いついた．彼はステューデント (Student) とい

うペンネームを使い，このことを論文として発表した．彼の功績を記念して，この分布は「ステューデントのt分布」と呼ばれている．統計量のt値 (t-value)は，この値をデータから推定される標準偏差で割ったものである．裾の厚さは標本サイズの大きさによって変わる．つまり，標本サイズが小さければ小さいほど標本間のばらつきは大きくなり，正規分布との差も大きくなる．したがってt分布には，「自由度(degrees of freedom)」と呼ばれるものに応じて様々な種類がある(自由度は標本数から1を引けば得られる)．t分布の表は統計の教科書に掲載されている．t分布表に基づいた帰無仮説の検定はt検定と呼ばれる．例えば，標本サイズが4のときの自由度は3である．このとき，t値が1.96以上になる確率は，t分布の下では6.5％となる(正規分布の下では5％である)．図5.2は，自由度3のときのステューデントのt分布と標準正規分布を比較したものである．

　例を挙げよう．連邦大気浄化法(Federal Clean Air Act)では，新しい燃料や添加剤を合衆国内で販売する前に，これらを車両に使っても排ガスが規制基準を満たすということを生産者が示さなければならない旨定められている．排出レヴェルの差を推測するために，まず標準的な燃料を使ってサンプルの車を走らせ，次いで新しい燃料を使って走らせた後，排出レヴェルを比較する．ペトロコール(Petrocal)と呼ばれる新燃料はメタノール添加剤を加えたガソリンだったが，そのテストの際，初めに標準的な燃料で，次にペ

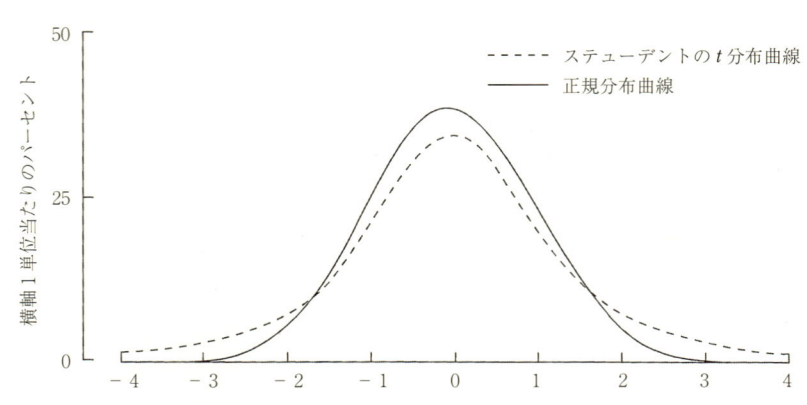

図5.2　ステューデントのt分布曲線：破線は自由度3のステューデントのt分布曲線（実線は比較のための正規分布曲線）

トコロールで16台の車を走らせて，亜酸化窒素のレヴェルを比較した．データを調べた結果，ペトロコールを用いたときの差(16台分)は「0.343増加」から「0.400減少」までの範囲に散らばっていた．平均すると，ペトロコールを使った場合には平均0.0841増加しており，標準誤差の推定値は0.0418であった．したがって，ペトロコールを使用したときの亜酸化窒素の平均増加分(期待値，つまり両者に差がない場合からの増分)は標準誤差2.01(＝0.0841/0.0418) 個分だということになる．正規分布を使用する通常の基準からすると有意だと判断されるだろうが，ここでは標準誤差をデータ上の増加分から推定しているので，t分布を使わなければならない．t分布表によると，自由度15の場合にt値が2.01以上となる確率は6.6％である．しかしEPAは10％の有意水準を採用しているため，排出レヴェルは有意に高いと判断され，ペトロコールは許可されなかった．

幾何分布と指数分布

多くの法的問題は，人がどのくらい長く生きるか，あるいは物がどのくらい存続するかという問いに関わっている．離散的な独立の試行(各試行における失敗の確率はp)が続くとき，最初に失敗が起こるまでの試行回数の確率は「幾何分布(geometric distribution)」と呼ばれる分布に従う．幾何分布に従った試行の場合，最初の失敗までの試行回数の平均値は$1/p$で与えられる．例えば，仮に各試行における失敗の確率が5％だとすれば，最初に失敗するまでの試行回数の平均値は20となる．今までに扱った確率分布とは異なり，平均値の周りで確率が密集して平均値を中心に確率が高くなるということはない．実際，最初の失敗が生ずる確率が最も高くなるのは，平均値近くの試行ではなく最初の試行である(図5.3参照)．

終了の確率が連続的であるときは(レストランにあるワイングラスの寿命や，いつでも閉鎖できる銀行口座の存続期間が例)，幾何分布に対応するのは「指数分布(exponential distribution)」である．指数分布でpに対応するのはハザード(hazard)定数βであり，これは所与の短時間における失敗の確率を時間の長さで割り，時間の長さをゼロに近づけた場合の極限として定義される．ハザードは「死力(force of mortality)」と呼ばれ，車の瞬間速度のようなものである．指数分布の特徴は，ハザードが時間を通じて一定であるという点にある．待ち時間の平均値は$1/\beta$，標準偏差もまた$1/\beta$である．図

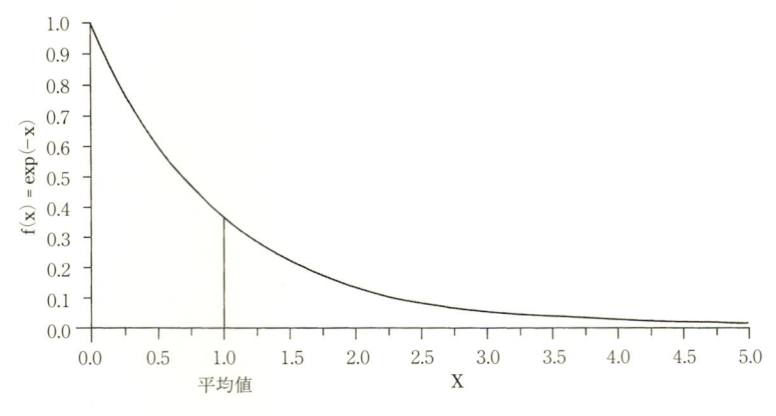

図 5.3　標準指数分布の確率密度関数

5.3を見るとわかるように，この確率分布は平均値に関して対称にはなっていない．待ち時間の平均値は，確率密度曲線の左端（待ち時間が0の点）から標準偏差1個分しか離れていない．他方，曲線の右端は無限に続く．右裾が左裾よりも長くなっているので，待ち時間の平均値は中央値の右に位置している．具体的に言うと，中央値は平均値の約69％しかない．このことが示しているのは，平均値より後の時点で失敗する確率と比べて，平均値より前の時点で失敗する確率が高い，ということである．

　幾何分布と指数分布は，ハザードが一定ではなく時間とともに変化する，より一般的なモデルの特別ケースである．言うまでもなく，応用研究ではこのようなモデルがよく見られる．いわゆる「ワイブル・モデル(Weibull model)」はその主な例である．ある会社が5年間の品質保証をつけて家の側壁のための塗料を販売した，という裁判例がある．塗料が劣化し始めたため，販売会社に対して保証に基づく請求がなされ，さらにその販売会社が製造業者を訴えた．販売会社による訴訟では，トライアルの時点までに塗料の劣化によって生じた損害だけでなく，過去および将来の劣化による損害も立証することを裁判所は要求していた．トライアルに先立つすべての塗料劣化に関するデータによると，劣化のリスクは時間が経つにつれて増大する．この裁判では，塗料がすでに劣化してしまった家に関するデータにワイブル・モデルが当てはめられ，塗料が5年もつ確率を予測するのに使われることに

なった(結局，その確率は非常に小さかった)．それに基づいて損害額が計算されたのである．

適切なモデルを使うと，平均存続期間の推測値が大幅に受容されやすくなりうる．異なる結果が出た次の2つの類似の裁判例が，この点を例示してくれている．

1つ目は税法関連の裁判例である．テレビ局を購入した人が，税金対策として，購入価格(何百万ドルもの額)のうち当該テレビ局のネットワーク提携に割り当てられた部分について減価見積もりをしようとした(テレビ局がテレビ・ネットワークとの提携契約を結ぶと，テレビ局はネットワークの番組を放送することができる．ケーブル放送や衛星放送が始まる前は，主要ネットワークとの契約はテレビ局にとって非常に貴重な資産となっていることもあった)．税法上，契約のような無形資産が減価見積もりされるのは，その「存続期間」が「相当の正確性(reasonable accuracy)」をもって推測できる場合のみであった．契約は1年か2年の約定になっていた．いつもというわけではないが，契約は更新されるのが通例である．テレビ局の購入者は，テレビ業界における契約の存続期間を調べ，存続期間の推測値を出そうとした．調べたうちの半数以上の契約はすでに終了していたため，存続期間の中央値は推測することができたが，まだ終了していない契約も多かったので平均値を直接推測することはできなかった．しかし，「税の控除を認めても財務省には損失は生じない」ことを主張するためには平均値を使わなければならなかった．というのは，各契約の実際の存続期間と置き換えられるのが平均値であれば，存続期間の合計が変わらないであろうからである．テレビ業界の統計を使って納税者，すなわちテレビ局の購入者が計算したところによると，各更新時において更新されない確率は約5％であり，幾何分布モデルによれば契約の存続期間は20年となった．しかし裁判所は，契約終了の確率が一定であるという仮定を退け，その代わり，契約終了の確率は更新回数が多くなると(関係が強固になるため)減っていくと判断した．この納税者は契約の存続期間を相当な正確性をもって推測することができなかったので，減価見積もり分の控除は認められなかった[7]．終了の確率は年数の経過とともに減っていくのではなく増えていくのが普通なので，これは特異な状況であった．

他の銀行を買収したある銀行が，買収費用のうち被買収銀行の預金口座に

割り当てられた分を税金対策のために償却しようとしたときも，同様の問題が起きた．内国歳入庁(IRS)は，口座の存続期間は相当な正確性をもって推測されえないという理由で，いかなる控除も認めなかった．この銀行は訴えを提起したが，トライアルの段階で銀行側の専門家がデータから推測されるワイブル・モデルについて証言し，時間が経過するにつれてハザードが減少することを示した．専門家はこのモデルから口座の存続期間の平均値を算出し，その結果，この銀行は勝訴したのである[8]．

第6章 信頼区間

　ウィリアム・ヒル(William Hill)が，白い粉の入った55個のビニール袋を所持していたことで逮捕された．ヒルの罪の重さは，所持していたコカインの量で決まるものだった．当局の化学者が，無作為に3個のビニール袋を選び，それらを検査した．すると，それらのすべてにコカインが入っているということが判明した．もしビニール袋ではなく1本の瓶に入った複数の錠剤だったとしたら，無作為標本に基づいて，それらの錠剤すべてにコカインが入っていると推定することはさしつかえない，と裁判所は判断しただろう[1]．しかし，少なくともいくつかの裁判所は，別々のビニール袋に関してそれと同じような推定をすることを認めていない[2]．ヒルの事件の状況を前提にした場合，55個の袋のうちコカインが入っている袋の数に関して，いかなる推定を引き出すことができるだろうか．無作為に標本として選んだ3個の袋から，ヒルの所持している袋の母集団［55個の袋］の中身を推定したい．これが統計的推定の問題である．さらにこれは，以下で説明するように信頼区間(confidence interval)の概念につながっていく．

　もちろん，55個のビニール袋のうち，少なくとも3個にはコカインが入っている（コカイン入りの袋を「コカイン袋」と呼ぶことにする）．しかし，もしコカイン袋は全体で3個だけだとしたら，無作為に3個選んだ場合にそれらすべてが選ばれる確率は，極めて小さい．具体的には，26000分の1未満である[訳注1]．よって，3個というのは推定として小さすぎる．無作為に選んだ3個の袋がすべてコカイン袋であるとき，推定として適切なコカイン袋全体の数の最小値は，いくつだろうか．この問題は，帰無仮説の検定という観点から，次のように言い表せる．すなわち，無作為に選んだ3個の袋がすべ

てコカイン袋であるとき，帰無仮説として設定した場合に棄却されないコカイン袋全体の数の最小値はいくつか，という問題である．検定の通常の基準である5％を適用すると，全体で21個のコカイン袋がある場合に，無作為に選んだ袋が3個ともコカイン袋になる確率は5％になるだろう．全体のコカイン袋の数がそれ未満の場合，その中から3個ともが選ばれる確率は5％よりも小さい．よって，21個未満の数を帰無仮説として設定した場合は，すべて棄却されることになるだろう[訳注2]．21個という数が，コカイン袋の母集団の数の推定値の下限である．したがって，95％の片側信頼区間は21個から55個までである．以上の標本の結果を前提とした場合，コカイン袋の個数をこの範囲に設定している帰無仮説は，通常の5％水準で棄却されない．あるいは別の言葉を使えば，全体のコカイン袋は21個未満ではないということを，少なくとも95％信頼しているとも言える．なぜなら，全体のコカイン袋が21個未満の場合，以上の標本の結果となる確率は5％未満となるからである．

　もちろん，95％は単に慣習的に決まっている恣意的な信頼の水準にすぎない．より高い信頼の水準(例：99％)やより低い信頼の水準(例：90％)を選んでもよいだろう．より高い信頼の水準にすると先ほど求めた信頼区間の下限は低くなり，より低い信頼の水準にすると先ほど求めた信頼区間の下限は高くなるだろう．99％という信頼の水準をどうしても用いたい場合，下限は12個となり，90％という信頼の水準を用いる場合，下限は26個となる．

　概念的に非常によく似た別の問題もある．ファイナンシャル・インフォメーション(Financial Information, Inc.)という名の会社は，地方債や社債の償還の新聞での告知を集めて印刷し，購読者に配布している．別のずっと大きな会社である，ムーディーズ・インベスターズ・サービス(Moody's Investors Service)も，似たような情報を発行している．ファイナンシャルは，自社の掲載した告知にあった誤植が，ムーディーズの掲載した告知にもあることを発見した．その一致は顕著であった．2年の期間で，誤植のある18個の告知のうち15個で，同じ誤植をムーディーズもしていた．このためファイナンシャルは，自社の作業の成果が大規模に盗用されていると主張して，ムーディーズを訴えた．ムーディーズは，ファイナンシャルの誤植付きの告知をコピーしたことは争わなかった．しかしムーディーズの役員は，コピーしたのは，ファイナンシャルが最初に発行してその後ムーディーズが発行した約600個の情報のうち，22個ほどのみである，と証言した．この証言は信用で

きるだろうか．

　ファイナンシャル側の証人として出廷した統計学者は，大要次のような証言をした．誤植が無作為に生じたとするなら，誤植のあった18個の告知は，コピーしたと判定される可能性のある600個の告知の中からの無作為標本だということになる．99％片側信頼区間を計算するためには，600個の告知の中でコピーされたものが全部で最低どれぐらいの割合あれば，無作為標本である18個の告知のうち，コピーされた告知が15個以上選ばれる確率が1％以上となるかを計算すればよい．この答えは0.54であり，個数にすれば300個よりも多くなる[訳注3]．22個の告知のみがコピーされたという立場は維持できない．コカインの問題で示したのと同様に，この統計学者は片側信頼区間（今回は99％信頼区間）の下限を計算したのである．

　こうした統計学的な証拠があり，それに対して反証がなされていないにもかかわらず，地方裁判所はムーディーズの役員を信じて，ムーディーズの勝訴とした．しかし控訴裁判所はこれを破棄した．地方裁判所が，前述のファイナンシャルの統計学者の証言を考慮しなかったことが理由だった．差戻審で，地方裁判所は再びムーディーズ勝訴とし，再度の控訴審では原審の判断が維持された．その根拠は，告知には連邦法上著作権がなく，かつ州の不正競争防止法は連邦法により専占されているというものであった[訳注4]．傍論として控訴裁判所は，ムーディーズによる大規模な盗用はなかったという認定が，記録から支持されるということを注で述べている．そしてその理由は，(i)ファイナンシャルの専門家証人が統計的に確かだと言えることは，ムーディーズが40〜50％の告知をコピーしただけであるということであり，(ii)ムーディーズは，自社の1400個の告知のうち，789個はコピーしたものではありえないということを示した，というものだった(3)．何が大規模な盗用にあたるのかということは，定義されなかった．

　なぜ，確率ではなく信頼区間を用いるのか．コカイン袋が少なくとも21個ある確率は95％だと言ったり，コピーされた告知の割合が少なくとも54％である確率は99％だと言ったりしないのはなぜなのか．これが法律家の聞きたいことである．答えは，我々が前述の手順で計算したものが，無限回標本抽出を繰り返しそのそれぞれの標本について信頼区間を計算した時に，それらの信頼区間のうち「真の値」を含むものの割合であり，標本抽出を1回行って信頼区間を計算した時に「真の値」がそれに含まれる確率ではないか

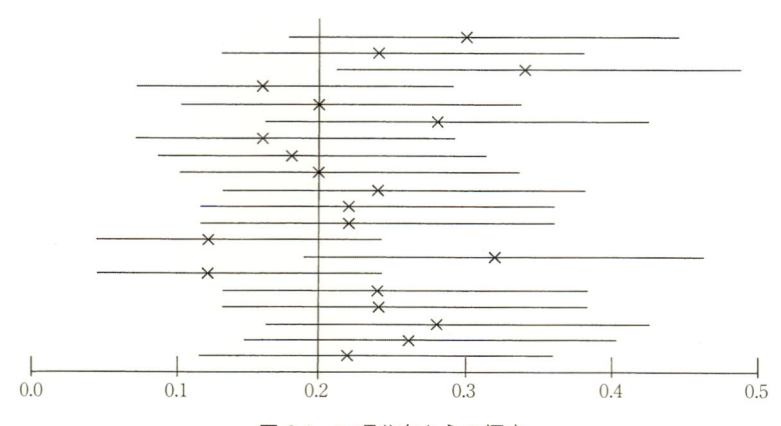

図 6.1　二項分布からの標本
（標本サイズ 50，$p=0.2$）における，p の 95％両側信頼区間

らである[訳注5]．図6.1を見れば，今述べているアプローチが明確になるだろう．図6.1では，表裏の出る確率に差のあるコイン（表の出る確率 $p=0.2$）を50回投げるという試行を繰り返し，それぞれの試行で表が出た回数の割合を×印，95％両側信頼区間を横棒で表している．このとき逆確率（真の値が信頼区間内に位置する確率）[訳注6]は，「信頼区間は動かず（所与であり），確率分布を持っているのは真の値である，という仮定を置いて計算するものであり，これはベイジアン的な方法を使用するものである．しかしベイジアン的な方法は，実際にはこの文脈で用いられることはほとんどない．なぜなら，真の値の確率分布を選択するための十分な根拠がないからである．

したがって，古典的な従来の統計学の計算では，「真の値が信頼区間の端に位置する可能性より，標本の値と同じかその付近，すなわち信頼区間の中央付近に位置する可能性の方が高い」ということは言えず，「真の値が標本の値を上回る可能性は下回る可能性と同じくらいである」ということも言えないことになる．言えるのは，「標本の値は信頼区間の端の値よりも，母集団の値（真の値）の推定値として一般的には良い」ということである．推定値として良い理由は，標本の値は信頼区間の端の値よりも，母集団の値に近い場所に位置する可能性が高いからである[訳注7]．加えて，信頼区間が標本の値を中心に対称的な場合は，標本の値が真の値を上回る可能性は下回る可能性と同

じくらいである（ただし，図6.1のように信頼区間が非対称である場合は，もはやこのことは言えない）[訳注8]．ここでのポイントは，古典的な従来の統計学の計算では，確率に関して語ることができるのは区間の方であり，真の値の方ではないということである．したがって，信頼区間を，法律家が望むような確率に関する主張に，直接翻訳することはできない．しかし安心していただきたい．標本サイズが大きくなるにつれ，標本の値は母平均（真の値）に近づき，古典的アプローチとベイジアン的アプローチは同等のものとなる．

　本章で今まで見てきた計算事例や訴訟で関心事項となっていたものは，片側信頼区間の下限であった．標本の値でなく下限を使うことが適切なのは，その方が証拠を提出している当事者にとって無難な安全策を取っていることになるからである．コカインの事例では，もし点推定値［標本の値］を使ったとすると［選んだ3個のビニール袋すべてにコカインが入っていたので］，55個の袋すべてがコカインを含んでいると見なされることになっただろうが，下限を使った場合の推定値は21個だった．ファイナンシャルの事例では，点推定値は15/18×100＝83％の告知がコピーされたというものになるが，下限を使った場合の推定値は54％だった．したがってこれらの事例において，下限を使った場合の推定値は，かなり控えめな値となる．そのような値になるのは，標本サイズが小さいからである．

　片側信頼区間を使うことが正当化されるのは，主張したいことが片側のみ（例えば，これまでの例では主張したいのはコカイン袋の数やコピーされた告知の割合の最小値のみで，最大値は不要）であるために，片側のみに関心がある場合である．このような場合，過誤の率は片側検定を使って測られ，それが片側信頼区間を意味する．下限と上限の両方がある両側信頼区間は，科学の研究で広く見られるものである．また，法律の分野においても，両側信頼区間が次の2つの場合には適切になる．それは標本の推定値の信頼性を測るために信頼区間の広さを利用する場合や，上限下限のどちらから外れても適切性に疑問が出てくる場合である（このうち後者の使用法については次頁で議論する）．95％両側信頼区間は，標本の推定値より大きい値や小さい値の中で，2.5％（片側）検定で帰無仮説が棄却されない値全部から構成される．このようにして信頼区間を作成することを何回も繰り返すと，作成した信頼区間の95％が真の値を含む．両側信頼区間の片一方の側は，他の条件が同じならば，片側信頼区間よりも常に広い．なぜならば，両側信頼区間を作

成する場合の，帰無仮説の(片側)検定の有意水準は2.5％なのに対し，片側信頼区間(上限か下限の一方のみ)を作成する場合の，帰無仮説の(片側)検定の有意水準は5％だからである．5％の検定で棄却される帰無仮説のうちのいくらかは，2.5％の検定では棄却されない．片側信頼区間の方が狭いので，使用が適切な場合はいつでも片側信頼区間の方を使用すべきである．

信頼区間の定義から明らかなことだが，信頼区間を有意性検定に使用することができる．95％信頼区間の外側の値は有意水準5％で棄却される帰無仮説であるのに対し，内側の値は定義からわかるように棄却されない．したがって，2つの平均値の間の差が有意に0と異なるかを検定する場合(すなわち，平均値の間の有意差の有無を検定する場合)，もし信頼区間が0を含むなら，差が有意に0と異ならない(すなわち，有意差はない)と結論できる．反対にもし信頼区間が0を含まないなら，差が0と異なる(すなわち，平均値の間に有意差がある)ということになる．同様に，2つの比率の間の比が有意に1と異なるかを検定する場合，もし信頼区間が1を含むなら，比が有意に1と異ならないと結論できる．反対にもし信頼区間が1を含まないなら，比が有意に1と異なるということになる．

信頼区間のもう1つの使い方は，信頼できる結論を導くには標本が小さすぎるかどうかについて，いくばくかの指針を得るというものである．信頼区間が非常に広い場合は，標本が小さすぎることを示していると一般には考えられる．「非常に広い」というのがどの程度かは，判断の問題である．信頼区間を狭めるには，標本サイズを大きくすればよい．しかしもちろん，これはいつも可能なことではない．以下では，両側信頼区間が必要とされる2つの例を取り上げる．1つ目の例は標本サイズを調整できるもので，2つ目は調整できないものである．

アメリカ合衆国商品先物取引委員会は，先物市場を規制する機関である．委員会は先物市場に，取引上の過誤の率を報告することを義務付けているが，報告義務を果たすために無作為抽出を利用することを認めている．標本は，「推定値と実際の取引上の過誤の率の差が，95％信頼区間で測定した場合に，『たぶん±2％』の範囲に収まると予想できる」程度に，大きくなければならない．この指定通りにするには，標本の推定値を2％上回る値と2％下回る値の95％両側信頼区間が必要である．そのような信頼区間は，2.5％(片側)検定で，特定の標本を前提とした時に帰無仮説が棄却されない

値全部で構成される．

2つ目の例は，*Craft v. Vanderbilt*事件（以下では，ヴァンダービルト大学事件と呼ぶ）[(4)]である．この事件は1994年に提起されたもので，ヴァンダービルト大学が約50年前に行った人体実験に関して訴えられた．この実験が行われたのは1945年で，放射性トレーサーが治療や医学的研究で初めて使用されるようになった頃だった．ヴァンダービルト大学メディカル・スクールが，検診に訪れた800人ほどの妊婦に対して，鉄の放射性同位体をトレーサーとして投与するという実験を行った．妊婦たちは，トレーサーをビタミンカクテルであると偽って説明されていた．研究者は，妊娠期間における鉄の新陳代謝を研究したいと思っており，妊婦や胎児に害は及ばないと予想していたことは明らかだった．しかし，20年後の追跡調査研究では，子宮内で曝露した子供のうち3人が，様々な小児期がんで死亡したことが明らかになった（もう1人肝臓がんで死亡した子供がいたが，これは家族性のもののように思われたため，調査者により除かれた）[訳注9]．州全体での死亡率に基づけば，死亡数は0.65人に過ぎないはずだった．したがって，曝露した子供を曝露していない子供と比べたときの，がんの相対リスクは約4.6となる[訳注10]．死亡したのは3人だけなので，相対リスクの95%信頼区間は1.3から13.5だった[訳注11]．この信頼区間の下限は1より大きいので，相対リスクは統計的に有意である．しかし，信頼区間が非常に広いので，被告側の専門家証人の統計学者は，4.6という相対リスクの数字は，子宮内でのトレーサーへの曝露と小児期がんの間の関連性を測る信頼できる測定値とは見なせない，という妥当な意見を述べることができた．この事件では最終的には，科学的証拠の適切性に対する判断は下されず，和解となった．

裁判所は，サイズの小さい標本に基づいた知見は，標本抽出誤差の問題により価値が損なわれるかもしれない，ということを時におおまかな目安を使うことで認めている．すなわち，裁判所は次のような「1個替え」「2個替え」ルールを適用することがある．事例を1個または2個加えたり除いたりすると，その標本から計算されたパーセンテージが相当程度に影響を受ける場合，当該分析結果は受け入れられないというルールである．1個替え・2個替えルールは，標本抽出誤差を考慮に入れる暫定的な方法だが，このルールによって示される結果の範囲は通常，95%信頼区間によるものよりもずっと狭くなる．このルールを適用した具体的な判例については，第8

章で議論する．

　信頼区間を計算するもう1つの理由は，法律の分野では無視されそうな小さな差の統計的な有意性について，洞察が得られるということである．例えば，使用者が行っている昇進のための試験の結果について，標本調査をしたとしよう．調査の結果，黒人の合格率は白人の65％であることが分かった．標本は十分に大きく，黒人と白人の差は統計的に有意だったので，2つの合格率が等しいという帰無仮説は棄却される．しかし，この標本は，アメリカ合衆国雇用機会均等委員会（EEOC）が間接差別（disparate impact）にあたると言えるための基準としている，黒人の合格率が白人の80％未満だということを言うために十分なものだろうか．この問いに答えるには，2つの合格率の間の比に関する信頼区間を計算し，その信頼区間の上限が80％を超えているかどうかを見ればよい．もし超えていれば，「EEOCの定義上，黒人の合格率が白人の合格率を相当程度下回っているわけではない」という可能性を，この証拠からは排除できない，と結論すべきだろう．これは請求が成り立たなくなるほどではないかもしれないが，もっとデータが必要であるか否かを決める際の考慮要素の1つとはなりうるだろう．

　信頼区間の計算には，正確な計算と近似的な計算がある．正確な計算はいくぶんか広い信頼区間が得られる傾向にあるので，主張者にとってより有利である．他方，少なくとも標本が非常に小さい場合以外には，近似的な計算も十分に正確であり広く用いられる．標本が十分に大きい場合，標本平均は近似的には正規分布していると見ることができるので，母平均（真の平均）から標準誤差1.96個分以上離れた場所に標本平均が位置している確率は約5％である．真の平均から標準誤差1.96個分以内に標本平均が位置するのは100回に95回なので，標本平均±1.96×標準誤差とすれば，95％の確率で真の平均を含んでいる信頼区間が作成される[訳注12]．これが，頻繁に言及される「ある統計量±2×標準誤差」というものの起源である．（比率の場合とは違い）平均値が問題になる多くの事例では，その平均値という統計量の標準誤差は，標本から推定される[訳注13]．標本が小さい（通常だいたい30以下）場合，正規分布の代わりに t 分布を使わなくてはならない．そうすると，95％信頼区間は±1.96×標準誤差よりも，いくぶんか広くなる．前述の先物取引規制の例のように，ある特定の信頼区間の指定があり，それを満たすようにするという研究設計の場合には，当該統計量の標準誤差は，別個の予備調査

から推定する必要があるかもしれない．

　信頼区間が対称的でない場合は，標準誤差２個分という近似を使うことはできない．そのような例としては，二項分布の一部の場合(例えば*np*か*nq*[訳注14]が5未満の場合)がある．また，率比[訳注15]やオッズ比の信頼区間も同様に非対称的である．こうした場合には，データの対数への変換が行われることがある．これにより，分布が対称に近くなる．そして対称的な信頼区間を計算し，区間の上限や下限を再びもとの形に戻す(これにより通常，信頼区間は非対称になる)．このような対数変換は，前述のヴァンダービルト大学事件でも，率比の信頼区間を計算するのに必要である．

　銘記しておくべきことがある．信頼区間は，統計的研究において発生する可能性のあるすべての種類の誤差について安全マージンになるわけではなく，そうなるのは標本抽出誤差についてだけであるということである．合衆国第五巡回区控訴裁判所は，ベンデクティンに関する事件で，その点を取り違えた．裁判所は，信頼区間を，統計的研究における交絡因子に対する万能薬とみなしてしまったのである．この*Brock v. Merrell Dow Pharmaceuticals, Inc.*事件[5]という事件で，裁判所は，妊娠期間中のベンデクティンの服用と，その後生まれた子供の先天性異常の間の関係についての疫学的研究を評価しなければならなかった．裁判所は，先天性異常は，アルコール，ニコチン，ウイルスといった交絡因子により引き起こされたかもしれないということを指摘していた．そして，妊娠期間中にベンデクティンを服用した女性と，服用していない女性の先天性異常率を疫学者が比較した際，２つのグループの間で交絡因子の分布が同じではないことにより，分析結果が歪んでいるかもしれない，ということも指摘していた．ここまではよい．しかしその後，裁判所は次のように，完全に早合点してしまった．「幸いなことに，上記の問題(交絡因子の存在)を解決する必要はない．なぜなら，提示された研究は信頼区間を使用することで，こうした交絡因子が存在する可能性を織り込み済みだからである．」[6]この部分では，裁判所は安易にすぎた．というのは，信頼区間が測るのは，測定誤差による結果のずれの可能性の範囲のみであり，その他の点で統計的研究における観察された関連性の原因を保証するものではないからである．このことは，標本サイズを大きくすると信頼区間は狭くなるが，標本サイズは一般に交絡因子によるバイアスには影響を与えないという事実から明らかである．

第7章　検定力

　我々は，この宇宙において孤独な存在であることを否定し，強力な電磁波望遠鏡を用いて天空をくまなく探査し，宇宙の知的生命体からのかすかなシグナルを探し求める．原始以来の宇宙の背景騒音以外，何も聞こえず，何らのシグナルも受信できないでいることから，この沈黙は我々が事実孤独であるということの強い証拠となるのであろうか？　その答えは，もしも宇宙に知的生命体が存在した場合に，我々の天空探査がそれを探知できる可能性次第だと考えることもできよう．この確率は検査の「検定力（power）」と呼ばれる．統計学においては，あるものが存在するときにそれを探知できる可能性が高い場合に，その検査は高い検定力を持つと呼ばれる．逆に，ある効果が容易に探知の目を逃れる場合，その検査は低い検定力を持つと呼ばれる．こうして，ある検査が高い検定力を持つ場合には，その検査が否定的結果を出したとき，宇宙に知的生命体が存在しないことについての積極的な結果であると結論付けることができる．他方，ある検査がそのような検定力を持たない場合，否定的な結果は，単に結論を出せないというだけとなる．

　検査は，ある特定の可能性について高い検定力を持ち，他方他の可能性については低い検定力しか持たない，ということもありうる．検査というものは，大きな効果については高い検定力を持ち，小さな効果には低い検定力しか持たないことが通常である．ある種の地球外生命が存在すると仮定した場合，検査の検定力は，どれだけ，そしてどのような種類の地球外生命が存在するかによって決まる．シグナルが全く検出できないことは，近くの惑星に我々自身と類似の文明がたくさんあることを否定するたぶん強い証拠となろうし（すなわち，この場合検査は高い検定力を持つ），他方では遠くの惑星系

における生命の存在を否定する弱い証拠ともなり得る(すなわち,この場合検査は弱い検定力を持つ).検定力は何をもって積極的結果や消極的結果と考えるかによっても影響を受ける.シグナルは,知的生命体によって発信されたものであることが疑い得ないレヴェルのものでなければならないというのであれば,検査は低い検定力しか持たないことになろう.なぜなら,我々とは非常に異なる文明からの通信の場合,それを知的生命体からの交信だと理解できないかもしれないからである.

　地球外生命体の探索において,我々はこの検査の検定力を計算することはできない.というのもそのために必要な要因の多数が未知だからである.とは言え,統計学者がより世俗的な問題の場合に,検査の検定力を計算することは日常茶飯事である.このような地球上の問題の場合,検定力は帰無仮説,対立仮説,およびいわゆる第二種の過誤に関連して定義される.例えば,帰無仮説は,事前の要因(例えば,喫煙)と結果の要因(例えば,がん罹患)との間には何らの関係もないという仮説である.研究データによれば十分な関連性が両者の間に見いだされた場合,この帰無仮説は棄却される.対立仮説とは,ある特定の関連性が存在するというものである(例えば,喫煙ががん罹患の確率を10倍増加させるなど).第二種の過誤とは,対立仮説の方が正しいにもかかわらず,帰無仮説を棄却しないという過誤のことである(例えば,実際には喫煙ががん罹患の確率を10倍増加させるにもかかわらず,喫煙とがんの間に何らの関連性もないという仮説を棄却しない過誤).第二種の過誤率とは,単純にそのような過誤の割合であり,特定の対立仮説が真実である場合に帰無仮説を棄却しない確率を意味する[訳注1].第二種の過誤の割合の補数(1マイナス第二種の過誤率)は,対立仮説が真である場合に帰無仮説を棄却する確率を指す.これを検査の検定力と呼び,条件付確率の式で書けばp(帰無仮説を棄却する｜対立仮説が真)となる.

　わかりやすくて確立した基準が存在するわけではないが,検定力が80％を超えている場合それは高いとされ,検定力が40％未満の場合それは低いとされる.90％の検定力を検定の目標ないし基準とすることがある.すなわち,注目している対立仮説が真であるときに90％以上の確信を持って帰無仮説を棄却するのが望ましいとされる.検定力の理論上の上限は言うまでもなく100％であるが,これを現実の検定で実現することは不可能である.反対側の極値は,対立仮説に対する検定力0％の検定であり,これは小さな標本サ

イズの場合に現実にも起こりうる．

　検査の検定力が訴訟で争点となるのは，統計的に有意ではない研究結果から当事者が推論を導こうとする場合である．ベンデクティンをめぐる訴訟がその例である．ベンデクティンは妊娠期のつわりの薬として販売されていた．ベンデクティンの製造者であるメレル・ダウ(Merrell Dow)製薬会社を被告としてクラス・アクションが提起され，胎児期にベンデクティンに曝露された子どもに先天性障害が生じたと主張された．しかしベンデクティンと先天性障害との関係についての疫学的研究からは，曝露群での先天性障害発生率が非曝露群でよりも統計的に有意に高いという知見は見いだされなかった．そこで，原告らは，疫学以外の証拠に依拠して，ベンデクティンが先天性障害を惹起したとの専門家証人の証言を申請した．メレル・ダウは，ベンデクティンによって統計的に有意に障害のリスクが高まることはないとの疫学的研究があるので，原告側申請の当該専門家証人の証言は科学的に信頼できないと反対した．原告側はこれに反論して，当該疫学的研究は検定力が乏しいので，ベンデクティンが安全であることを証明するものではないと主張した．すなわち，ベンデクティンが現実には先天性障害のリスクを高めるものであったとしても，当該疫学的研究は統計的に有意なレヴェルでそのようなリスク上昇を探知することはできないであろうと論じた．こうして，当該疫学的研究が帰無仮説からの乖離を探知する検定力が，本件の争点となったのである．

　検定力を計算する上では，3つの段階を考えることができる．第一段階として，どれほどの大きさの期待値からの乖離が，帰無仮説を棄却するためには必要となるかを決定しなければならない．第二段階として，対立仮説を特定しなければならない．第三段階として，対立仮説の下でそのような期待値からの乖離が生じる確率を計算しなければならない．この方針に沿ってベンデクティン訴訟を検討して行こう．

　ベンデクティンの副作用についての研究者は，妊娠期にこの薬を服用した女性の標本と，服用しなかった女性の標本を蒐集するのが通常の出発点である．そして，これら2つの集団における子どもの先天性障害の発生率を比較する．例を挙げれば，先天性四肢減形成(limb-reduction birth defect)の発生する人口比は約1対1000である．検定される帰無仮説は，この障害発生率がベンデクティンに曝露した集団と曝露していない集団とで同一である，と言

うものである．通常の基準に従えば，曝露群の子どもの障害発生率が1000分の1よりも十分に大きくて，5％水準で統計的に有意となるならば，上記の帰無仮説を棄却することになる．所定の手順で，通常の統計的有意水準である5％を用いて計算すれば，次のような結果となる．すなわち，ベンデクティンに曝露した子ども2000人当たり，帰無仮説の下での四肢減形成発生の期待人数は2人となり，5人以上に発症する確率は5％未満となる[訳注2]．

次の段階は，ベンデクティンへの曝露でリスクが上昇するという対立仮説の下で，2000人の曝露群の子どもにおいて5人以上に四肢減形成が発生する確率を決定する．ではどれほどのリスク上昇を仮定すればいいのであろうか？ 1つの有用な候補は，ベンデクティンが四肢減形成の発生率を少なくとも2倍にするというものである．すなわち，曝露群において1000人当たり2名となるという仮説である．この2倍仮説を設定する根拠としては，もしもベンデクティンに曝露した子どもでこの障害の発生率が2倍を超えるようになるとすれば，曝露して障害が発生した子どものうちの半数よりも多くの子どもは，曝露していなかったら障害が発生していなかっただろうと言える点である．このことから，ベンデクティンに曝露して四肢減形成を発症させた子どもから無作為に1名を取り出した場合，その子どもの障害の原因がベンデクティンに曝露であったことは，そうでない場合よりももっともらしいと言えることになり，証拠の優越という民事の証明度を超える．この論理に基づいて，ベンデクティン訴訟の1つ[(1)]において，カリフォルニア州など西海岸を管轄とする合衆国連邦第九巡回控訴裁判所は，ベンデクティンと本件障害の間の因果関係の認定には，リスクが少なくとも2倍となる必要があると判断した．この対立仮説の下で検定力［p(帰無仮説を棄却する｜対立仮説が真)］が十分に高ければ，すなわち，ベンデクティンが少なくともリスクを2倍にするものである場合に帰無仮説が棄却される可能性が高いならば，逆に帰無仮説を棄却できないということは［p(検査結果｜帰無仮説が真)≧有意水準］，ベンデクティンが四肢減形成への十分に大きな影響力を持っていないことの強い証拠となる．よって，高い検定力は，因果関係の証明として十分であるとみなしうるほどの影響力をベンデクティンが持ってはいないということの積極的証拠となる．なお，小さな影響の場合には検定力が小さくなるという事実は，帰無仮説を棄却できないことはそのような影響を否定する証拠として不十分である，ということを意味する場合も多い．しかし，

より小さな影響が法的に不十分であるとされる場合であっても［対立仮説が例えば2倍より小さい場合には証拠の優越を導けないとされる場合なども］，証拠としての証明力が否定されるわけではないのである．

ベンデクティンに曝露した子どもたちの間で障害が発生する割合が1000人中1人から2人へと2倍になった場合，標本2000人中の障害の期待数は4人となり，5人以上の障害（5人以上で帰無仮説を棄却する）が見出される確率は0.421となる[訳注3]．以上から，我々が構築した対立仮説が真である場合に，帰無仮説が棄却される確率（検定力）は約42％しかないということになる．このようにこの検査の検定力が比較的小さいことは，対立仮説を支持する証拠となるのではなく，帰無仮説が真であることについての弱い証拠となるだけのことである．

さてここで，対立仮説として，ベンデクティンへの曝露で四肢減形成の発生率が4倍になって1000人中4人になるというものを考えてみよう．我々の2000人の標本における期待人数は8人となり，少なくとも5人が発症する確率は約0.965になる[訳注4]．検定力はさっきまでの対立仮説から一気に上昇して96.5％となる．こうして有意ではない知見は，真の相対リスクが2以下であるということについては弱い証拠にしかならないが，相対リスクが4以下であるということに対しては非常に良い証拠となるのである．検定力を計算するための対立仮説は，このように検査の検定力に対して決定的な差異をもたらす．このために，統計の専門家は検定力関数を使うのである．これは様々な対立仮説に対する検定力曲線として表示することができる．検定力曲線の例として，図7.1にシリコン豊胸材（silicone breast implants）とその周辺組織に生じる病変との関連性についての研究での検定力曲線を挙げておいた．この図によれば，シリコン豊胸手術を受けた女性の間で組織病変の統計的に有意な増加は見られなかったとする種々の研究でも，対立仮説の相対リスクが2に近い場合には非常に高い検定力を有しているが（0.9以上），対立仮説の相対リスクが小さくなるにつれ検定力が小さくなることが示されている．

現実のベンデクティン事件では，ベンデクティンについての複数の研究が提出されたが，それらはほぼ一貫して先天性障害発生率の上昇を示していなかった．しかし，検定力についてみると，ベンデクティンが先天性障害発生率を2倍に高めるという対立仮説に対して，かなり高い検定力を有してい

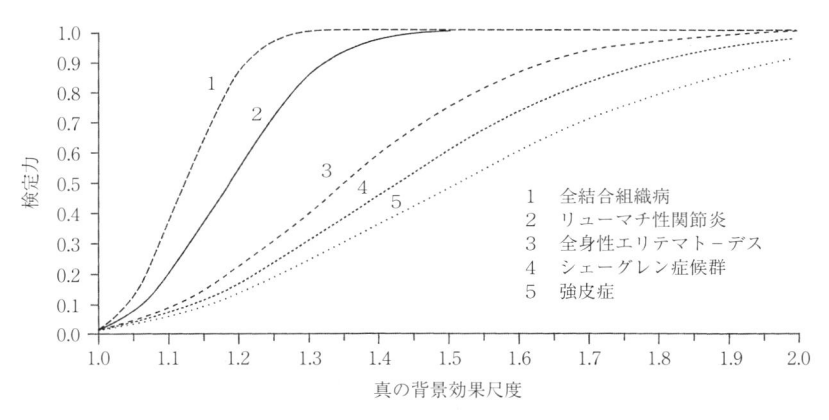

図7.1 検定力と真の背景効果尺度（相対リスク）

凡例:
1 全結合組織病
2 リューマチ性関節炎
3 全身性エリテマトーデス
4 シェーグレン症候群
5 強皮症

縦軸: 検定力
横軸: 真の背景効果尺度

た．そして，4倍に高めるという対立仮説については，言うまでもなくもっと高い検定力を有していた．そこで裁判所は，これらの研究結果は，帰無仮説が真であることの積極的な証拠であると結論を下した．この結論は正当なものと言える．原告側申請の専門家証言については，疫学的証拠と矛盾するものとして扱われ，これやその他の理由によって訴訟手続きから排除された．

　もう1つの例を挙げよう．アメリカ合衆国労働安全衛生局（OSHA）は，職場における有毒物質の最大許容量を設定する責務を負っている．統計的研究が，有毒物質のもたらすリスクの査定上重要な情報を提供すると考えられる．労働安全衛生局は規則を制定して，潜在的な発がん物質について発がんと正の相関を持たないとする疫学的研究が安全性についての証拠とされるのは，それらの研究における検定力が「当該物質に曝露されていない対照群での発がん率に対して50％の増加が検出される程度に十分大きい場合のみ」[2]に限る，としている．言い換えれば，安全性についての証拠として，50％増加という対立仮説に対する大きな検定力を要求しているのである．なぜ，そのような大幅な発がん率増加に対する検定力を用いるのであろうか？ 労働安全衛生局は「50％のリスク増加は，決して無視し得るものではない」と認めつつ，「それ以上の精確性を求めることは，疫学の水準に鑑みて不当に高い要求をすることになるであろう」として，この基準を正当化している．し

かし，これでは馬車を馬より前につなぐような逆転した論理となってしまうであろう．労働者の健康にとって重要であるリスク増加の程度によって，有意ではなかった疫学的研究のどれが安全性の証拠となるかを決定するべきであって，その逆であってはならない．

　検査の検定力に影響を与えるもう１つの要素は，帰無仮説を棄却するために必要な有意水準である．有意水準が高ければ（すなわち棄却に必要なＰ値が小さい），帰無仮説が棄却される場合は少なくなり，検査の検定力も小さくなる．例えば，５％水準に代えて１％水準を用いた場合，帰無仮説を棄却するために必要な先天性障害の件数は，我々の標本においては５件から７件に増加する[訳注5]．ベンデクティンは先天性障害発生率を４倍にするという対立仮説においては，帰無仮説が棄却される確率は約69％となる[訳注6]．このように，有意水準を１％とすると，５％有意水準の際の検定力96％から大幅に低下する．この例でわかるように，検査の設定にはトレードオフが存在する．すなわち，高い有意水準を要求すれば，帰無仮説が真であるときにそれを誤って棄却する確率を減少させるが，同時に帰無仮説が偽であるときにそれを正しく棄却する確率をも減少させるのである．検定力と有意性は，このように逆相関をしている．

　統計の専門家がこのトレードオフに対処する通常の方法は，希望の有意水準を選択したのち（通常は５％か１％），その有意水準における最も大きな検定力を与える検査を選択するというものである．しかし，場合によっては検定力が予め指定されており，その結果有意水準がはずれてしまうこともある．先の第５章でt検定の例として採り上げたアメリカ合衆国環境保護局（EPA）の規制が，検定力の指定とその有意性への帰結についての好い例となる．当該規制によれば，新たな燃料や燃料添加物について，それらを使った自動車が排気ガス規制に違反するかどうかを，検査によって決定しなければならないとされている．EPAは，標本抽出された自動車について，それがクリアすべき検査の具体的基準を指定し，母集団において25％の自動車がその基準を満たさない場合に，当該新燃料ないし燃料添加物を失格にする確率が90％なくてはならないとしている．すなわち，EPAは，対立仮説（25％の失格率）と検定力（90％）とを設定しているが，検査されるべき車両数については認証請求者（業者）に委ねている．

　第５章で検討したペトロコールという新しい燃料添加物をめぐる事件にお

いて，16台の車両で検査が実施され，2台が検査で排気ガス規制をクリアできなかった．90％の検定力を実現するには，母集団中の自動車の25％が排ガス規制をクリアできない場合に，帰無仮説（ペトロコールは車両の排気ガス規制違反率を高めない）を棄却する確率が少なくとも90％なければならない．標本抽出された16台の場合，ある1台の車両が排ガス規制をクリアできない確率が25％である場合，2台以上がクリアできない確率は93％となる．3台以上の場合は約80％となる．したがって，2台以上で排ガス規制をクリアできない場合に，ペトロコールは不許可とされなければならない．この指定基準の場合，検定力は最低90％と要求通りとなる．ただし，標本が16台しかないので，この指定基準によってこのレヴェルの検定力を与えるためには検査の有意水準を通常の5％や1％よりもはるかに高く設定しなければならなくなる．帰無仮説が真であるとし，車両の5％（ペトロコールを使ったか否かにかかわらず）が検査で排出ガス規制をクリアできないとしよう．その場合，16台中の2台以上が排ガス規制をクリアできない確率は約19％となる．これは通常の有意水準よりもはるかに高い．検定力80％でよいとEPAが考えるなら，検査の指定内容は3台以上でクリアできない場合とすることができ，この場合のP値は受容可能な4.3％となる．

　検査について，所与の有意水準の下で検定力を上げる主要な方法や，所与の検定力の下で有意水準を厳しくする主要な方法は，標本サイズを大きくすることである．ベンデクティンの事例では，標本サイズは曝露を受けた2000人の子どもたちであった．この事例で，先天性障害の発生率を2倍にするという対立仮説の下での検定力は，42％という弱いものであった．標本が，曝露を受けた4000人にまで大きくなれば，検定力は約61％まで上昇する．標本サイズを2倍にすることで，検定力は約50％増加する．EPAの事例の場合，ペトロコールの支持者は，検査する車両の台数を増加させることで，検査の性格を改善できていたであろう．25台であれば，90％の検定力を維持するために必要な排ガス規制違反の台数は4台となり，P値は19％から3.4％となっていたであろう．

　アーカンソー州ホット・スプリングス（Hot Springs, Arkansas）で1961年に，ウィリアム・マクスウェル（William Maxwell）という黒人が白人女性を強姦したとして有罪となり，死刑判決を受けた．その後の連邦裁判所での手続きでは，死刑判決が人種差別的に下されているとして，その合憲性が争われ

た．社会学者が弁護側の専門家証人となり，標本調査によれば，被告人が黒人の場合に，白人の場合に比べてはるかに高い確率で死刑判決が下されていると証言した[3]．死刑判決率は黒人被告人の場合の方が白人被告人の場合よりも高かったが，検察側からは，その理由は人種ではなくその他の要因のためであると主張された．これに対して専門家証人は，その他の要因は量刑にも被告人の人種にも統計的に有意な相関がみられないものであるから，無視し得ると反論した．

例えば，白人被告人の場合，被害者と面識のない強姦は，黒人被告人の場合より少ない．このような犯罪は，陪審によってより悪質であると評価される可能性が高い．このことを検証するため，強姦が発生した場所への侵入に，被害者から事前の許可があった場合となかった場合の標本がそれぞれ蒐集された．そのデータによれば，死刑判決が下されたのは，許可のなかった侵入者による強姦事例で16件中6件，つまり37.5％であるのに対し，許可のあった者による強姦事例では35件中8件，つまり22.9％であった．しかし，両者の間の差異は統計的に有意な差異ではなかった．これに基づいて，被告人側専門家証人は帰無仮説が真であり，この要因と量刑との間には相関は見られないと論じた．

この専門家証人は，その統計的検定の検定力が低いことについての分析を無視していた．自然な対立仮説は，これら2つの割合の間の差異が現実の場合通りの14.6％というものであろう（37.5－22.9＝14.6％）．この対立仮説が真なら，片側5％検定による帰無仮説の棄却確率は，ほんの20％しかないということになる．このように検定力が非常に低いので，すなわち，この文脈では，有意性の不存在は，無許可侵入が死刑判決と相関していないということの証拠としては弱いものでしかないということを意味する．その後の死刑研究では，そのような要素をも考慮して人種の影響を分析している．本書242頁以下参照．

ある検査結果が予想通りの方向性を示す結果となりながらも，それが統計的に有意ではなかった場合，検定力が低いならばそれは証拠として不十分（決定不能）である．しかし，場合によっては，そのようなデータは示唆的であると解釈されるべきである．雇用機会均等委員会（EEOC）の5分の4基準がここでの対象である．ある特定の人種，性，あるいは民族集団の合格率が，最も高い合格率の集団の80％未満であった場合，その雇用上の試験は，

たとえ差異が統計的に有意ではなかったとしても，当該試験手続のより長期にわたるデータや他の従業員におけるデータを蒐集しなければならないとされる．このことは，雇用機会均等委員会が，そのような試験の検定力が低いかもしれないということを認識していることと，実際には同じ効果を有する．

第8章　標本抽出

標本抽出とは何か

　標本抽出（sampling）が何であるかはよく知られている．非常に一般的に言えば，「母集団全体について推定を行う目的で，母集団の一部分（これが標本である）を選択したり観察したりする方法」である[1]．これには議論の余地がないようにも思える．ところが，ある法律における「標本抽出」という言葉に何が含まれるかという問題が，合衆国連邦最高裁判所における訴訟の争点となったことがある．

　このような問題が生じたのは，ユタ州が合衆国商務省を次のような理由で訴えたときであった．国勢調査を行う場合，住所録の原簿に掲載されている世帯のうち，国勢調査の質問票を返送せず，そのため後のフォローアップ調査で情報が得られない世帯が存在する．商務省に置かれている国勢調査局は，これらの世帯にも人口統計学的情報を「補定（imputing）」しており［すなわち，欠損データの部分に，適当な世帯のデータの値を当てはめており］ユタ州はそれを止めることを求めて訴えた[2]．国勢調査局は，連絡のつかなかった世帯のそれぞれにつき，質問票を返送した世帯（"donor" address）から得られた該当情報を補定していた．その補定元になっていたのは，「質問票を返送しなかった世帯と地理的に最も近接しており，同じタイプ（すなわち，集合住宅か否か，単身世帯か否かなど）の近隣住民」であった．2000年の国勢調査では，この補定によって1200万人（全人口の約0.4％を占める）が追加されていた．

　国勢調査法（Census Act）によれば，選挙区の区割りを改定する目的で州の

人口を判断する場合に「標本抽出」を用いることは禁止されている．そこで，補定によって下院の議席を1つ失ったユタ州は「補定は標本抽出の一形態に他ならない」と異議を唱えたのである．標本抽出の定義を広くとれば，ユタ州の主張にも一理ある．補定元となった近隣住民世帯は，「全体について推定を行う目的で選択・観察された，母集団の一部分」なのである．しかし，多数意見を書いたブライヤー (Stephen Breyer) 裁判官は，この主張を支持しなかった．

　ブライヤー裁判官の法廷意見では，本質，方法，直接の目的といった点で，補定は標本抽出と異なっている．国勢調査局が行った作業の本質は，大きな母集団の特徴を標本を元に外挿することにあったのではなく，個人を1人ずつカウントしようという試みの一環として欠損データを埋めることにあった．方法についても，非回答世帯の人数等に関する推定を行うための基礎となる世帯を無作為に抽出するわけではない．最後に，国勢調査局の直接の目的は欠損データを埋めることであって，補定元になった世帯の特徴を母集団全体の特徴として推定することが直接の目的なのではない．これらの相違点，それに加えて立法府での審議の経緯（選挙区割りの改定を目的とする標本抽出を禁止する際，議会が補定を念頭に置いていなかったのは明らかである）や，「補定は統計学で言う『標本抽出』ではない」という国勢調査局の統計専門家による証言からも力を得て，ブライヤー裁判官は「補定は禁じられていない」という判断を下したのである[3]．

　この判決よりも前に，カウントできなかった世帯の分を国勢調査後の標本抽出によって調整しようという国勢調査局のプログラムに対し，下院が差止めを求めて訴訟を提起していた．しかもそのときは下院が勝訴していたため，ブライヤー裁判官による線引きは説明がより困難になる．当時の国勢調査局のプログラムでは，ある国勢調査地区において返送されなかった調査票の分を調整するにあたり，次のような方法をとっていた．すなわち，調査地区内の非回答者の住所の無作為抽出を行い，抽出された住所で改めて調査を行って得られた調査結果を当該地区内の非回答者全体に当てはめたのである．これは禁止された標本抽出にあたる，と裁判所は判断していた．この下院の裁判例に言及しながら，ブライヤー裁判官は「禁止されたプログラムもまた，欠損データを埋めるための取り組みに類似したものである．なぜなら，国勢調査局が非回答者の標本を使用して外挿しようとしていたのは，当

該調査地区の約10％の人々の回答にすぎないからである」と認めた．しかしブライヤー裁判官は次の点で両ケースには大きな違いがあると考えた．すなわち，適当な標本を見つけるためにあらかじめ計画がなされていたかどうか，無作為標本抽出を利用しているかどうか，非回答者全体の特徴を推測によって判断するのが直接の目的であったかどうか，そして問題になっている人数がどのくらいか（先の裁判例では10％，ここでは0.4％），である．これらの違いを総合すると，過去の裁判例における標本抽出と，この事件で問題になっている補定は——彼も認めるように，「質的に違うのではないにせよ，程度においては」——異なっている．

これに対して，オコナー (Sandra Day O'Connor) 裁判官は反対意見を書いた．とりわけ，「標本抽出とは，少数の標本から大きな母集団について推測する場合や，無作為に抽出する場合に限られるわけではない」と彼女は正当にも指摘している．そして，国勢調査局は母集団の中から選ばれた一部分を使って非回答者全体の特徴を推測しており，補定はまさしくその目的のための手段である．欠損データを埋めるという国勢調査局の「直接の目的」のみに注意を向けると，その点を見逃すことになる，とも指摘している．これらの指摘は否定しがたい．おそらく，ブライヤー裁判官の結論を最も支持するのは，立法の経緯に基づく根拠であった．禁止の対象として意図されていたのは，より伝統的な意味での標本抽出だけだったのである．このように，統計学者の言う最広義の「標本抽出」と比べて，法における「標本抽出」は文脈によっては狭い意味になっている場合がある．

単純無作為抽出

今までに多くの訴訟で，標本から得られた情報や，標本が抽出された母集団に関して推測された情報が結論を左右してきた．統計学者の視点から見ると，そのような外挿の有効性は，母集団のサイズに対する標本の相対的なサイズには依存せず（一般には依存すると考えられているが），標本の抽出方法と分析方法に主として依存する．そのような方法とその限界を簡潔に述べることが本章の目的である．

標本抽出計画には様々な種類があり，複雑さもいろいろである．最も理解しやすいのは「単純無作為標本 (simple random sample)」である．単純無作為標本では，各標本が母集団から選ばれる際，選ばれる確率は母集団のどの

要素についても同一になっている．そしてその抽出は，確率が同じになることを保証する何らかのメカニズムによって行われる．第一の典型的な方法は，母集団の要素に番号を割り振り（これらの番号の集合のリストを「サンプリング・フレーム（sampling frame）」と呼ぶ），擬似的にランダムな値を生成する装置（ほとんどの統計用コンピュータ・プログラムに搭載されている）を使って標本を抽出する，という方法である．そうした標本においては，標本の推定値と母集団の推定パラメータの間の差は次の2つの要因によって決まる．つまり，(1) バイアスないし系統誤差（systematic error），(2) ランダム誤差（random error）ないし偶然の要因である．したがって，「標本の推定値」＝「母集団のパラメータ」＋「ランダム誤差」である．ごく単純な場合を除いては非常に難しいが，理論的にはバイアスは除去することができる．他方，ランダム誤差（標本抽出誤差（sampling error）とも言う）は除去することはできないけれども，少なくとも推定することはできる．

　第二の方法は物理的手段によるランダム化である．例えばツボの中にラベルを付した玉を入れてよく混ぜてから取り出すという方法を使うこともできるが，信頼性は落ちる．ランダム性を保証するためには，並の努力以上のものが必要である．例えば，ヴェトナム戦争のための1970年の徴兵では抽籤が用いられた．男性は誕生日別に召集されることになっており，誕生日をどのような順序にして召集するかが，くじで決められたのである．1年のすべての日を記した紙片がボウルの中に入れられ，366枚すべての紙片がなくなるまでそこから1枚ずつ無作為に引く，という方法で誕生日の順序が決められた．選抜徴兵を担当する政府関係者は，初めの3分の1は確実に召集され，次の3分の1は召集されるかもしれず，最後の3分の1はおそらく召集されない，と述べていた．それゆえ順序は重要であった．紙片は日付の順，つまり1月から12月の順にボウルに入れられた．ボウルの中はかき混ぜられていたにもかかわらず，統計分析が示すところによれば，（後でボウルに入れられた）遅い日付は早い段階で選ばれる傾向にあり，逆に早い日付は後の段階で選ばれていた．真にランダムな順序を生み出すためには，かき混ぜただけでは明らかに不十分だったのである．このバイアスを矯正するため，1971年の徴兵では2つのボウルが使われた．一方には誕生日を記した紙片が，もう一方には召集順位を表す番号が記されていた紙片が入れられていた．前者のボウルから引かれた日付を，他方のボウルから引かれた番号と組み合

わせるのである．統計分析の結果，この手続によってバイアスは除去されたことがわかった．

　母集団の要素をほぼ無作為にリスト化することができる場合によく用いられる第三の方法は，リストの初めにある n 個の要素から無作為に要素を 1 個選び出し，その要素を出発点として n 番目ごとに要素を抽出していく，というものである．出発点が無作為なので，標本として抽出される確率は母集団のどの要素についても同じになる．仮にリストの要素に周期性があったとしても標本にバイアスが生じることにはならない（出発点が無作為であるから，標本に含まれる確率はどの要素も等しい）が，標本抽出誤差は通常の計算で示されるよりも大きくなるであろう．

　以上のような方法は「確率的標本抽出（probability sampling）」と呼ばれ，これらのいずれかの方法で抽出された標本は「無作為標本（random samples）」とか「確率的標本（probability samples）」とかと呼ばれる．そうした無作為標本は，標本選択が標本収集者の裁量に一定程度委ねられている「無計画に抽出した標本（haphazard samples）」ないし「便宜的標本（convenience samples）」とは区別しなければならない．裁量に委ねられるという点は「割当標本抽出（quota sampling）」にも当てはまる．この方法の下では，標本収集者は，指定されたグループ（例えば19〜25歳の白人男性など）内で割当個数分のインタヴューをこなさなければならないが，それ以外では自由に回答者を選ぶことができる．割当標本抽出は無作為抽出ではなく，バイアスを伴う可能性がある．

　以上で述べた無作為抽出の目的は，(1) 標本選択の際のバイアスを避けること，(2) 統計分析によって標本推定値の信頼区間を計算し，ランダムな誤差を見積もれるようにすることにある．また，代表的な標本であることを保証するのが目的だと言われる場合もある．「代表的」という用語には客観的・技術的な定義はなく，したがって標本が代表的かどうかは数学の問題ではなく判断の問題（仮にそういうものがわかるとすればの話だが）である．たしかに，標本が十分に大きくなれば，一般に標本推定値は母集団の値に近くなる傾向がある．しかし，「代表的」という語は曖昧であり，無作為抽出を行っても偏った標本になりうるということは銘記しておかなければならない．

バイアスの問題

単純無作為標本抽出の場合，偶然の要因に基づく誤差については数学的な理解がよく進んでおり，誤差を推定することもできる．標本抽出誤差に影響する主な決定因子に関してはすでに議論した（第3章を参照）．バイアスは扱いがずっと難しく，測定できないことも多い．そのため，注意を向けられることが標本抽出誤差よりは少なかった．バイアスには主として3つの種類がある．すなわち，(i)選択バイアス（selection bias），(ii)非回答バイアス（nonresponse bias），(iii)回答バイアス（response bias）の3つである．

選択バイアスを示す統計学者お気に入りの例は，1936年のリテラリー・ダイジェスト（Literary Digest）による世論調査である．同社は，この年に行われる大統領選挙でランドン（Alfred Landon；共和党）候補がローズヴェルト（Franklin Roosevelt；民主党）候補を破るだろう，と予測した．この予測は，1000万人を対象に質問票を使って実施した世論調査に基づいている．そのうち240万人が回答しており，世論調査としては空前の規模のものであった．しかし予測は大外れだった．その理由は，調査対象になった人々の氏名や住所は電話帳やクラブ会員リストといった情報源から収集されていて，貧しい人々は調査対象になりにくかったからである（当時，電話を持っているのは4世帯に1世帯だけであった）．貧しい人々のうち圧倒的多数はローズヴェルトに票を投じたのである．

世帯へのインタヴュー調査を含む裁判例として，製糖会社のアムスター社（Amstar Corp.）がドミノ・ピザ社（Domino's Pizza, Inc.）を訴えたという事件がある．ピザの名称として「ドミノ」を使用することが，アムスター社が権利を持っている商標名「ドミノ・シュガー」を侵害する，という主張である．法律上問題になるのは，ピザの購入者が「ピザの会社が砂糖も作っている」と考えるかどうかである．アムスター社は10都市（そのうちドミノ・ピザの店があったのは2都市だけだった）の525名を対象に調査を実施した．インタヴューされたのは，日中家にいた女性で，家族の食料を購入するのは自分の担当だと答えた人たちであった．ドミノ・ピザの箱をその人たちに見せたところ，44.2%の人が「ピザの会社が他の商品も作っていると思った」と答えた．そのうちの72%（全回答者の31.6%）は，「ピザの会社が砂糖も作っていると思った」と答えている．控訴裁判所は，この調査を消費者の誤解を

証明するものとしては受け入れなかった．その理由の1つは，インタヴューの対象となった女性はピザの購入者ではなく，2都市を除くいずれの都市でもドミノ・ピザを買える人はいなかった，ということにあった[4]．

　選択バイアスは，法学で盛んになりつつある法制度の統計的研究でも問題になりうる．例えば，コロンビア・ロー・スクールのジェイムズ・リーブマン（James Liebman）教授とその共同研究者は死刑事件に関する重要な研究を行っているが，そこでは1973年から1995年の間に下された5800件以上の判決が調査対象になっている．死刑判決の破棄率がなんと68％に達すると報告されたとき，この研究は国内のニュースで大きく報じられた．破棄された事件のほとんどは，とんでもなくひどい弁護や検察の不手際によって引き起こされたものだった．だが，この知見に対して疑問符をつける問題点があった．それは，研究の対象となった期間が終了した1995年時点で，相当な数の事件がまだ係争中だったのである．統計用語では，そのような事件は「打ち切りになった（censored）」と言う．というのは，ある出来事（ここでは研究対象期間の終了）が介入したために結果が不明なままになっているからである．リーブマンらはどうすべきか考えた末，打ち切り例を除外することに決めた．この方法は簡明性という点でメリットはあるものの，バイアスが生ずるリスクが出てくることになる．大きな懸念は，もし時間がより長くかかっている裁判やより最近の判決での破棄率が低くなっていたとすれば，68％という数字は打ち切り例を除外したために上方にずれていた可能性があろう，ということである．

　通常，統計の専門家は次のいずれかの方法によってそのようなバイアスを矯正しようとする．(i)結果が観測された事例を使って打ち切り例の結果を推定する．または，(ii)打ち切り例の結果を推定するかわりに，観測された結果のみに基づく統計量を用いるが，そのままではバイアスが含まれるので，バイアスを除去するため観測結果に重み付けを施す．以下では，リーブマンの研究で(i)の方法が適用された場合にどのようになるかを説明しよう．まず，すべての打ち切り例を裁判開始時の順に並べる．例えば，1980年に開始された裁判が最も古いグループであるとしよう．調査が終了した1995年の時点では，これらの裁判は15年経ってもまだ係属中だったということになる．このグループに属する裁判例が15年経過後に破棄される確率を推定するために，一群の「参照裁判例（reference cases）」での破棄率を見る．参照裁

判例となるのは，1980年以前に開始し，15年以上続いた裁判である．打ち切り例となった裁判の中で最も古いものが1980年開始なので，これらの参照裁判例はいずれも結果がわかっている．そこから導かれる破棄率を1980年開始の打ち切り例に当てはめ，そのグループの破棄の件数を補定するのである．このアプローチが実質的に仮定しているのは，裁判結果に関して見れば，打ち切り例は15年以上続いた全裁判例の中から無作為に取り出されたものとみなせる，ということである．次いで，打ち切り例の中で次に古いグループへと進む．このグループの裁判は1985年に始まっており，10年後の1995年時点（調査終了時）でも係属中だったとしよう．このグループの破棄率を推定するためには，1985年よりも前に始まり，かつ10年以上続いた裁判例を参照することになる．ところが，参照裁判例の中には，結果がわかっているものもあれば，打ち切りになっているもの（1980年開始グループ）もあるだろう．1985年開始グループの参照裁判例の破棄率は，「結果が判明している裁判での破棄数」と「第一段階で1980年開始グループについて補定された破棄数」の合計を参照裁判例全体の数で割った数字として計算される．この率が1985年開始グループに当てはめられ，当該グループでの破棄数が推定される．このように，1985年開始グループにおける推定値は，それ以前のグループにおける推定値をもとに算出される．以降の各グループでもこの方法を適用し，すべての打ち切り例のグループでの推定が完了するまで続けていく．そして，「結果が判明している裁判での破棄数」と「打ち切り例について補定された破棄数」の合計を裁判の全件数（結果が観測された裁判例と打ち切りとなった裁判例の両方）で割れば，破棄率の推定値を導き出すことができる．

　打ち切りとなったデータに対処するもう1つの方法は，今述べたように，観測された裁判例の結果を重み付けし，それらに基づく推定値のバイアスを軽減または除去する方法である．一般に，あるデータセットの観測値の一部に欠損がある場合，観測データに対して割り当てる重み（ウェイト）として統計の専門家がよく使うのは，データが観測される確率の逆数，つまり，欠損とならない確率の逆数である．そのロジックは次の通り．ある裁判結果が20％の確率で観測されるとしよう．すると，この裁判，そして同様に観測される裁判のそれぞれについて，欠損となってデータには表れていない裁判が1件あたり平均4件ずつ存在していることになる．したがって，観測された裁判はそれ自身およびこれら4件を「代表」しているはずだから，$1/0.2 = 5$

という値で重み付けすべきことになる．打ち切りが起こる各時点で観測される確率は，観測された裁判から推定される．先に触れた死刑判決の破棄率に関する研究では，どちらの方法を使っても同じ結論になる[5]．

　これらの方法は，立証できない欠損データに関する仮定を含んでいることが多いため，疑義が差し挟まれるかもしれない．今の例で鍵となっている仮定は，時間的同質性(time homogeneity)，すなわち，裁判の係属していた期間と破棄率が裁判開始時とは統計的に独立である，という仮定であった．このような仮定に疑問が残る場合，この問題に対処するために改良された方法がいくつかあり，統計の専門家はそれを使うことがある．しかしいずれにせよ，たとえ仮定が完全には満たされないとしても，ここで説明したように打ち切り例を考慮すれば，単純に打ち切り例を無視してしまうよりはバイアスが一般に少なくなるはずである．死刑判決の研究においては，単に打ち切り例を除外するのではなくそれらを考慮してデータを調整した場合，破棄率は62％に低下する．このことが示しているのは，研究の基本的な主張に影響するほどではないが，いくらかのバイアスが存在していたということである[6]．

　欠損情報や非回答の問題は，標本をとる調査や回答を求める調査に特有の問題である．非回答者が重要な点で回答者と異なっていれば，標本から得られた結果にはバイアスが生ずる．先に述べたリテラリー・ダイジェストの世論調査では，シカゴの登録有権者の3分の1を対象にして質問票を郵送するという調査を別途行っていた．約20％の人が回答し，そのうち過半数がランドン支持と答えている．しかしシカゴにおける実際の選挙では，ローズヴェルトが3分の2の票を獲得する大差で勝利した．この調査でも，非回答は明らかに大問題だったのである．

　非回答が問題になっているか否かをテストする方法として考えられるのは，回答者と非回答者に関してすでにわかっているある量(covariate；共変量)を使って両グループを比較する方法，あるいは，母集団に関してすでにわかっているある共変量を使って回答者と母集団全体を比較する方法である．もし回答者の共変量の値が非回答者または母集団全体と近ければ，非回答や欠損情報によって標本が歪んでいないことを示す一証拠となるだろう．以下，具体例を2つ挙げよう．

　コロラド州のある通信販売会社が，カリフォーニア州で文房具やアイディ

ア商品を販売した．すると，その会社が州内に「実質的な所在(substantial presence)」があったという理由で，カリフォルニア州は当該販売による売上げに対して課税しようとした．会社側は，売上げの一部は卸売りによるものであり，その部分は課税対象ではない，と反論した．自らの主張を立証するため，会社側は通信販売に関する標本調査を行った．その調査では，カリフォルニア州からの注文の中から35件に1件の割合で注文者が抽出され，それらの人たちには質問票が送付され，転売目的か自己使用目的かが尋ねられた．回答率は約60％であった．この会社は，標本における回答をすべての通信販売を代表するものとして扱った．この仮定が妥当であるか否かは，注文の金額や都市といった共変量の分布が回答者と非回答者の双方についてわかっていたため，検証が可能であった．これらの共変量に基づく証拠には，会社側のデータの扱い方を正当化するものもあれば，そうでないものもあった．低額の注文になるほど，非回答者よりも回答者の方が少なくなっており，この差は統計的に有意な差であった．しかし，サンフランシスコ，ロサンゼルス，「その他の都市」からの注文における転売と自己使用の割合は，回答者と非回答者の間でほとんど違いはなかった．裁判所は，標本が統計的な意味で「代表的」であると認めている．

*Rosado v. Wyman*事件[7]では，時間が経過して記録が散逸していたために，無作為標本における生活保護記録(welfare record)のうち62.6％だけしか見つからなかった．それでも裁判所は，平均給与と家族の人数が母集団全体の数値(これは既知)とほぼ同じであることを指摘したうえで，当該標本を証拠として認めた．それに対して，差別が問題になった*E.E.O.C. v. Eagle Iron Works*事件[8]では，現在および過去の従業員のうち60％の人たちについてのデータが代表性に欠けるとして受け入れられなかった．この事例では，人種に関する欠損データはすべて過去の従業員のものだったのである．

多くの研究では必要な標本サイズがあらかじめ計算されており，非回答者がいた場合は回答者で補充する．こうすると標本抽出誤差は減るかもしれないが，非回答によるバイアスは減らない．この問題に対処するためには，非回答者の人数を知る必要がある．

回答バイアスは，回答者から集められた情報が結果を歪めるほど不正確な場合に必ず生ずる．記憶の誤りや回答者自身の誤解のため，あるいは主題がセンシティヴなためにこういったことが起こるかもしれない．例えば，シリ

コン豊胸術を受けた女性が製造元を訴えた事件がある．挿入物からシリコンが漏れ出し，リューマチ性関節炎，狼瘡，その他の結合組織の自己免疫疾患（connective tissue diseases：CTD）を引き起こした，と原告女性は主張した．連邦地方裁判所の裁判官は，科学的問題（シリコンと上記疾患の関連性についての疫学的研究など）を判断するための専門家パネルを選任した．専門家パネルが16件の研究を精査したところ，そのうちの15件では手術を受けた女性のCTDの罹患率は高くなっていなかった．1件（最も大規模な研究）だけが増加を示していたが，病院の記録ではなく女性の自己申告に依拠していたこと，さらには女性が申告していた当時は「シリコン豊胸材がCTDを引き起こす」という主張が広く流布されていたことを理由として，当の著者によって留保が付されていた．疫学的研究や他の証拠をもとに，専門家パネルは「関連性は見出されない」と裁判官に報告した．続々と起こされていた裁判もこれをきっかけに減少していき，係争中の裁判のほとんどは和解で終結した[9]．

より複雑な抽出方法

　大規模で様々な要素から構成される母集団から標本抽出を行う場合，母集団全体からの単純無作為抽出よりも複雑な抽出方法がたいていは必要となる．単純無作為抽出以外の主要な方法としては，「層化無作為抽出（stratified random sampling）」と「クラスター抽出（cluster sampling）」が挙げられる．層化無作為抽出は，母集団をいくつかの層に分割したうえで各層からそれぞれ無作為に標本を抽出し，抽出した標本を結合する，という方法である．理想的にいけば，層は母集団全体よりも同質的になっているため，母集団全体からの無作為標本と比べ，各層からの無作為標本の標本抽出誤差は小さくなる．また，層化抽出は，標本の中に各層が適切に反映されていることも保証する．例えば，国勢調査局は国内の雇用率と失業率を毎月推定しているが，その際に「人口動態調査（Current Population Survey）」と呼ばれる標本調査を使っている．国勢調査局は国全体を800近くに及ぶ層に分けており，各層は互いに類似した人口統計学的特徴を有する市やカウンティからなっている．それゆえ，それぞれの層は国全体と比べるとおそらくより同質的であり，国勢調査局はそれらの層の中で標本を抽出する．次いで，そこから得られた標本が結合され，国や地域の失業率が計算される．

層化抽出では，標本抽出誤差を減らすために，標本が抽出される割合を層によって変える，ということがよくある．会計検査でインボイスを抽出する会計士は，少額のインボイスよりも高額のインボイスの方を高い割合で抽出する（後者の抽出割合は100％になることもある）．少人数クラスにすることの教育効果を調べたある実験で，少人数クラスの学校の標本において都心部の学校が多く選ばれすぎている，ということがあった．そのように選ばれた場合，全体的な数値を推定するためには，分析を行う際に標本抽出の割合の違いを考慮に入れなければならない．そのための方法の1つは，標本として選ばれる確率の逆数で各層を重み付けする，という方法である．この推定値にはバイアスはないが，推定値の分散は大きくなるかもしれない．

　「クラスター抽出」では，特別な抽出単位の集合から無作為標本がまず抽出される．特別な抽出単位は，例えば複数の市のように非常に大きい場合もあるし，市内の一区画のように小さい場合もある．次に，標本となった特別な抽出単位からさらに標本が抽出される．クラスター抽出は，ジッポー社（Zippo Manufacturing Company）がロジャーズ商会（Rogers Imports, Inc.）を訴えた画期的な裁判で用いられている．原告のジッポー社は，ロジャーズ社のライターはジッポー社のライターと似ていて消費者が混同するおそれがある，と主張した．母集団はアメリカ合衆国の大陸部に住む成人の喫煙者（当時1億1500万人）であった．そこで3つの別個の標本調査が行われ，おのおのの約500人からなる標本がクラスター抽出法によって選ばれた．裁判所の認定によれば，標本調査の手続は次の通りである．「国勢調査局から得たデータをもとに，以下の手続で標本が選ばれた．まず53の地区（都市部や，それ以外の地域のカウンティ）が選択され，各地区から100のクラスター———各クラスターは150〜200の居住単位から構成されている———が抽出された．さらに，それらのクラスターの中から約500人が選ばれていた」[10]．

　クラスター内のメンバーは類似する傾向があるため，クラスター抽出による標本は同サイズの独立した標本よりも標本抽出誤差が一般に大きくなる．したがってクラスター抽出は，層化抽出のように標本抽出誤差を減少させる手段ではなく，コストを軽減する手段として使われる．大きな母集団から無作為抽出されたメンバーは広範囲にわたるかもしれず，近くにいるクラスター内のメンバーと比べ，調査するのにずっと多くのコストがかかってしまうのである．

標本抽出誤差を減少させる別の方法として,「割合的抽出(ratio sampling)」と呼ばれる方法がある．例えば，国勢調査局は前記の人口動態調査で割合に基づく推定を用いている．ある月に国勢調査局が10万人の標本をとったところ，そのうち4300人が失業中であったとしよう．標本に含まれているのは全成人[訳注1]の2000人に1人なので，国勢調査局は国全体の失業者数は4300×2000＝8,600,000人であると見積もることが可能である．国勢調査局が実際に行っているのは，標本を部分集団(例えば16〜19歳の白人男性など)に細分化し，標本内の各部分集団の失業率を計算したのち，人口全体における当該部分集団の比率に応じて失業率に重み付けをする，という操作である．各部分集団の比率は標本ではなく国勢調査をもとにしており，若干の調整を経たうえで計算されている．すべての部分集団につき失業率を重み付けて合計した数字が，国全体の失業率となる．割合を利用した手続の長所は,「各部分集団における失業者数」と「当該部分集団の大きさ」は相関している可能性が高いため，それぞれの数字を別々に扱う場合よりも，失業者の割合(当該部分集団の失業率)に置き換えた場合の方がばらつきは小さくなりやすい，という事実にある．それゆえ，割合を使えば推定値の標本抽出誤差が小さくなるのである．

多段階にわたる複雑な標本抽出方法を用いた場合，標本のばらつきを定式化するのがしばしば不可能になる．ばらつきを測定する1つの方法は，標本を様々なしかたで分割したうえで，分割された標本(副次標本)ごとに結果を計算する，というものである．計算結果のばらつきは,「各副次標本での値」と「全副次標本のそれぞれの値の平均値」の差をおのおの2乗して平均をとり，さらに平方根を付した数値で表すのが普通である．この数値によって標本のばらつきを直接に評価することができる．こうした方法は，標本であるか否かにかかわらず，あらゆるばらつきを測定できるという強みをもっている．

標本調査が最も多く登場するのは，商標をめぐる裁判である．調査に欠陥がある場合に，調査が証拠として認められなくなるとすべきか，それとも単に重要性が変わるだけとすべきかという問題に関しては，多くの判例が存在する．グラッサー(I. Leo Glasser)裁判官は*Toys "R" Us, Inc. v. Canarsie Kiddie Shop, Inc.*事件[(11)]において，調査が証拠として採用されるための要件について次のように述べており，これが先例とされることが多い．

「調査の信頼性は，以下の基礎的な証拠によって決まる．(1)『母集団』が適切に定められている，(2)母集団を代表する標本が選ばれている，(3)被面接者ないし回答者に対する質問が明瞭・正確に，かつ誘導にならないように設定されている，(4)本件訴訟または調査の目的に関する知識をもたない適格な面接者によって，しっかりとした面接の手続がなされている，(5)集められたデータが正確に報告されている，(6)一般に受け入れられている統計的原理に従ってデータが分析されている，(7)プロセス全体の客観性が担保されている．」

訴訟のための調査のうち，これらの厳しい基準を満たしているものはそう多くない．

小さな標本

標本のサイズはどれくらい大きくすべきか？　研究を計画する人にとっては，これはよく発せられる問いである．法律家がこの種の問題にぶつかるのは，普通は計画段階ではなく調査の後である．したがって，法律家にとっての問題は，「標本が小さすぎるのはどのような場合か」となる．この問題に対する単純な答えはない．人種差別をめぐる公民権裁判では，たとえ統計的に有意な差が示されているとしても，裁判所は小さな標本を受け入れてこなかった．そして，小さな標本を拒否する際に裁判所が引用するのは，「標本サイズが小さいといった考慮要素は，当然そのような(統計的)証拠の価値を減じうる」という最高裁判所の判決である[12]．確かにその通りだが，標本が小さすぎるとされる境界はどこにあるのかという問題は謎のままである．裁判所がときどき使っているのは，「1件または2件のデータが変わるとパーセンテージの比較結果が大きく変わってしまうという場合，標本は十分でない」という基準(「1個替え」「2個替え」ルール)である．この基準は主観性を一歩後退させるだけである(「大きな変化」とは何だろうか？)．「同じデータでも，別の標本を使うと結果がたまたま大きく異なってくることもある」という事実を踏まえて1個替えルールが用いられているのだとすれば，そのような不確実性を表現して統計的有意性をテストするための定石は信頼区間の計算のはずである．たいていのケースでは，1個替えによる変動分と比べると，さらには2個替えによる変動分と比べても，95％の信頼区間の方が

ずっと大きい.

例えば，黒人の従業員が業務時間外の違法な行為を理由として解雇されたという事件がある．彼は，その点に関する会社の方針が黒人に対する間接差別(disparate impact)にあたる，と主張して訴訟を起こした．そこで専門家証人は，不正行為によって解雇された100名の従業員に関する人事データを精査した．業務時間外の不正行為を理由に解雇されたのは18名，黒人はそのうち6名であった．したがって，当該理由により解雇された人の33％が黒人である．一方，職場の従業員に占める黒人の割合は4.6％にすぎなかった．控訴裁判所は，黒人を1名または2名取り除けばパーセンテージが「大きく(significantly)」変わるから，間接差別を認めるには標本が小さすぎる，と判示した[13]．これに対して，業務時間外の違法行為により解雇された従業員の中で黒人が占めるパーセンテージの95％信頼区間は約12〜55％である．この12％という数字は，黒人のうち4名を白人に入れ替えた場合の数字とほぼ同じである．信頼区間の下限でさえも職場の黒人の割合である4.6％を優に超えているので，人種による差異は統計的に有意なのであり，1個替えまたは2個替えの効果をなぜ裁判所がそれほど重視したのかは理解しがたい．

1個替えルールは，偶然による変動を考慮するための粗っぽい方法である．このことを認識すれば，ある裁判所が行ったように[14]，1件または2件のデータが変わる様子を仮に考えて(偶然による変動を考慮)，その後で新しいパーセンテージを使って有意性をテストする(偶然による変動を再び考慮)，というのは補正しすぎであることがはっきりとわかる．

小さな標本でも統計的に有意であれば常に十分だと言っているわけではない．統計的に有意であっても，標本サイズが小さいために不十分だという状況もある．例えば，ユダヤ教の組織で働いていたユダヤ正教徒の従業員たちが解雇され，正教に対する差別だとして使用者である組織を訴えた，という裁判例がある．そこでは47名の従業員がいたが，そのうちの5名がユダヤ正教徒であった．解雇されたのはユダヤ正教徒3名とその他の従業員4名である．ユダヤ正教徒の従業員の解雇率(60％)とその他の従業員の解雇率(9.5％)の差異は，統計的には有意性が高い($P=0.012$)．それゆえ，ユダヤ正教徒と非ユダヤ正教徒の解雇されやすさが同じであると仮定すると，偶然それほど多くの正教徒が解雇されるというのはありそうにない，ということになる．しかし関係していた正教徒は3名だけだったので，「法的に許容さ

れる個人的な解雇事由ではなく，正教徒に共通する何らかの宗教的要素に基づいて解雇が行われた」ということをこの統計のみに依拠して説得的に主張するのは無理だった．このように，本件の偏った分布は統計的に有意ではあったものの，法的には必ずしも意味をもっていなかった．結局裁判所は請求を棄却しなかったが，その際裁判所は統計には頼らず，正教徒に対する敵意を示す会社役員の発言を根拠とした．

　一般的には標本抽出は裁判所に受け入れられてきたが，憲法や法令に反映されている根強い伝統的法思考と衝突する場合には受け入れられていない．国勢調査に関する法令では標本抽出が禁じられているということはすでに述べた．他の例としては，企業による大規模な不法行為(mass tort：被害者が多数にのぼる不法行為)が挙げられる．いくつかの大規模不法行為事件では，次々と押し寄せる一連の訴訟に対処するため，裁判官たちは，事件の無作為抽出を行って結論を全部の事件にも適用するという方策をとろうとした．アスベストへの曝露によって健康被害や死亡事故が生じたとして，製造業者やサプライヤーを被告とする訴訟が何千件も提起されたが，ロバート・パーカー (Robert Parker) 連邦地方裁判所裁判官は，それらの裁判の損害賠償額の部分に関して賢明にも上記の方策をとっている．まず，5つの疾病カテゴリーのそれぞれについて15〜50件の標本が無作為に抽出された．そのように抽出された事件の賠償額を陪審が審理し，次いで賠償額の平均値がカテゴリーごとに算定され，同じカテゴリーに属する残りの事件にもその賠償額が適用された．トライアルの後，パーカー裁判官は特別な審理を行い，抽出された事件が同じカテゴリー内の事件を代表しているか否かが検討された．統計の専門家は，標本および原告全体の共変量(12のカテゴリー化するために用いた12個の変数)がどのくらい適合しているかを調べる検定では十分に高い信頼水準を示した，と証言している．被告も母集団と標本のデータを持っていたが，反論のための分析は何ら示していなかった．標本は実際にカテゴリーを代表していると裁判所は結論付け，評決通りの判決を下した．ところが控訴裁判所は次のように判示した．こうした外挿に基づく判断は，損害賠償額について個々に陪審の審理を受けられる憲法上および州法上の権利を奪うものである[15]．このアプローチの賢明さにもかかわらず，大規模不法行為訴訟という特異な問題に対処する方法として標本抽出の利用を認めた控訴裁判所はまだない．

第9章　疫学

　疫学は，人間の疾病の分布や原因を研究する学問である．疫学は，観察的研究と呼ばれるものを利用する．観察的研究(observational study)という名前が付けられているのは，実験データを作り出すのではなく，既存のデータを集めて調査するからである．この調査では，曝露群と非曝露群の罹患率の比較が行われる．すなわち，観察的研究では，人為的でない自然の変動を利用して，因果関係の情報を引き出したり，検証したりするのである．本章では，疫学的研究で使われる2つの重要な種類の方法について概説する．これらの研究は，裁判でも用いられている．さらに，それらの研究から因果関係について推定を行う際に生じるいくつかの重要な問題についても説明する．

コーホート研究

　疫学的調査の中で最も信頼性が高いのは，「コーホート研究」(cohort study)である．この研究では，「曝露群」[訳注1]と「非曝露群」が定義され，それらの間で疾病への罹患について比較をする．比較は通常，相対リスク(relative risk：相対危険度)を計算することで行われる．相対リスクとは，曝露群における罹患率を，非曝露群における罹患率で割ったものである．代わりに，曝露群における罹患率と，同じ群における期待罹患率(母集団で得られた罹患率に基づいて算出される罹患率の期待値)とが比較されることもある．相対リスクが1よりも有意に大きい場合，曝露と疾病の間に関連性があると言える．この関連性は(バイアス・交絡・偶然の産物でない限り)，曝露が当該疾病の原因であるということの証拠，もっと詳しく言えば，曝露群において症例が多いことの原因が曝露であるということの証拠となる．この

ようにして推定される因果関係は,「一般的因果関係」(general causation)と呼ばれる.このような推定が受け入れられやすいのは,ブラッドフォード・ヒル(Bradford Hill)の基準として知られる,一定の基準を研究が満たしている場合である.この基準については,本章で後に議論する.訴訟において因果関係が問題になる場合,さらなる問題がある.それは,原告が属するのは,曝露があってもなくても疾病に罹患していたであろう集団(ここでは「ベースラインの部分集団」と呼んでおく)か,曝露によって疾病が引き起こされた集団(ここでは「増加分の部分集団」と呼んでおく)か,という問題である.法の分野においては,この問題は「特定的因果関係」(specific causation)の問題と呼ばれる.また疫学においては,これは曝露群における「寄与リスク割合」(attributable risk)と呼ばれる.寄与リスク割合は,曝露して疾病に罹患した集団全体の中での,増加分の部分集団の割合である.すなわち,曝露して疾病に罹患した人々の中で,曝露していなかったら疾病への罹患が避けられたであろう人々の割合のことである.またこれは,曝露して疾病に罹患した人を1人,無作為に選んだときに,増加分の部分集団に入っている確率でもある.

　寄与リスク割合は 1－(1/相対リスク)となることが,単純な計算でわかる[訳注2].この公式からわかるように,相対リスクが2より大きいならば,無作為に選ばれた原告について,その疾病が曝露によって引き起こされたものである可能性が,そうでない可能性よりも高くなる.これを,特定的因果関係についての一応の(prima facie)証明ができたと言えるための十分条件だとすべきか否かということが,法学者たちによって議論されてきた.相対リスクが1と2の間の場合は,原告が増加分の部分集団に属しているという認定のためには,他の具体的な証拠が必要であるとされている.相対リスクが1と有意に差がない場合(すなわち,曝露と疾病の間に関連性がない場合),この関連性がないという疫学的証拠は,「切り札」となって他の証拠による証明を排除するだろうか.前述したように,疫学的証拠が高い検定力を持っていてかつ因果関係を否定するものである場合は,因果関係を証明するために提出された特定の専門家証言が,裁判所により排除されたことがある[1].

　以下では,コーホート研究の例を2つ挙げよう.1950年代に,アメリカ合衆国連邦政府は,ネヴァダ砂漠で地上核実験を行った.放射性降下物は東のユタ州まで風で流された.そして,ユタ州の南部や東部の17のカウンティ

が，アメリカ合衆国政府作成の地図で，「高濃度放射性降下物」で汚染されたカウンティと称されることになった．この放射性降下物により，がんでの死亡が引き起こされたとして，政府に対して訴訟が提起された．子どもの白血病での死亡に関する疫学的研究が，高曝露群と低曝露群を用いて行われた．高曝露群は，高濃度放射性降下物に汚染されたカウンティに住んでおり，当該核実験の期間中に14歳以下であった子どもたちから構成されていた．また低曝露群は，同じくこれらのカウンティに住んでいるが，当該核実験よりも十分に前か後に生まれており，実験期間中には14歳以下ではなかった子どもたちから構成されていた．この2つの群について，14歳までに，白血病で死亡した人数が数えられた．そして，各群について，死亡数を当該群における観察人年 (person-year)[訳注3] で割ることで，死亡率が計算される．(それぞれの年における各群の観察人年は，当該群において各年に死亡した人数のことである．) 高曝露群の白血病での死亡率は10万観察人年あたり4.42人であり，低曝露群は10万観察人年あたり2.18人である．相対リスクは，4.42/2.18＝2.03である．したがって，この研究が正しいとするならば，高曝露群における白血病による子どもの死亡のうち，政府の核実験によって引き起こされたものは50％強である．連邦地裁は，政府は白血病による死亡すべてに賠償責任を負うとした．その根拠は，政府が「危険を実質的に増大」させたから，ということであった．しかし，控訴審で判決は覆された．その理由は，当該核実験は，政府の裁量権の範囲内であり，このようなものに対する訴訟は連邦不法行為請求法で許されていない，というものであった[(2)]．その後アメリカ合衆国議会は，補償を行うことを可決した．

　ロサンゼルスの近くの小さなコミュニティでは，神経芽細胞腫(胎芽の極めて稀な形態のがん)で死亡した子どもの親が，エアロジェット・ジェネラル社 (Aerojet-General Corp.) というロケットの燃料を製造する会社を訴えた[(3)]．親たちの主張は，自分たちの子どもの死亡は，当該会社が排出した発がん性物質により引き起こされたものである，というものだった．原告側の専門家証人は，疫学的研究を行った．この研究は，当該コミュニティの白人の子ども［曝露群］における，神経芽細胞腫の4つの症例の発生と，曝露していない複数のカウンティ［非曝露群］における，神経芽細胞腫の症例の率とを比較するものだった．この専門家証人は，次のようにして比較するカウンティを探した．まず，連邦のがん登録 (SEERカウンティと呼ばれる[訳注

[4]）から，がんデータが利用可能な421個のカウンティを取り出した．そしてその中から，性別・年齢・人種・学歴・貧困線[訳注5]以上の収入・家計の収入の中央値という人口統計学的な要因が，曝露したカウンティとマッチする（±３％）カウンティを選び出そうとした．しかし，そのようなカウンティは存在しなかったので，人種と家計の収入の中央値の一致についての基準を緩めて，比較するカウンティを見つけ出した．こうした作業の後，相対リスクが計算された．比較する複数カウンティを様々に変えて計算したところ，相対リスクは4.47から12.52の範囲となり，いずれの場合も統計的に有意であった[4]．最終的にこの事件は，2500万ドルで和解が成立した．

症例対照研究

　もう１つの研究方法は，「症例対照研究」（case-control study）である．この研究方法において，症例群は，疾病に罹患している人々から構成される標本である．対照群も，症例群と同様，人々から構成される標本であるが，疾病に罹患していない人々である点が違う．そして，それぞれの群の曝露歴が比較される．症例対照研究を使う理由は，疾病が稀な場合，率比［相対リスク］の推定値を信頼できるものにするのに十分な数の症例を得ようとすると，コーホート研究では追跡調査する標本（曝露群と非曝露群）が，非常に大きなものになってしまうからである．疾病に罹患した人々を初めから使うことで，症例対照研究はデータ収集の点ではより効率的である．しかし，症例対照研究には２つの問題がある．結果の解釈と，適切な対照群の発見という問題である．

　症例群と対照群の標本から，曝露の後ろ向き（retrospective）相対リスクを計算できる．これはすなわち，疾病に罹患した人々における曝露の率を，疾病に罹患していない人々における曝露の率で割ったものである[訳注6]．この曝露の相対リスクは，後ろ向きである．なぜなら，疾病から曝露へと因果関係の順序を後ろから遡って見ているからである．しかし通常の場合，我々が関心があるのは，曝露を前提とした疾病の相対リスクである．これは，原因から効果へと前から順に見ているので，前向き（prospective）のものである[訳注7]．まず疾病に罹患した症例群と疾病に罹患していない対照群の選択から始めるという研究方法のため，症例対照研究では，疾病への罹患の確率に関する前向きの統計数字を計算することができない．疾病に罹患した人々と

罹患していない人々の数は研究の設計によって決まり，曝露の結果によって決まるわけではない．しかし，後ろ向きオッズ比は計算できる．これは例えば，疾病への罹患を前提とした曝露のオッズを，疾病への非罹患を前提とした曝露のオッズで割ったものである[訳注8]．この後ろ向きの統計数字も，それほど関心のあるものではない．ただ，後ろ向きオッズ比は前向きオッズ比[訳注9]と等しい，という便利な数学的事実がある[訳注10]．すなわち，疾病への罹患と非罹患を前提とした曝露のオッズ比は，曝露と非曝露を前提とした疾病への罹患のオッズ比と等しい．前向きオッズ比は，我々が得たいものに近い．最後のステップは次のようなものである．前に[69頁]で述べたように，曝露した集団でも非曝露の集団でも疾病が稀な場合(実際たいていの症例対照研究では稀である)，前向きオッズ比は前向き相対リスクとほぼ等しい[訳注11]．そしてこの前向き相対リスクは，これまで見てきたように，因果関係の推定の基礎となるものである．

　症例対照研究における基本的な問題として，対照群の選択に関する次のような問題がある．すなわち対照群においては，疾病への罹患の確率に関連するものすべて(曝露歴以外)が，症例群とマッチングするように選択しなければならないという問題である．これにより，次節で扱うバイアスと交絡の問題が発生する．ここでは，これらの問題が生じる可能性のあった2つの例を挙げる．

　ダルコン・シールドと呼ばれる子宮内避妊器具が，骨盤内炎症性疾患(PID)を引き起こす可能性があるということを信じて多くの訴訟が提起され，その関連で症例対照研究が行われた．そのような研究の1つでは，症例群と対照群が，1976年10月から1978年8月までの間にアメリカ合衆国の9つの都市の16の病院から退院した女性の標本から構成されていた．症例群は，PIDの退院時診断を受けた女性であった．そして対照群は，婦人科系の病気に罹患していないという退院時診断を受けた女性であった．PIDの病歴や，妊娠の可能性を下げ得る他の病気の病歴を持つ女性は，症例群と対照群から除かれた．この研究では，ダルコン・シールドとPID罹患の間の関連性が強く支持された．PIDに罹患した女性のうち，ダルコン・シールドを付けている者と，その他の子宮内避妊器具を付けている者のオッズは，0.23であった．それに対して，PIDに罹患していない女性の場合には，このオッズは0.045であった．よってこのときのオッズ比は0.23/0.045≒5である．このことから，

ダルコン・シールドを付けている女性についてのPID罹患のオッズは，その他の子宮内避妊器具を付けている女性についてのPID罹患のオッズの，約5倍であるということもわかる[訳注12]．これは，因果関係を示唆する強い研究結果である．しかし，症例群と対照群が適切にマッチングしているか，という問題が存在する（次節で議論する）．

1983年に，イギリスのテレビ番組において，シースケール（Seascale）という小さな村に住む若者の間で白血病による死亡が5件，集団発生したという報道がなされた．この村は，イングランド北西端のウェスト・カンブリアにあるセラフィールド（Sellafield）核燃料再処理工場から，南に約3kmのところにあった．全英の死亡率に基づけば，0.5件の死亡しか起こらないはずであった．シースケールに住む男性の多くは，セラフィールド再処理工場で働いていた．マーティン・ガードナー（Martin Gardner）教授は，次のような説明を提案した．すなわち，セラフィールドの工場で働いていた男性に対する，母親受胎前の父親の被曝（preconception paternal irradiation：ppi）が，精原細胞に突然変異を引き起こし，それによってこうした男性の子どもは白血病や非ホジキンリンパ腫（Non-Hodgkin lymphoma）に罹患しやすくなった，という説明である．この理論に基づき，当該核燃料再処理工場に対して訴訟が提起された．

この白血病等に関するガードナーの仮説を検証するために，症例対照研究が行われた．対象となったのは，1950～1985年の期間にウェスト・カンブリア保健区（health district）で生まれ，かつ同区内で白血病と診断され死亡した，46人の若者であった．データ収集が開始された後，例外が1件生じた．シースケールで生まれたが，ブリストル（Bristol）の大学に通っていたためブリストルで白血病だと診断された者を，症例の1つとして含めたのである．各症例とマッチする対照群としては，エリア対照群とローカル対照群の2つがあった．エリア対照群は，当該症例の者がウェスト・カンブリアの出生登録簿へ記載されて以降の直近の4例，および記載される以前の直近の4例から構成された．そしてそれら8例は，当該症例と同じ性別で，対照群として適切な標本と判断されたものであった．それに対してローカル対照群では，対照群の母親の居住地（行政教区[訳注13]）が，当該症例の者の居住地とマッチングされ，それ以外の点については，エリア対照群と同一の手順が踏まれている．ローカル対照群から排除されたものの例としては，以下のものがあ

る．すなわち，例外として症例に含められた，ブリストルで白血病だと診断された男性の若者に対する対照候補8人が排除された．その理由は，医師による出生登録が，ウェスト・カンブリア外のものだったからだと思われる．なおその8人のうち，父親がかつてセラフィールド再処理工場で働いたことのあった者は7人いた．こうしてローカル対照群とエリア対照群を作成した後，これらの対照群に含められた若者について，母親受胎前の父親の放射線被曝量が，症例群と比較された．（セラフィールド再処理工場で働いていた父親たちは個人被曝線量計を身に着けていたため，被曝量についてより正確に知ることができた．他の場所で働いていた父親については，被曝量は0と仮定された．）

　オッズ比は高い値となった．ローカル対照群を使った計算の1つでは，少なくとも100ミリシーベルトの放射線を浴びた父親の子どもが白血病で死亡するオッズは，そうした被曝をしていない父親の子どもが白血病で死亡するオッズの，8倍以上であった．それにもかかわらず，裁判所はガードナーの仮説を認めなかった．その主な理由は，生物学的にもっともらしい説明となっていないからというものだった．因果関係を判断する際のこうした要素の役割については，次節で議論する．

　先に108頁で述べたエフェドラの事件において，原告側の専門家証人がとりわけ依拠したのは，症例対照研究であった．この研究では，脳卒中で入院しており，脳卒中を起こす前の2週間の間にダイエット薬を飲んでいたか否かがわかっており，かつ飲んでいた場合どんなダイエット薬かということがわかっているような，702人の患者が調査登録された．患者が調査登録されるとすぐ，無作為に電話をかけて，マッチングしており（性別，年齢，地理的要素が同じだが脳卒中にかかっていない），ダイエット薬に関する同様の質問に答えてくれた対照群の標本2つが探し出された．このデータから調査者が計算したところ，後ろ向き調整オッズ比[訳注14]は5を超えた．これはすなわち，脳卒中に罹患した者のエフェドラの使用のオッズは，脳卒中に罹患していない者のエフェドラの使用のオッズの5倍を超えるということである[訳注15]．したがって，本件訴訟での関心事項である前向きオッズ比に直すと，次のように言える．すなわち，エフェドラを使用した者の脳卒中への罹患のオッズは，エフェドラを使用していない者の脳卒中への罹患のオッズの5倍を超えるということである[訳注16](5)．

バイアスと交絡

　疫学は，すぱっと切れ味鋭く因果関係を見抜く道具ではない．症例対照研究は特にバイアスの影響を被りがちである．なぜなら，疾病以外のすべての点で症例とマッチングする対照を見つけることは，困難だからである．これよりもコーホート研究の方がよい場合が多い．それは，曝露しているか否かのみが異なる群を（疾病が進行する前に）定めるのが容易だからである．しかし，コーホート研究でさえも，研究で発見された関連性は，因果的なつながりによるものではなく，バイアス・誤差・交絡・偶然の産物かもしれない．以下では，こうした問題のいくつかの例を挙げる．

交絡（confounding）

　第2章65頁で見たように，40ヵ国のデータにおいて，卵の消費と虚血性心疾患の間に関連性があった．しかしこの関連性は，肉の消費などの「交絡因子」が卵の消費と虚血性心疾患の両方と関連性がある，ということを意味しているにすぎないかもしれない．交絡因子の問題は，平均（この例では国単位）に基づいた関連性を使って個人に対する因果関係を推定するといった，生態学的研究で特に深刻である．

選択バイアス（selection bias）

　症例群や対照群の選択の仕方が，それらが代表しているはずの母集団とまったく違ったものになるような仕方になっているかもしれない．ダルコン・シールドの事例では，研究が行われたのは，ダルコン・シールドに関する悪い評判が広まって，ほとんどの女性が付けるのをやめた後だった．研究時にダルコン・シールドを依然として付けていた女性は，対照群の女性よりも健康に無頓着であった可能性がある．そしてこのことにより，ダルコン・シールドを付けている女性についての骨盤内炎症性疾患（PID）罹患のオッズの方が，付けていない女性についてのPID罹患のオッズよりも高いわけが，少なくとも一部説明できる．しかし他方で，ダルコン・シールドによってPIDに罹患した女性の多くは，研究対象の選択時よりも前に既にダルコン・シールドを付けており，そうした人々を研究から排除すると，ダルコン・シールドとPID罹患の間の関連性を低く見積もることになってしまう，と論

じることもできる．どちらの場合も，症例群が，それが代表しようとしているダルコン・シールドを付けている女性の母集団を，適切に反映していないかもしれない．

セラフィールド再処理工場の事例では，裁判所は，様々な理由を挙げて，ガードナーの仮説は，証明が不十分として採用しなかった．それらの理由の1つは，このような事例で一般的に見られる，次のような重要な問題を反映したものだった．すなわち，調査対象となった白血病の発生の増加は，テレビ番組や先行研究によって，前もってある程度特定されていたという問題である．原告側も被告側も，発生の増加がまったくの偶然によるものだと主張することはなかった．しかし，白血病の発生の増加が知られていて，かつ原子力施設で働いていた者が多い地域を事後的に選択することで，子どもの白血病罹患と原子力施設での父親の被曝の間の関連性の程度を，増加させていたのかもしれない．これは，テキサスの狙撃兵の誤謬(Texas sharpshooter fallacy)の話に似ていると思われる．これは，納屋の壁に向かって適当に銃を撃ち，その後で銃痕の集中部分の周りに的を描くことで自分の技量を偽った，「狙撃兵」の話である．

神経芽細胞腫の事例では，選択バイアスの問題が当事者の専門家証人によって議論された．被告側の専門家証人が，原告側の専門家証人の研究では，次の2つの理由からテキサスの狙撃兵の誤謬が発生しており，科学的妥当性に欠けると主張したのである．その理由とは，本件コミュニティで神経芽細胞腫の症例が多いことを知って訴訟をすることを目論んだ原告の弁護士が，原告側の専門家証人に本件研究をさせたということ，および当該有害物質への曝露と神経芽細胞腫の間の関係についての報告はそれ以前には存在しないということであった．反対訴答において，原告側の専門家証人は，研究に弱点があることを認めた．それは「疾病の原因についての仮説の形成や，調査対象領域の選択のいくつかが，手近な症例の数についてのインフォーマルな知識によってなされたかもしれない」という弱点である．しかし，原告側の専門家証人は，次のような主張をした．まず，当該汚染物質が(神経芽細胞腫を含む)がんを引き起こす，ということは以前から知られていた．また，調査対象領域の選択は有害物質の場所と量に基づいて行われ，当該疾病の空間的な本件分布パタンに基づいて行われたわけではない．

回答バイアス(response bias)

このバイアスは,調査対象者が調査者の質問に不正確に回答する場合に生じる.セラフィールド再処理工場の事件では,裁判所は,母親受胎前の父親が浴びたX線が,後に生まれた子どもの白血病への罹患に与える影響についての研究の価値を割り引いた.その理由は,X線に関する情報は,母親に思い出してもらって得たものだからである.こうした場合,白血病に罹患した子どもの母親の方が,普通に成長した子どもの母親よりも,X線について思い出す可能性が高いかもしれない.

診断バイアス(ascertainment)

環境因子やリスク因子と関連した疾病への罹患の報告件数の変動は,実はその疾病の診断や分類の正確さの変動によるものかもしれない.1976年に,ニュージャージー州のフォート・ディクス(Fort Dix)で豚インフルエンザが流行した後,連邦政府は大規模な予防接種計画を開始した.約2ヵ月後,予防接種の後に,ギラン・バレー症候群(Guillain-Barré Syndrome: GBS)という稀な神経疾患の症例が報告されると,計画の一時停止が宣言された.連邦政府は,予防接種によってGBSになった者に対して,補償を行うことに同意した.それに関する1つの事件では,原告のルイス・マンコウ(Louis Manko)という者が,予防接種後,約13週間でGBSに罹患した.これは,予防接種計画が停止されてから,1ヵ月以上後のことだった.予防接種と急性発症の間の時間が異常に長期であったため,連邦政府は,予防接種がマンコウのGBSを原因となったということを否定し,補償を拒否した.マンコウのGBSが発症した時,予防接種を受けた者のGBS罹患と予防接種を受けていない者のGBS罹患の相対リスクは,原告の計算によれば,4に近かった.しかし,相対リスクが高かった1つの理由として,予防接種計画の一時停止後,予防接種を受けていない人々の間のGBS罹患率が急減したということがあった.もし一時停止前の罹患率を使用していたら,相対リスクは2未満となっていた.両当事者は,GBS罹患率急減の理由が過小報告にある,ということに同意した.過小報告の理由は,GBSは非常に稀な疾病で,診断するのが難しく,予防接種計画の一時停止後はGBSに注意が払われることがもはやなくなった,ということであった.原告側の専門家証人は,高い方の相対リスクがそれでも正しいと論じた.同じようなGBSの過小報告は,予防接種を受け

た症例群でも存在するから，というのがその理由であった．しかし，これはありえないと思われる．症例を報告すれば補償が支払われるからである．しかしながら，連邦地裁は，この争点に関してはマンコウ側の主張を認めた(6)．

関連性 対 因果関係

関連性から因果関係を推定することが理に適っているかどうかは，疫学研究において大きな問題である．この問題を解決するために，提唱者の名を取ってブラッドフォード・ヒル(Bradford - Hill)の基準(ヒルの基準)と呼ばれる，一般的な指針を，疫学者は参照する．これは，神秘的なものでも何でもなく，常識を整理したものに過ぎない．以下，この基準の内容を説明する[訳注17]．

関連性の強固さ(Strength of association)

曝露に関する相対リスクが大きくなるほど，それが未知のバイアスや交絡によるものである可能性は低くなる．しかし，症例の数が少ないため当該関連性を偶然のみで説明できてしまうような場合には，相対リスクが大きくても，因果関係の証拠としては弱いかもしれない．標本抽出による不確実性の程度を測るために，相対リスクの点推定値[標本の推定値]の信頼区間が計算されることが多い．

一貫性(Consistency)

関連する疫学的研究すべての研究結果が一貫しているほど，ある特定の研究で見つかった関連性が，何らかの未知のバイアスによるものである可能性は減る．したがって，関連する研究すべてを調査しておくべきである．どのような研究であれば十分に関連していると言えるのか，という問題は，専門的な判断の絡む問題である．第6章で議論したヴァンダービルト大学事件(妊娠した女性に，鉄の放射性同位体をトレーサーとして投与)では，原告側の専門家証人は，ヴァンダービルト大学の状況は例外的である，と論じた．その理由は，ヴァンダービルト大学の場合は胎児は内部被曝であり，他の出生前の胎児の放射線被曝の研究の場合は外部被曝であったから，というものであった．被告側は，内部被曝か外部被曝かが影響を与えるのは，被曝線量

だけであり，外部被曝の研究に基づけば，胎児の被曝線量の推計値は，当該がんの原因となったとするには小さすぎる，と反論した．

原因と効果の間の量的対応関係(Dose-response relationship)
　曝露が増加するにつれて疾病への罹患のリスクも増加する場合には，対応する曝露と疾病への罹患との間の関連性が因果関係を表すものである可能性は高くなる．これが存在している場合には因果関係の強い証拠となるが，存在していない場合でも因果関係である可能性がなくなるわけではない．マサチューセッツ州ウォーバンにおける，小児白血病と２つの井戸の汚染の間のつながり(75頁)に関する疫学研究では，汚染された井戸からの水を高い割合で使っていた家庭の子どもの，白血病罹患の相対リスクが高くなることが発見された．

生物学的妥当性(biological plausibility)
　当該関連性を説明するような，もっともらしい生物学的なメカニズムが存在していなくてはならない．時にこれは弱い基準だと言われる．なぜなら，ほぼどんな関連性についても，それを説明するような何らかの生物学的なシナリオを仮説として考えることができ，そしてもっともらしさは主観的なものであることが多いからである．セラフィールド再処理工場の事例では，裁判所は，母親受胎前の父親の被曝が白血病の原因であるという仮説を認めなかった．その根拠は，白血病のうち親からの遺伝に起因するものでありうるのは約５％のみである，ということであった．原告はこれを認めた上で，次のような相乗作用説を提案した．すなわち，母親受胎前の父親の被曝により遺伝子に突然変異が生じるが，それが白血病の原因となるのは，ウィルスや環境放射線などの何らかの因子Xによって活性化された場合のみである，という説である．裁判所は，この説も認めなかった．裁判所はとりわけ，この説の前提条件となっている高い突然変異率は，動物研究と試験管内研究の両方と整合的でない，ということを指摘している．さらにこの説は，当該子どもが他の遺伝性の疾病に過剰に罹患しているということはない，という事実を説明できない．当該子どもの白血病への過剰な罹患率と，他の遺伝性の疾病への通常の罹患率を両立させるためには，白血病に非常に敏感な遺伝子か，白血病に特有の何らかの因子Xのいずれかが必要であろう．原告側の専

門家証人はそうした趣旨の説をいくつか提示したが，裁判所は憶測に過ぎないとして認めなかった．

時間的な先後関係(Temporality)
　原因は効果よりも時間的に前でなければならない．この因果関係の必須条件は，通常は満たされている．しかし，時間的な前後関係のいくつかのパターンは，因果関係の推定のもっともらしさに影響を与えるかもしれない．例えば，曝露と疾病の発症の間の時間が，因果関係と整合的でない場合である．豚インフルエンザとGBSの事例では，連邦政府は，予防接種とGBSの急性発症の間の13週間という時間は長すぎて，因果関係と整合的でないという議論をしていた．

類推(Analogy)
　類似の原因は，類似の効果を生じさせるはずである．ある特定の化学物質がある疾病を引き起こすという知識は，類似の化学物質も同じ疾病を引き起こすかもしれないという，ある程度の証拠になる．これは「生物学的妥当性」の箇所の議論と関連しており，そこで述べた注意がここでも当てはまる．

特異性(Specificity)
　考えられる曝露の原因が複数あって，それらに曝露した人々の中で特定の原因への曝露群において疾病のリスクが集中していたり，調査対象となっている疾病が複数種あって，そのうちの特定のタイプの疾病においてリスクが集中していたりする場合，曝露と疾病への罹患の間の関連性は因果関係である可能性が高い．これが存在している場合には因果関係の強い証拠となる．ヴァンダービルト大学事件では，原告側の専門家証人は，子どものがん4件のうち2件は肉腫(sarcoma)であったので，結果の特異性が存在すると論じた．被告側の専門家証人は，4件の症例はそれぞれ，白血病，滑膜肉腫(sinovial sarcoma)，リンパ肉腫(非ホジキンリンパ腫: lymphosarcoma)，肝臓がんであり，これらの疾病は異なるものなので，特異性は存在しない，と応じた．

人間での実験的証拠(Experimental evidence in man)
　人間での実験的証拠(すなわち,曝露や非曝露の無作為割当)は,因果関係の最も強い証拠となるだろう.しかし,そのようなデータは,悪名高い人体実験の事例を除いては,通常は利用可能ではない.

　今まで述べてきたことから明らかなように,疫学的データから因果関係を導くことは,単純なものでもなければ機械的にできるものでもない.

第10章 証拠の統合

　シャーロック・ホームズとワトソン博士が初めて出会ったとき，ホームズはワトソンが最近アフガニスタンにいたことを言い当ててワトソンを驚かせた．ホームズがその後説明したところによれば，証拠の断片をいくつか組み合わせることでこれを推論したのであった．すなわち，まず，ワトソンは医者に見えたが雰囲気は軍人であったことから軍医であったと推論した．そして，彼の顔が日焼けして黒くなっていたが手首は白かったこと，および左手に傷跡があったから熱帯地方にいたことを推論した．やつれていたことから苦難と病気を経験したことを推論した．それゆえに，ワトソンはアフガン戦争に従軍していたのだと結論したのであった．

　こうして我々は，関係のありそうな証拠の断片をつなぎ合わせて推論をするという，ホームズの看板となった方法論を目の当たりにした．統計学における推論はこれほど劇的ではないのが通常である．しかし，情報をつなぎ合わせたり，まとめ上げたりするのは統計学の分析や推定の中心的発想である．特に，それぞれ互いに独立の層（グループ）からのデータをまとめ上げて1つの統合的数値を推定することは非常にしばしばなされる統計的手法である．データ統合の利益は，データの数の増加によって推定をより信頼できるものにしたり，得られた差異についての有意性を高めたりできる点にある．その不利益は，まとめられたデータは非常にミスリーディングともなりうる点である．よく知られた研究によれば，カリフォルニア大学バークリー校の大学院への女性の志願者は男性志願者よりも不利に扱われたとされた．しかしながら，データを大学院ごとに分割して分析したところ，ほとんどの大学院で女性の合格率は男性のそれよりも高いように見えた．この奇妙な結果

は，シンプソンのパラドックス(Simpson's paradox)と呼ばれる．この統合データと分割データとの間での逆転現象の理由は，主として男性が志願する大学院に比べて，女性が主として志願する大学院の方でより狭き門となっていたからであった．

統合されたデータと分割されたデータ

　上記のバークリー校のデータが具体的に示しているように，全体での男性と女性の合格率の単純比較はまったく的外れな結果を導く場合がある．これよりも微妙な問題は，格差についてのある単一の指標が適切である場合に，相互に独立な層(グループ)のデータをまとめて，かつその結果がバイアスを生じさせないようにするにはどうしたらよいか，というものである．興味深いことに，バイアスなしに統合できるための十分条件は，個別の分析に用いた測定尺度に依存するのである．すべての層(グループ)で同一となるオッズ比の場合，バイアスのない推定のための十分条件は2つある．1つ目の十分条件はそれぞれのグループでの結果の割合が層化(グループ分け)されたすべての集団において同一であること(バークリー校の例で言えばすべての大学院で男性の合格率と女性の合格率が同じであること)，というものである．2つ目の十分条件は，それぞれの結果の集団ごとの曝露率がすべての結果集団において同一であること(例えばバークリー校の例では，合格者集団と不合格者集団とで女性の比率が同一であること)のいずれかである．以上をまとめれば，バークリー校の場合，共通のオッズ比をまとめて計算してよいのは，男性と女性の合格率がすべての大学院で同一である場合か，あるいは合格者集団でと不合格者集団での男女比率がすべての大学院で同一の場合である．次に，全大学院で同一である合格率が男女間で異なるという仮説，言い換えると全大学院で同一である合格の相対リスクが男女間で異なるという仮説にとって，それをバイアスなく推定するための2つの十分条件は以下のようになる．すなわち，(i) 全体の結果比率(男女を合わせての合格率)，または(ii) 全体の曝露率(志願者全体での男性割合)が，層化された変数(大学院)を通じて一定であること，である．

　全層(全グループ)で同一値となるパラメータが存在するならば，それぞれの層(グループ)での当該パラメータの加重平均はどのような重み付けを用いてもすべてバイアスのない推計値となる．加重平均の分散を極小化す

るために，重み付けは推定値の分散(variance)に対して反比例するように選択される．

　データを統合することを支持する議論は，それぞれの層(グループ)で小さいが一貫したある傾向がみられるとき，層ごとにデータを分割すると有意性が小さくなることをその論拠とする．例えば黒人が一貫して過少であったとして，それぞれの層(グループ)ではどれも統計的に有意な差異が検出されないが，統合されたデータでは有意な差異を検出できる場合が生じる．

　例えば，ある市民団体がフィラデルフィアの市長を相手に訴訟を提起して，教育委員候補者指名委員会の委員の任命において市長が黒人に対して人種差別をしたと主張した．当該委員会の任務は市長に対して教育委員候補者を推薦することであった．当該委員会は13名の委員で構成され，全員が市長によって任命される．その内の4名は市民一般から選ばれ，残る9名は所定の市民団体の長が選ばれることになっている．テート市長(James H. J. Tate)が1965年から1971年の4期の間に任命した4つの委員会のそれぞれの構成としては，3名の黒人委員が含まれていたもの1つ，2名の黒人委員が含まれていたもの2つ，1名の黒人委員のみ含まれていたもの1つであった．この期間中，フィラデルフィアの人口構成に占める黒人は60%であり，就学年齢人口に占める黒人児童は3分の1であった．原告らの主張によれば，市の憲章制定者は当該委員会の構成が学区の人口構成を反映することを意図していたとされる．この事件は連邦最高裁判所まで争われ，その判決では，13名で構成される本件委員会は小さすぎて，信頼できる程度に人種差別の存在を判断することができないなどの理由で，請求棄却となった[1]．それぞれの期の委員会構成を別々に見る限りこの判決の判断は正しいと言える．黒人が過少に代表されているという仮説は，母集団において3分の1が黒人であるという前提を置いた場合，黒人3名が含まれている委員会及び黒人2名が含まれている委員会の場合に統計的に有意とならず，黒人1名のみが含まれている委員会の場合でも有意水準ぎりぎりで有意となるにすぎない．しかし，委員会構成において一貫して黒人委員が過少であることが見て取れる．そこで4つの期の委員会をまとめたデータにすれば，52名中8名のみが黒人ということになる．この場合の黒人の過少さは，3分の1が黒人の母集団から無作為抽出したという帰無仮説を置けば，統計的にP値が非常に小さくなる(強く有意となる)．この事件の文脈に鑑みれば，こうしてデータを統合するこ

とには何らのバイアスのリスクも生じないように思われる.

　データの統合が適切か否かを考える上で，裁判所は以下のように様々な基準を適用してきた．(1) 分割された層（グループ）では統計的検定のP値が大きくなって有意でなくなるか否か，および，統計的有意性のある結論を排除するための策略として分割が用いられていることが疑われるか否か？ (2) 各層（グループ）の間に類似性が見られて，データを統合することが正当化されるか否か？ (3) 各層（グループ）の間に統計的に有意な差異が見られて，よってデータを統合することが統計的に見て不適切となるか否か？

　*Coates v. Johnson & Johnson*事件（以下では，コエーツ事件と呼ぶ）[2]は，雇用上の人種差別が問題となり，データ統合に対する計量経済学の検定が結論を左右した具体例である．このような事件における賃金データの分析では重回帰モデルがしばしば用いられる（第11章と第12章参照）．そこでは従業員の賃金が，賃金に影響を与えると考えられる多様な要素の加重和としてモデル化される．そしてダミー変数として人種がモデルに付加され，その賃金への効果が検定されることになる[訳注1]．重みとは各要素の係数であり，その大きさはデータから推定される．ここでの課題は，人種変数Rの係数rが統計的に有意と出るか否かである．この分析を行うにあたり，本件原告側の専門家証人は，数年分のデータを統合し，人種変数Rの係数rが統計的に有意であるとの結論を得た．被告側の専門家証人は，年度ごとにデータは分析されるべきであったと主張し，そうすれば人種変数の係数は有意とはならないと論じた．そして，実際に被告側の専門家証人が，それぞれの年度ごとのデータに統計モデルを適用して推計した係数を比較して検定したところ（Chow検定），データ統合は不適切であるとの結論を得た．その理由は，モデルにおいてそれぞれの年度ごとのデータでは適合した1つ以上の変数（要素）の係数が，お互いに統計的に有意に異なっていたからであったと見られる（ここで「見られる」と書いたのは，この専門家証人は検定結果を裁判所に現実には提出せず，最終結果を証言しただけだったからである）．原告側の専門家証人は被告側専門家証人の検定結果自体は争わず，それと異なる検定手法（対数線形モデル）を適用した．それはChow検定のように統合データ全体のモデルで検定するのではなく，人種変数の係数について［前年度と本年度の比較，本年度と次年度の比較，…というように］年度連続的に比較するというものであった．その結果は変数間の差異は統計的に有意ではないというも

のであった．第一審の地方裁判所はデータの統合は不適切であると判断した．控訴審である第七巡回控訴裁判所は，年度ごとに分割しても，それぞれのデータは統計的有意性の意味がなくなるほど小さいものではないと判断し（年度ごとのデータの標本サイズは509から662に上っていた），さらに原審はこのような事件についての経験がより豊富な被告側専門家証人の方が，原告側専門家証人よりも信用できると判断するべきであったし当然にできたはずであると判示した．データ統合をめぐる争点を「［判断困難で］微妙な問題である」と表現しつつも，控訴裁判所は，よって原審はChow検定の方が適切な検定手法であると判断するべきであったし当然にできたはずであると認定し，統合データによる分析の証明力を割り引いて評価するべきであったし当然にできたはずであると認定した．

　コエーツ事件の判断には疑問がある．確かに，係数に見られる差異が統計的に有意ではないというChow検定の結果が出れば，データの統合が重大なバイアスを生じさせることはないということの良い証拠なのであるが，しかし有意差が出たとしても，だからと言って統合データによる回帰分析の結果が当然に証拠不採用とされなければならないことには必ずしもならない．Chow検定は2つのモデルのすべての係数の間の差異について，その統計的有意性を検定するためのものであるから，どれか1つの係数でも2つのモデルの間で十分に大きく異なっていれば，統計的に有意な差異が検出されるのである．したがって，Chow検定の結果，差異が統計的に有意だったとしても，本件で重要である人種変数Rの係数rが大きく異なっているかどうかはわからないのである．しかも，人種変数の係数が年度ごとに異なっていたとしても，やはり毎年一貫して人種差別の存在を示しているデータなのであり，Chow検定の結果は統計的に有意な変動を反映しているだけかもしれないのである．

　コエーツ事件の判決文には，使用者の雇用実務が統合データの対象期間中に変化したか否かについて一切言及がない．Chow検定の結果からは本件で重要な争点に関する明白な結論を導けない．すなわち，原告側の回帰分析で人種変数の係数が統計的に有意であったという検定結果が，データの統合によるバイアスのためであるとは，Chow検定結果のみからは推定することができない．

　その後の重要な事件である*Dukes v. Wal-Mart Stores, Inc.*事件（以下では，

デュークス事件と呼ぶ）[3]において，コエーツ事件判決が，データの統合を正当化するにはChow検定を用いなければならないと判断したものか否かについて判断をしなかった．ウォルマート・ストアの女性従業員らが提起したこのクラス・アクション（集団訴訟）では，被告使用者が女性差別をしていると主張され，女性原告による全国的なクラス・アクションのクラス（原告団）として認可するよう裁判所に求めた．この認可に必要な要件である，全国で共通の性差別が行われているという事実を示すために，原告側の専門家証人がウォルマートの41の地域のそれぞれにおける時間給従業員と給与従業員のデータに回帰分析を施した．地域ごとに店舗データを統合して行われた回帰分析によれば，すべてのウォルマートの地域において，すべての店舗内職務類型において，統計的に有意な男女間格差が検出された．

　データ分割を正当化するため被告は以下の主張をした．各店舗の店長には給与水準を決定する上での広範な裁量権が与えられているので，各店舗はそれぞれ独立の単位として経営されている．よって原告側専門家証人はChow検定を実施して地域ごとにデータを統合することが適切であることを示さなければならないと主張し，法的根拠の先例としてコエーツ事件判決を挙げた．しかし裁判所はこれに対し，コエーツ事件において第七巡回控訴裁判所が当該事件の具体的事実関係に基づいて判断の難しい微妙な事案であったと強調していること，および「データの統合はときとして適切であるのみならず必要な場合もある」と判示していることを摘示した．そして，労働人口統計の検定方法がマクロレヴェル（地域ごと）であるべきか，ミクロレヴェル（店舗や支店ごと）であるべきかは，雇用実務の類似性と従業員の異動とに大きく依存すると判示した．原告らは，各店舗が一部に自律的な面もあるが，相互に全く独立して運営されているわけではないことの証拠を提出した．むしろ逆に，経営上の裁量権の行使は，「強い企業文化と全店舗的な政策とに基づいて」なされていたと主張した．それに追加して，原告らは，給与水準の第一義的決定権者である店長らは，店舗間で頻繁に異動していたことを明らかにした．そこで裁判所は結論として，コエーツ事件判決は本件でChow検定を必須とするものでは決してないと判断し，クラス・アクションのクラス（原告団）として認可した．その理由は察するに，原告らが，被告の店舗は賃金水準の設定の実務において十分に類似していることを示したためであろう．この結論は正しいように思われる．とりわけ，クラス・アクショ

ンのクラスとしての認可という，訴訟の前段階の判断であったからである．というのも，ここでの争点は，性差別の存在が証明されたか否かではなく，「ウォルマートにおいて性差別のパターンや実務が存在するかに関する共通する争点」についての有用な証拠(probative evidence)が存在するか，だからである．

　これらの訴訟においては，データの統合という難しい問題についての議論は実は不要だったのかもしれない．データを統合すべきか分割すべきかという問題への対策としては，バイアスのリスクがあるときには分割せよ(例えば，デュークス事件での店舗の場合)．しかし，有意性を検定する際には，様々な層(グループ)からの証拠と組み合わせよ，と言えば済むのかもしれない．デュークス事件では，このことは，回帰モデルによって各店舗を別々に回帰分析し，その上で，店舗ごとの従業員の性別変数の係数の分散と反比例するような重み付けを設定して，店舗ごとのモデルの性別変数の係数の加重平均を求める形でデータを組み合わせればよいであろう．この方法で求められる加重平均の分散は，各分散の逆数の和で1を割った値となる$[1/\Sigma(1/\sigma^2)]$．このことから，95%水準の片側検定区間の下限を，加重平均マイナスの標準誤差の1.645倍と考えることができよう．ここでの前提はウォルマートが主張したように店舗間で相互に独立だというものである．

　相互に独立な層(グループ)からデータを統合するもう1つの方法は，各層(グループ)における期待値と観察数との差を合計するというものである．その場合の期待値とは，各層における帰無仮説に基づいて設定されるものである．その上で，期待値と観察数との差の合計を総和の標準誤差で割るのである．定義により各層(グループ)は相互に独立なので，総和の標準誤差は単純にこれらの差の分散の合計の平方根となる．こうして得られるZ値は，すべての層(グループ)で帰無仮説が成立するなら標準正規分布をする．先のバークリー校の例の場合，帰無仮説は男性と女性の合格率がすべての大学院において同一であるというものであった．データを統合するさらにもう1つの方法は，各層(グループ)での観察数と期待値との差を2乗し，それぞれの層(グループ)の分散で割り，その上で，全部の層(グループ)での商を合計するというものである．こうして得られる統計量は層(グループ)の数を自由度とするカイ2乗分布になる．第一の方法の方が，一定の方向に小さいが一貫した効果が存在する場合に(すべての大学院で女性の方が合格率が低い)，より

強力である（すなわち，存在するならその差別を検出する可能性が高い）．他方，第二の方法の方が，バラバラだが大きな影響が存在する場合に（女性の方が優先される大学院もあれば，その逆の大学院もある），より強力である．

ここでデータを統合するもう 1 つの例を挙げよう．ある出版社が，コピーライターとアートディレクターによって解雇に関する年齢差別で訴えられた．2 年の間の異なる日付で 13 回，当該出版社は 1 名以上の従業員を解雇し，全部で 15 名の従業員を解雇した．こうして解雇された従業員らは，コピーライターやアートディレクターの平均年齢と比べて年上であったのか？ そうだとして，その差異は統計的に有意か？ 解雇された従業員の平均年齢を計算することでデータを統合し，それを何らかの時点の従業員の平均年齢と比べるだけではうまく行かない．なぜなら，従業員の平均年齢は時間の経過とともに低下していたからである．

これらの問題に答えるために，統計の専門家がこの事件に関与し，解雇の生じた日のそれぞれを，別々の相互に独立の層（グループ）とした．解雇が生じた日を所与とすれば，帰無仮説は，当日に存在していた従業員の中から年齢に関して無作為抽出して解雇したというものである．観察統計量は，各自が解雇された日におけるその年齢の総和である（解雇された従業員はたいてい 1 日 1 名であるが 3 名解雇された日もある）．それぞれの日における解雇された従業員の年齢の総和が観察データであり，帰無仮説の下での期待総和は単純に「当日の全従業員の平均年齢×解雇された従業員数」である．解雇された 15 人のうちの 10 人において，その年齢は解雇日の従業員の平均年齢よりも高かった．観察された年齢と期待年齢の間の差は，どの 1 日を採っても統計的に有意ではなかった．しかし，統計の専門家は，各解雇日における観察年齢と期待年齢の差を全 13 日分合計することでこのデータを統合した．この 15 名の解雇された従業員の年齢合計は 653 歳であり，これと期待合計年齢である 563.4 歳が比較された．このように，解雇された従業員の年齢合計は，「解雇は無作為抽出の結果である」という帰無仮説の下での期待合計年齢より 89 歳ほど大きかった．これは標準偏差の約 2.5 個分ほど期待値よりも上であり，この差は 1 ％水準で有意であった．

メタ分析

それぞれの層（グループ）で同等の測定技法を用いたデータ蒐集がなされて

おり，同等の観察条件と調査手順が用いられているなら，証拠を統合することは有効であり多くの情報が得られる手続と言える．疫学的証拠が重要となる事件においては，同等ないし関連した問題に対する多数の研究が存在することが頻繁にある．そのような場合には，証拠を統合する技法を用いてより広い問題に適用したくなるものである．共通の科学的な問題に対して別々になされて発表された複数の研究成果を，選択し，評価し，要約し，あるいは統合したくなるであろう．そのような「研究についての研究」のことをメタ分析（meta analysis）と呼ぶ．

複数の疫学的研究が全く同等のものであれば，すなわち，すべての研究で同じ事柄を測定しており，単に異なる抽出標本であるということだけなら，要約相対リスク（summary relative risk）は，それぞれの研究の相対リスクの対数の加重和として計算できる．対数を取るのは，加重和の分布をより正規分布に近づけるためである．重み付けは研究の分散と反比例するように設定する．対数値を元の値（真数）に戻すことで，要約相対リスクと信頼区間が得られる．

ベンデクティンが催奇形物質（teratogen）であるか否かがその1つの例となる．というのも，この問題については症例対照研究が多数行われているからである（これらの研究の検定力については本書142頁を参照）．訴訟においては，被告はこれらの研究の内の10本を用いた総括を提出した．それぞれの研究からは，妊娠期にベンデクティンに曝露された母親と曝露されていない母親のそれぞれから生まれた子どもに先天性発達障害が生じる相対リスクの対数，およびその相対リスクの標準誤差の対数が計算された．これらの研究での症例数及び対照群のサイズは様々であったし，奇形の定義も様々であった．結果もまた様々であって，リスクの小さな増大を示すものもあれば，小さな減少を示すものもあった．ただし，それぞれを別々に見た限り，どれも統計的に有意な結果は見出していなかった．これらの結果を統合するために，先天性発達障害の相対リスクの対数をそれぞれの標準誤差の対数の2乗と反比例するように重み付けし，その上で，対数値を元の値（真数）に戻すことで，95％信頼区間0.85から1.09で要約相対リスク0.96が得られた．要約相対リスクの点推定値はこのように1未満となったが，統計的に有意ではなかった．さらに，これらの研究成果を統合することで検定力も向上した．原告の専門家証人は，ベンデクティンは先天性発達障害発生リスクを20％増加

させると主張した．しかしそのような対立仮説に対する，これらの研究の統合によるメタ分析の検定力は80％であった．したがって，有意性の欠如は検定力不足に基づくものではなく，これらの研究の成果がバラバラであるためであった．こうしてベンデクティンが先天性発達障害を引き起こすものではないという帰無仮説を大幅に補強することが，このメタ分析によってなされた．

　ベンデクティンの事例は，メタ分析の有効性を非常に強く示している．これは，利用された研究がどれも非常に類似したものだったからである．しかし一般論としてメタ分析は若干論争の的になっている．というのも，メタ分析の結果は，解釈可能性においても，妥当性においても，そしてどこまで一般化できるかについても様々だからである．

　2つの研究が正確に同じパラメータを測定するということは稀でしかない．研究方法や測定方法，対象の母集団，時間的枠組み，リスク要因，分析技法などのどれもが「共通の」パラメータを研究ごとに異なるものにしてしまう．また，それぞれの研究において同一のパラメータを使おうとしているかが明らかでない場合もある．妊娠していない女性に対してある薬物が何らの有害な影響も与えるものではないということを示す研究を何度繰り返したとしても，それらは妊娠中の女性についてはほとんど役に立たないであろう．

　したがって，それぞれに異なっている複数の研究を統合しようという場合には，何を検定ないし推定しようとしているかを問い直さなければならない．その答えは，選択された研究群から推定されたパラメータについての，あまり明確に特定されない平均値ということになる．その平均値がどのようなものであれ，それは統合のために選択したそれぞれの研究が用いた標本抽出の方法に大きく左右される．すなわち，研究群を抽出する「科学的な」方法が存在しないということであるから，これは重大な問題点である．研究群の選択におけるバイアスは，「公刊された」すべての研究だけに対象研究を絞った場合にも生じることは明らかである．なぜなら，有意でない研究成果よりも有意と出た研究成果の方が刊行されやすいという良く知られたバイアスがあるからである．これが「お蔵入り問題（file drawer）」と呼ばれるものである．すなわち，研究者のファイル用引出しの中にお蔵入りしている，有意性が得られなかった無数の研究をどのように引き出して，研究についてバ

ランスの取れた横断的メタ分析を行うことができるかの問題である．最後に，複数の研究の間の相互の独立性は，ほぼ必然的に存在しえない．1つのテーマについての同一研究者による連続する一連の研究はたいていの場合同様のシステマティックなバイアスや過誤に曝されてしまう．ある分野の確立した権威である研究者が研究テーマや方法のすべてを決定することもある．極端な場合，科学研究の競争相手が，何が研究され何が刊行されるべきかに影響を与えるような隠された目的を持っていることもあり得なくはない．

　これらの理由から，メタ分析の結果が最も一般化可能となるのは，研究方針が下記の手順を踏む場合であろう．(1) 研究をメタ分析の対象に含めたり排除したりするための事前の研究計画を作っておくこと．その研究計画には，患者の範囲を決定する基準，診断の範囲，および治療の範囲を特定しておかなければならない．(2) 文献調査を完璧に実施すること．その場合は，未発表の研究を発掘する努力も組み込んでおかなければならない．(3) メタ分析の対象に含めた研究と排除した研究のリストの作成．排除した研究リストにはその理由も付しておかなければならない．(4) それぞれの研究のP値と信頼区間を計算すること．(5) 対象とした研究がお互いに同質なものか否かを検査しておくこと．対象研究の間の差異が，無作為抽出の際の標本抽出誤差であることと整合的であり，システマティックな要因や説明不能な異質性に基づくものではないことの確認をしなければならない．(6) 対象とした研究の一部にシステマティックな差異が見出された場合，例えば，一方はコーホート研究で他方は症例対照研究である場合など，それらとその他の研究とで別々の分析をすること．(7) 対象として研究が同質のものであったなら，それらすべてを一緒にして要約統計量(summary statistic)とその信頼区間を計算すること．(8) 必要な範囲の対立仮説について，結果の統計的検定力曲線を計算すること．(9) 結果の頑健性(robustness)を計算すること．すなわち，観察された効果が消えるためにはどれくらいの数の否定的研究(たぶん，未発表ないし検索できなかった外国語文献など)が必要かを計算しておかなければならない．(10) 感度分析(sensitivity analysis)をすること．すなわち，重大な研究上の欠陥があるように見える研究を排除し，その排除が結果にどう影響するかを見ておかなければならない．

　シリコン豊胸材を巡って彪大な数の訴訟が提起された際に，連邦裁判所で提起された事件はアラバマ州北部地区のポインター(Sam C. Pointer)裁判官

の下に併合された．ポインター裁判官は当事者選任ではない(中立的な)専門家によるパネルを構築し，シリコン豊胸材が全身性結合組織病(CTD)を引き起こしたか否かについての証拠調べをさせた．パネルは2年かけてやっと大部の報告書を提出した．その中の1章が利用可能な疫学研究に対するメタ分析に充てられている．シリコン豊胸材と，診断が確立している5つの症状(例えば，関節リューマチなど)との関係を分析するとともに，確立した症状の類型には該当しないが個別の研究の著者が「確実に結合組織病である」とした症状との関係も分析している．この最後の類型は若干の不確実性や診断の変更を認めるためのものであった．報告書では検討対象たる曝露を，シリコン挿入物だけでなくすべての挿入物とした．それは挿入物のタイプについての情報が欠落している場合や，確認できない場合が多かったからである．シリコン豊胸材の挿入が確認されている事例だけを採り上げた分析も別途になされた．

　パネルは公刊された文献のデータベースと，未発表文献として博士論文のデータベースとを用いて検索した．アブストラクト(概要)のみが公刊された研究や，短いレター形式で公刊された文献も，査読付きの専門雑誌には出て来ないが検索対象に含められた．検索は英語文献で人間を対象としたものに限られた．原告側の法律事務所からの文献提供も受け入れられた．メタ分析の対象に含めるかの基準としては以下が設定された．(1) 内的比較群(internal comparison group)，(2) 豊胸手術をして発症した女性と発症していない女性の数を調査員が確認できた場合の利用可能な人数，および，豊胸手術をしていないで発症した女性と発症していない女性の人数，(3) 曝露変数として豊胸手術の有無，(4) 病状変数として何らかの種類の結合組織病．それぞれの研究について，パネルはオッズ比または相対リスクを計算するとともに正確な信頼区間も計算した．

　総括的な要約推定値を出すために，メタ分析対象の研究はすべて同質であると仮定された．すなわち，同一のオッズ比や相対リスクを繰り返して測定した結果であると仮定された．報告書の執筆者たちはこの仮定の検定も行っている．そして異質性を発見して，同質の層(グループ)を形成するために対象研究群を層化している．層化のための主要な変数としては，研究計画(コーホートかそれ以外か)，病状がカルテ(medical record)で確認できているか否か(イエス／ノー)，データ蒐集の日付(豊胸材に関する報道の前か後

か)であった．この層化によって研究の同質性が達成できなかった場合，パネルの調査員たちは外れ値を除くために個別の研究を検討していった．残る研究から同質性を達成するために研究が1つずつないしペアで排除された．こうして最大数の研究と最大数の被験者からなる同質な研究集合が構築された．

その中の1つの研究は他の研究よりもはるかに大規模で，加重和において推定値に決定的影響を与えていた．パネルの調査員たちはこの研究を含めたデータと含めないデータの双方を構成した．しかし結果は基本的に同一であった．この研究を排除することの根拠は，上記第8章160頁で論じたように，この研究だけが，症状の内容がカルテに基づいていない，ないし，カルテで確認できないものだったからである．

多くの研究において，著者たちはその推定を，可能性のある交絡因子に対して補正していた．主要な交絡因子としては，まず年齢が挙げられる．と言うのも，対照群は多くの場合症例群よりも年齢が上であったからである．次に，時代があげられる．と言うのも，豊胸材の挿入の頻度とそのタイプは時代によって変化したからである．さらに，追跡調査の間隔が挙げられる．と言うのも，豊胸材の挿入を受けた女性と受けなかった女性とで追跡調査までの期間が異なる場合があったからである．かなりの数の研究において，何らかの補正をする必要があるように思われた．なぜなら，補正前のオッズ比によれば，豊胸材の挿入が結合組織病から保護する効果を有するような結果を示したからである．パネルの調査員たちはオッズ比が補正された14の研究を統合してメタ分析を施し，豊胸材と結合組織病との間には有意な関連が見られないという結果を得た．この報告書の発表以降，新たに結合組織病との関連を主張して提起された訴訟は1件もない．既存のクラス・アクションのほぼすべての原告は，被告製造業者らがこの報告書発表の前に行っていた和解の提案を受諾した．メタ分析によって証拠をうまく統合することは容易な作業ではないが，うまくできれば非常に強力で有効なものとなる．

第11章　回帰モデル

　古代ギリシャ人は，人生で起こることを運命の3女神たちに擬人化して考えた．運命の糸を紡ぎ，人生の宿命的な傾向を表現するクロートー（「紡ぐ者」），糸の長さを測り，その宿命における偶然を表すラケシス（「測定する者」），そして運命の糸を切る，つまり死を表すアトロポス（「避けられないもの」）である．死を別とすると，人生で起こることは「本来的な傾向」と「その傾向の中で生ずるランダムな偶然」——クロートーとラケシス——が組み合わさったものだ，という考え方は古くからある[1]．この考え方の現代版は，統計用語で「回帰モデル（regression model）」と呼ばれる．

　回帰モデルの世界観は次のようなものである．測定可能な様々な因子が平均としてある結果を生み出しており，背後にあるそのような諸要因をもとに平均的な結果を予測することができる．しかし，個々の結果はランダムな要因のために平均値の周りで変動し，その変動は予測できない．測定可能な諸因子は結果を「説明するもの」なので，「説明変数」または「独立変数」と呼ばれる．結果の方は，その平均値が独立変数によって説明されるので「従属変数」と呼ばれている．このとき「従属変数が独立変数に回帰される（regressed on）」という言い方がなされ，独立変数は「リグレッサー（regressor）」となっている．偶然による影響は「誤差項（error term）」と呼ばれるものにすべて統合される．というのは，回帰式が説明する対象はあくまで結果の平均値であり，個々の結果と平均値との差異は，回帰式で決定できない要素ないし誤差とみなされるからである．回帰モデルでの基本的な仮定の1つは，「誤差項と独立変数との間には相関がなく，誤差項の平均値はゼロである」というものである．もし誤差項が1つまたは複数の独立変数と

相関を有していれば，相関のうちある部分は独立変数によって説明することができ，もはや誤差項の一部ではなくなるだろう．また，もし誤差項の平均値がゼロでなければ，モデルが仮定しているように結果の平均値を独立変数から予測することができなくなり，予測不可能あるいはランダムな要素を内に含むことになろう．

　この種のモデルに「回帰」という名称を与えたのは19世紀イギリスの遺伝学者フランシス・ゴールトン（Francis Galton）卿であった．彼は身長の遺伝に関するデータを収集し，身長が非常に高い親から生まれた子供と身長が非常に低い親から生まれた子供は，その身長が自身の親と比べて平均により近くなる，ということを見出した．ゴールトンの表現によると，そのような子供の平均身長はすべての子供の平均身長に向かって回帰するのである．回帰モデルという名称はこの性質から来ている．誤差項が大きければ大きいほど，平均への回帰の程度は大きくなる．図11.1はゴールトンの例であるが，彼が集めた親子の身長のデータが平均に回帰する様子を示している．

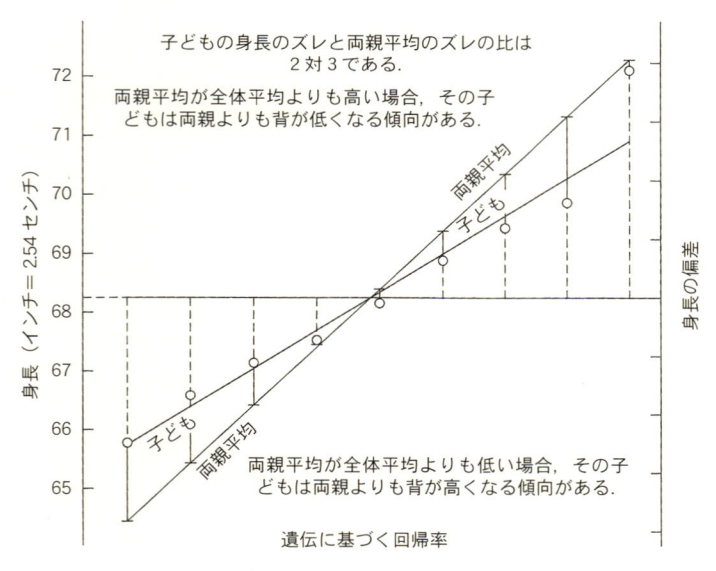

図 11.1　平均への回帰を示すゴールトンの図

回帰モデルは経済学その他の社会科学で頻繁に登場する．法においても多くの文脈で回帰モデルが登場するが，最も広く見られるのはおそらく雇用差別，独占禁止，投票，環境の各分野であり，さらに証券取引関係の事件でもある程度見られる．今までに述べてきた用語を例示するため，ここでは雇用差別の事件を取り上げる．大規模な使用者の下で働く従業員たちの給与を考えよう．給与に関するきわめて単純な回帰モデルは，

$$Y_i = \alpha + \beta X_i + \varepsilon_i$$

であろう．従属変数 Y_i は i 番目の従業員の給与である．独立変数 X_i は，i 番目の従業員についての，平均給与のばらつき具合を説明する何らかの変数である．例としては勤続年数(先任順)が挙げられる．α は定数，β は勤続年数を表す変数に乗じられる係数である(従業員ごとに変わらないという意味では，α も β も定数である)．最後に，ε_i は i 番目の従業員の給与についての誤差項である．つまり，「i 番目の従業員の給与」と「同じ勤続年数の従業員の平均給与」の差(正でも負でもありうる)を表している．

通常，回帰モデルは平均値によって表現される．この例では，独立変数(勤続年数)を所与とした場合の平均給与($\bar{Y}$ と表記する[訳注1])である．誤差項の平均値はゼロだからこの項は消え，回帰モデルは単に

$$\bar{Y} = \alpha + \beta X$$

となる．

要するに，回帰モデルは，所与の勤続年数における平均給与が直線上に並んでいると仮定しており，その直線の切片は α (採用時すなわち勤続年数ゼロのときの給与)，傾きは β (勤続年数が1年多くなるごとに増える額の平均値)となっている．

独立変数が1個の場合，回帰モデルはデータの散布図を貫く直線として表せるのが普通である．本当の課題は，独立変数の所与の値に対する従属変数の値についてのデータがほとんど(あるいはまったく)ない領域においてその値を推定する，ということである．回帰モデルが実質的に行っているのは，データの中にほとんど(あるいはまったく)存在しないものを埋めることである．また，一定の場合には，回帰モデルは当該領域でのデータそのものよりも信頼できる推定値を示してくれるとも考えられる．さらには，(疑問の余地はずっと大きいが)独立変数のデータが観察されていない範囲でも，従属変数の値を推定しうる．

訴訟で使われる多くの回帰モデルでは，複数の独立変数が使われる．独立変数の選択がモデル構築の際の鍵となるとともに，最も議論になる局面である．管理職レヴェルに到達した従業員が，勤続年数に基づく昇給に加えて年間1000ドルのボーナスが与えられているとしよう．ここで，管理職の地位を独立変数に含めないモデルを考えるとする．すると，ボーナスの1000ドルは管理職に就いている従業員については誤差項の一部となる．しかし，管理職の地位が勤続年数と相関しているとすれば(これはありそうなことである)，βの推定値は大きくなり，管理職の地位と相関している要素に起因する給与増加が勤続年数に帰せられることになる．このような場合，管理職の地位という独立変数が含められるべきであったのに含められなかったという意味で，「回帰モデルが誤って特定されている(misspecified)」と言う．回帰モデルが誤って特定されていると，モデルに含められた独立変数の係数にバイアスが生じてしまう．そうしたバイアスへの対処法は，予想される通り，独立変数をモデルに追加していって主要な影響がすべて説明されるようにすることである．管理職の地位を独立変数にする場合によく使われるのは「ダミー変数(dummy variable)」(X_2としよう)を加えるという方法である．このダミー変数は，従業員が管理職でなければ0，管理職であれば1の値をとる(このコーディングは恣意的である．つまり，非管理職を1，管理職を0と表現してもよい)．こうした変数の追加を行うと，モデルは次のようになろう．

$$Y_i = \alpha + \beta_1 X_{1,i} + \beta_2 X_{2,i} + \varepsilon_i$$

ここでX_1は勤続年数を表す変数，X_2は管理職の地位を表すダミー変数である．前と同じく，ε_iは誤差項である．すなわち，勤続年数と管理職の地位の双方を考慮したうえでの給与の推定値と実際の給与の差を表している．勤続年数と管理職の地位の双方を考慮した後の平均給与($\bar{Y}$)は，

$$\bar{Y} = \alpha + \beta_1 X_1 + \beta_2 X_2$$

と書ける．αとβは後で述べる方法で推定することになる．もし従業員の生産性をモデル化するためにさらに独立変数が必要であれば，それらも回帰式に含めるべきである．従属変数である平均給与は，生産性に関連する諸変数の加重和(ウェイトはこれらの諸変数の係数で与えられる)としてモデル化される．

複数の独立変数がある場合，興味の対象は，①これらの効果を総合して従

属変数を推定すること，または②それぞれの独立変数の効果を切り離して分析すること，のどちらかにあろう．分析の例として，ある教育機関が給与と昇進の面で差別をしていると主張する(当該教育機関の)女性教師が起こしたクラス・アクションを考えてみよう．このような事件での関心は，給与に影響する要素として法的に認められている他の要素を別にしたときに，なお性別が給与に影響を及ぼしているか否か，という点にある．この問題を統計的に分析するにはいろいろな方法がありうるが，最も普通の方法は，性別をダミー変数(教師が男性であれば1，女性であれば0の値をとる)として含めた回帰モデルを作るというものである．その変数の係数が統計的に有意に0よりも大きければ，生産性に関係するモデル内の諸変数に加え，性別が給与を左右する要素となっている証拠だと考えられる．

さて，4つの比較的単純なモデルを使って，分析と総合のために回帰がどのように使われるかを例示しよう．これら複数のモデルがあることは，回帰が様々に用いられていること，そして訴訟で様々な反論に遭遇してきたことを反映している．

4つのモデル

農業普及推進機関における賃金差別

*Bazemore v. Friday*事件(以下では，ベイズモア事件と呼ぶ)[2]では，雇用差別事件で初めて，回帰モデルを利用した証拠が連邦最高裁判所に持ち込まれた．カウンティの農業普及推進機関に勤めていた黒人原告たちは，賃金差別を理由として当該機関を訴えた．彼らは裁判所に回帰モデルを提出し，そこでは生産性を表す諸変数(教育水準，勤続年数，職位)と人種を表すダミー変数が用いられていた．人種についての係数は394ドル，つまり，生産性に関係する変数を考慮しても，同等の性質を備えた白人の賃金よりも黒人の賃金は平均で394ドル低いのである．

回帰モデルはすべて単純化である．「省かれている重要な変数がある」と主張するのは，回帰モデルに反論する人たちの常套手段となる．ベイズモア事件の場合，カウンティによる給与の違いといった独立変数がモデルに欠けているため，回帰モデルを証拠として認めるべきではない，と被告側は主張していた．最高裁判所は「回帰分析から変数が抜け落ちていれば，そうでない場合と比べて証拠としての力は弱くなるかもしれない．しかし，その他の

欠陥がないのなら，主要な要因を説明する分析が差別の証拠として認められないとは言い難い．…通例，変数を落としていることは分析の証明力に影響するだろうが，証拠能力が否定されるわけではない」と判示し，被告側の主張を容れなかった[3]．この判示はやや皮肉である．なぜなら，モデルから抜け落ちている主要な要因――カウンティが当該機関の従業員の給与の一部として付与していた金額(これはカウンティごとに異なっていた)――が
あったことを最高裁判所は事実上認めていて，その要因では黒人と白人の給与の格差を説明できないことを最高裁判所がアドホックな方法で分析して示していたからである．おそらくより重要なのは，最高裁判所が脚注で「抜け落ちた要因があるという理由で回帰分析に反論するだけでは不十分である」と摘示していることであろう．つまり，回帰分析に異議を申し立てたい当事者は，落とされている変数が回帰分析の結果を変えるということを示さなければならないのである．「トライアルで相手方[被告側]がとった戦略は，『個々の従業員の給与に影響する要素はたくさんある』とだけ主張することであった．我々の知る限り，統計的にせよ何にせよ，『これらの要因が適切に組み入れられて分析されれば黒人の給与と白人の給与の格差が有意でなくなる』ということを被告側は何ら示そうとしていない」[4]．これは正鵠を射ている．というのは，明らかに被告側はカウンティからの付与額に関するデータを持っており，上記のような分析を行えたからである．しかし，最高裁判所が示した要求を文字通り突き詰めすぎると，回帰分析への反論が不可能になるおそれがある．なぜかと言うと，落とされている変数に関するデータは多くの場合入手できないからである(だからこそ分析から落とされているのかもしれない)．だがそれでも，多少の危なっかしさがあったにもかかわらず，本件で発せられた主題はその後の多くの訴訟にも響いてくることになる．そのような訴訟の例が次の事例である．

窒素酸化物の排出削減

合衆国の環境保護局(EPA)は，1990年改正の大気浄化法により，石炭火力発電所のボイラーから排出されている窒素酸化物(NO_x)を削減するプログラムを策定するよう命じられた[5]．この法律は「低窒素酸化物燃焼技術(LNB：low NO_x burner technology)」を使ってボイラーを改善することを狙いとしていた．プログラムの第1段階では，特定のタイプのボイラーにつ

いて,「100万英国熱量単位あたり0.50ポンド(1b/mmBtu)のNO$_x$」という上限排出率(LNBではこの数値は達成不可能とEPAが判断しない限り適用される)が法律によって定められた. 第2段階では, もしEPAが「より効果的な低窒素酸化物燃焼技術が利用できる」と判断すれば, EPAは上限排出率の値を下方修正してよい, とされた. LNBはすでに第1段階に関連して導入されていたので, LNB導入前の排出率がLNB技術によって何%削減されたかについて, データが入手可能であった. そして, 0.50ポンドを下回る排出率がその技術によって達成できるか否か, もし達成可能であれば上限はどこになるかを判断するためにデータを使うことができた. 次いでEPAは, 第2段階で改善されるボイラーからの排出率を推定し, ボイラーの90%が達成できるような新たな上限排出率を設定することになった.

これらの判断にあたってEPAが用いた方法は, 第1段階のユニット[訳注2]の排出率の単純平均値から第2段階のユニットの排出率を推定する, というものではなかった. そうしなかった理由は次の点にある. LNB導入前の排出率がもともと高いユニットは, LNB導入前の排出率が低いユニットと比べ, LNBによる削減率が高くなる傾向がある. したがって, 削減率の平均値を使うと, 排出率の低い高性能の排煙装置で達成できる削減率は過少に, 排出率の高い性能の悪い排煙装置で達成できる削減率は過大に反映される. そうなると, LNBで達成できるとされる削減率が低めに見積もられることになるので, 許可される排出率が高くなりすぎてしまう, とEPAは考えたのである(6).

推定をより正確に行うため, EPAは線形回帰を使い, LNBによって排出率が平均で何%削減されたかを, LNB導入前の排出率の関数としてモデル化した. 第1段階のあるデータ(20ユニットが対象)に適合するモデルは, $P = 24.9 + 31.1\,U$ (Pは, LNB導入前の排出率がUであったユニットにおける排出率の平均削減率を表す)というものだった. 第1段階で対象になったユニットから構成されるこのグループのデータおよび回帰直線は, 図11.2に示してある.

EPAの回帰モデルに対しては, 電力業界が黙ってはいなかった. いくつかの電力会社が訴訟を起こし, それらの中で*Appalachian Power Company v. Environmental Protection Agency*事件(7)(以下では, アパラチア電力事件と呼ぶ)が代表的な判例となっている. 電力業界は, EPAが回帰モデルを利用し

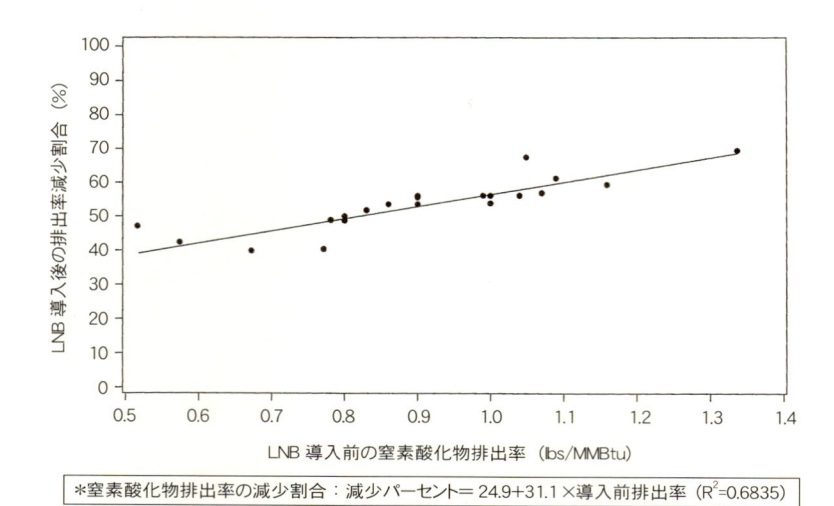

図 11.2 低窒素酸化物燃焼技術 (LNB) 導入前の排出率に対する
導入後の排出率の減少割合（％）

＊窒素酸化物排出率の減少割合：減少パーセント＝ 24.9＋31.1×導入前排出率 (R^2=0.6835)

たことに対して異議を唱えた．ここでは電力業界側の基本的な反論の1つについて述べ，他の反論については本章で後ほど扱おう．

アパラチア電力は以下のように主張した．EPAは回帰モデルに頼っているが，これは恣意的・専断的である．なぜなら，当該モデルはLNBに影響している諸要素を独立変数として入れていないからである．例えば，設備の老朽化や摩耗，微粒子排出（ダスト排出）の増加，補助的な設備のデザイン，炉の配置・形状などであるが，こういった要素はすべて窒素酸化物の排出レヴェルに影響しうる．アパラチア電力はそう主張したが，ベイズモア事件判決を引用したうえで同様の判断を行い，アパラチア電力側の主張を認めなかった．控訴裁判所は「『老朽化すれば様々な問題が起こるが，それは回帰モデルに含まれていない』というアパラチア電力側の主張は憶測にすぎず証拠がない」というEPAの再反論を引用してこれを認めており，その際に最高裁判所の示した判断を採用している．控訴裁判所は，「EPAの行政審理における意見表明者も，そして当裁判所におけるアパラチア電力側も，『EPAの回帰分析で説明されていない他の要因が窒素酸化物の排出に大きく影響する』という主張を支持するデータを何も提出していない」と結論した[8]．

この回帰モデルは生き残り，EPAが勝訴した．

しかし，変数が抜け落ちているという異議に回帰モデルが常に耐えられるわけではない．ある裁判例では，中絶を制限するインディアナ州法の効果を推定したモデルが，「重要な変数が欠けている」として裁判所に却下された[9]．この裁判例については，次の章でモデルの理解に必要な他のトピックに触れた後で議論することにしよう．

トラック運転手の運転時間制限

2005年，連邦自動車運輸安全局（Federal Motor Carrier Safety Administration：FMCSA）は紛糾の末に新しいルールを定めた．その中には，トラック運転手の運転時間の上限を1日あたり10時間から11時間に引き上げるルールが含まれていた[10]．大型トラックの死亡事故を調べたデータによると，運転手の疲労が原因で起きた死亡事故の割合は，運転時間が10時間の場合は4.4%（496件中22件）だが，11時間の場合は9.6%（94件中9件）に上昇する．疲労が関係している死亡事故の割合は，10時間と11時間の間で2倍以上に跳ね上がっているのである．FMCSAは（法令で要求されている通り）上限引き上げの費用と便益を比較衡量しているが，割合が倍になっているという結論は受け入れなかった．FMCSAの考えでは，運転時間が11時間の場合は疲労関連の事故の件数は少ないため，データは信頼性に欠ける，とのことであった．そこで代わりに，3次曲線を使った回帰モデルをデータに当てはめたのである．運転時間がそれぞれデータポイントとして示されており，（これが決定的に重要なのだが）運転時間が13時間以上だった場合の事故は「17時間」（疲労関連の事故は32件中8件）として1点にまとめられている．この曲線によると，運転時間が11時間になることで疲労関連の事故が増加する幅は，データが示す2倍という数字よりもずっと少ない（図11.3を参照）．

原告，特にパブリック・シチズン（Public Citizen：1971年に設立されたNPO組織）は，この曲線は17時間のところの外れ値に決定的に依存しており，FMCSAはどうしてこの数値を使ったかについて説明していない，という理由で異議を申し立てた．これに対してFMCSA側の弁護士は，弁論終結後に裁判所に提出された文書で「12時間を上回る運転時間の平均値は17である」と説明した．しかし控訴裁判所は，口頭弁論中の適切なタイミングで提出されていないとして被告側の付加説明を認めず，この理由および他の理由に基

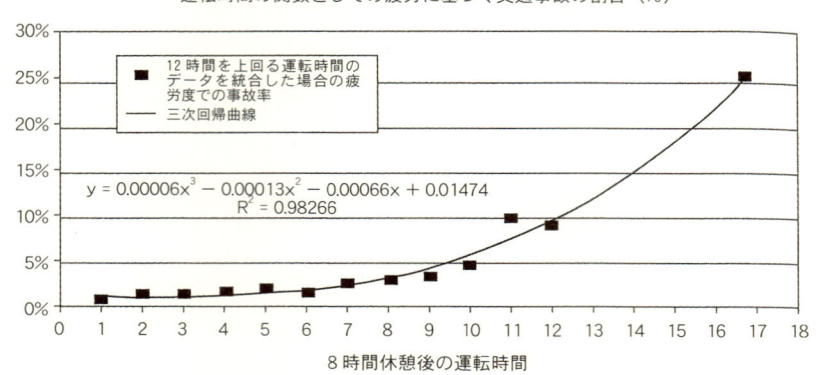

運転時間の関数としての疲労に基づく交通事故の割合（％）

（グラフ：縦軸 0%〜30%、横軸 8時間休憩後の運転時間 0〜18）
凡例：
■ 12時間を上回る運転時間のデータを統合した場合の疲労度での事故率
― 三次回帰曲線

$y = 0.00006x^3 - 0.00013x^2 - 0.00066x + 0.01474$
$R^2 = 0.98266$

図 11.3 　運転時間の関数としての事故リスク

づいて再びルールを無効とした[11]．データをめぐる議論もまた，回帰分析が用いられる裁判例に共通して見られる争点である．

ブロックによる投票

今度は，2つの回帰式が絡む複雑な例である．1965年投票権法の1982年改正条文では，どんな人種グループについても，そこに属する人たちが自分の選択に従って投票する権利を実質的に縮小させるような，いかなる慣行・政策も禁じている．*Thornburg v. Gingles*事件(以下では，ジングルズ事件と呼ぶ)[12]は，ある選挙区割りの変更計画に対し，原告たちが当該計画は彼らの投票力を減じることになると主張して訴えた事件である．この事件は連邦最高裁判所まで行き，そこでは裁判所が次のように判示した．「法令で禁じられている投票力の希薄化(vote dilution)が起きていると認められるためには，原告はとりわけ次の事柄を示す必要がある．(i) マイノリティが地理的にかたまっていること(マイノリティが多数派(マジョリティ)になっている地域が存在すること)，(ii) マイノリティが政治的に一枚岩であること(マイノリティが自分たちの望む候補に実質的なブロック(bloc)として投票すること)，そして(iii) マジョリティもまた投票ブロックを構成していること(多数派がマイノリティの候補を破るために全体として投票していること)」．

投票力の希薄化に関する訴訟の原告は，選挙が秘密投票で行われているの

で，最高裁判所の要求を満たすためには間接的な証明方法を使うほかない．その方法の1つが，過去の選挙から得られたデータをもとに2つの回帰式を推定する方法である．片方の回帰式は，ある選挙区の登録有権者のうちマイノリティ候補に投票した有権者のパーセンテージを従属変数，当該選挙区の登録有権者に占めるマイノリティ有権者のパーセンテージを独立変数としていた．他方の回帰式は，当該選挙区である候補に投票した登録有権者のパーセンテージを従属変数，（1つ目の回帰式と同様に）当該選挙区の登録有権者に占めるマイノリティ有権者のパーセンテージを独立変数とするものであった．これら2つの回帰式が，すべての選挙区についてのデータから推定された．ここでの回帰の方法は「生態学的(ecological)」と呼ばれる．グループについてのデータを，個人（ここではブロックによる投票を行う個人の傾向）について推測するのに用いているからである．

この方法を理解するため，問題になっているマイノリティがヒスパニックであるとしよう．ここでは2つの関係が2本の線形回帰式で表されると仮定されている．1つ目の回帰式は$\bar{Y}_h = \alpha_h + \beta_h X_h$という式である．ここで$\bar{Y}_h$は，当該選挙区内の登録有権者のうち，ヒスパニックの候補者に投票した有権者のパーセンテージの平均値を表している．α_hは定数，X_hは当該選挙区内のヒスパニックの登録有権者（ヒスパニックか否かは姓で判断する）のパーセンテージ，そしてβ_hは当該選挙区内でヒスパニックの登録有権者が1％増加する場合にヒスパニック候補者への票が何％増加するかを表している．回帰モデルの係数は，過去の選挙における全選挙区でのデータを回帰式に当てはめることによって推定される．ヒスパニックが0％の選挙区では平均するとα_h％の登録有権者（この場合，全員が非ヒスパニック）がヒスパニックの候補者に投票し，逆にヒスパニックが100％の選挙区では登録有権者（この場合は全員ヒスパニック）の$(\alpha_h + \beta_h)$％がヒスパニックに投票する，ということがこのモデルからわかる．このモデルの鍵となっている前提は，すべての地域にモデルが適用されるということである．つまり，登録有権者に占めるヒスパニックのパーセンテージが低い選挙区にも高い選挙区にも等しくモデルが適用され，ランダムな誤差の影響だけを受ける．これは「不変性の仮定(constancy assumption)」と呼ばれている．

2つ目の回帰式では投票率が推定されており，回帰式は$\bar{Y}_t = \alpha_t + \beta_t X_h$という式で表されている．この$\bar{Y}_t$は，誰かに投票した登録有権者のパーセン

テージの平均値である．α_tは，誰かに投票した非ヒスパニックの登録有権者のパーセンテージである．X_hは先ほどと同じく，当該選挙区内のヒスパニックの登録有権者のパーセンテージを表す．そしてβ_tは，その選挙区でヒスパニックの登録有権者が1%上昇すると投票率が何%増えるかを表している．ヒスパニックが0%の選挙区では平均してα_t%の登録有権者（この場合は全員が非ヒスパニック）が投票に行き，反対にヒスパニックが100%の選挙区では登録有権者（この場合は全員がヒスパニック）の$(\alpha_t + \beta_t)$%が投票に行く，ということになる（β_tは正でも負でもありうるという点に注意されたい．ヒスパニックと非ヒスパニックのうちそれぞれどのくらいの割合の人たちが投票に行くかに応じて，投票率が高くなったり低くなったりするという事実に対応している）．

ヒスパニックが100%の選挙区における比$\bar{Y}_h/\bar{Y}_t$は，「ヒスパニックの候補に投票したヒスパニックの比率の平均値」を表す．ヒスパニックが0%の選挙区では，この比は「ヒスパニックの候補者に投票した非ヒスパニックの比率の平均値」ということになる．不変性の仮定の下では，これらのパーセンテージは全選挙区に適用されると仮定されている．この比の差がブロックによる投票の存在を測る尺度となる．

Garza v. County of Los Angeles事件（以下では，ガルザ事件と呼ぶ）[13]では，ロサンゼルス・カウンティのヒスパニックの有権者が，選挙区割りの変更を行ってヒスパニックが多数派となる選挙区を作ろうとしていた．原告側の専門家証人は，過去の保安官の選挙から得たデータを使って2つの回帰式を推定した．約6500の選挙区から得た選挙の開票結果および国勢調査地区に関する情報に基づいて推定したところ，1つ目の回帰式は$\bar{Y}_h = 7.4\% + 0.11\, X_h$となった．ヒスパニックが0%という架空の選挙区では，上記の式の第2項が消えるため，平均して7.4%の登録有権者（全員が非ヒスパニック）がヒスパニックの候補者に投票することがわかる．不変性の仮定の下では，複数の民族から構成されている選挙区[訳注3]の非ヒスパニック有権者にも同じようにこの数字が当てはめられる．これに対し，ヒスパニックが100%という架空の選挙区では$7.4\% + 0.11 \times 100\% = 18.4\%$となるので，平均で18.4%の登録有権者（全員がヒスパニック）がヒスパニックの候補者に投票するということになる．ここでも不変性の仮定により，複数の民族から構成される選挙区のヒスパニック有権者にもこの数字が当てはめられる．「ヒスパニックの候補

者に投票するヒスパニック有権者のパーセンテージ」と「ヒスパニックの候補者に投票する非ヒスパニック有権者のパーセンテージ」の差である11%が，人々の投票がブロック化していることを示している．

　専門家証人が用いた2つ目の回帰式は，は $\bar{Y}_t = 42.6\% - 0.048 X_h$ と推定された．つまり，ヒスパニックが0%の選挙区では平均して42.6%の有権者が投票し，ヒスパニックが100%の選挙区では平均して $42.6\% - 0.048 \times 100\% = 37.8\%$ の有権者が投票している，ということになる．2つの回帰式から得られた結果を組み合わせると，ヒスパニックの候補者に投票したヒスパニックの投票者のパーセンテージは，$18.4\% / 37.8\% ≒ 49\%$，すなわち約半分である．他方，ヒスパニックの候補者に投票した非ヒスパニックの投票者のパーセンテージは $7.4\% / 42.6\% ≒ 17\%$ となる．その後で現れたいくつかの裁判例ほどではないとは言え，この差は明らかに大きい．回帰モデルに対しては強い反論があったにもかかわらず，ガルザ事件を担当した裁判所は「ブロックによる投票は存在している」と判断し，ヒスパニックが多数派となる選挙区ができるように選挙区割りの変更を行うことを命じた．

　投票力の希薄化が問題となる裁判で回帰モデルを利用する場合と，より直接的なアプローチを利用する場合とを比較してみれば，回帰モデルの有効性がわかる．ここでの「より直接的なアプローチ」とは，ヒスパニックの多い選挙区と非ヒスパニックの多い選挙区のそれぞれにおけるヒスパニック候補者への支持率を単純に比較する，というものである．この方法は「同質選挙区分析（homogeneous precinct analysis）」または「極端選挙区分析（extreme precinct analysis）」として知られる．これを代替手段として使った裁判例もある．しかし，そのような選挙区がないかもしれない，あるいは，そうした選挙区での投票行動はよりエスニシティが多様な選挙区での投票行動をも広く代表するものではないかもしれない，という点に直接的なアプローチの難点がある．

　生態学的な回帰モデルへの批判の中心となっている点は，「ランダムな誤差を別とすると，ヒスパニックおよび非ヒスパニックのそれぞれが，ブロックによる投票を行う同一の傾向をすべての地域で有している」という仮定にある．もしある地域でのヒスパニックの登録有権者のパーセンテージが何らかの社会経済学的要因と関連しており，その要因がヒスパニック候補者への支持の程度に影響を及ぼしているならば，上記の仮定は真でなくなるかもし

れない．例えば，多くがヒスパニックで占められている貧しい選挙区の投票者は，より裕福で様々なエスニシティが存在する選挙区のヒスパニック投票者と比べ，候補者のエスニシティをより重視するかもしれない．しかし，ジングルズ事件での最高裁判所判決以降，投票力の希薄化をめぐる裁判では，生態学的回帰分析の方法もブロックによる投票の存在を証明するものとして裁判所は一般に認めてきた[14]．

モデルの推定

　通常の事件では，回帰モデルがどのような真の関係を意味しているかは未知である．雇用差別の事件においては，使用者が我々に示してくれるデータと言えば，給与額，勤続年数，教育水準，そしておそらく従業員の生産性に関係する他の要因についてのデータくらいであり，給与が本当のところどのように決められているかは示してくれない．科学的研究では，結果（ここでは給与）は我々にもわかるが，結果のどの部分がシステマティックな影響の産物でどの部分が誤差なのかについては直接にはわからない，と考える．回帰モデルは，直接にはわからない部分を推定するのに使われる．通常の事件で回帰の関係を導出するためには，①回帰モデルの形を選択したうえで，②モデルをデータに当てはめて係数を推定しなければならない．

　これら2段階は様々な方法で扱われる．回帰モデルの形は，次の諸要素の組み合わせで大部分決まってくるのが普通である．すなわち，どのような慣例になっているか，どのくらい単純化したいか，データが入手可能かどうか，そしてモデルが妥当か否かといった諸要素である．数あるモデルの中でも，線形モデルはよく選択される．勤続年数を変数とした先述の給与の例では，線形モデルは「勤続年数の各年が平均して同一額の増加をもたらす」という仮定を含んでいる．我々は単純化のためにこの仮定を設けたが，実のところ，給与の文脈ではこの仮定は慣例でもなければ妥当でもない．勤続年数1年あたりの増加額の平均値は，勤続年数がどれくらいであるかに依存する可能性が高い．ある点を超えて経験を積んでも生産性は上がらないので，特に退職の近い従業員の場合，増加額は小さくなる傾向があろう．したがって，先ほどの単純な線形モデルを使って給与の回帰分析を行うと，年配の従業員では推定値が高くなりすぎることになる．単純なモデルよりも，増加額の平均値を勤続年数の水準に依存させるようなモデルの方が明らかに好まし

いだろう．それが通常どのように行われているかは後で述べる．ここでは，ある範囲内の従業員については線形モデルがだいたい当てはまるかもしれない，と言っておこう．

　第2段階——定数αと独立変数の係数βを推定する段階——は，ほとんど機械的である．どのようなαやβであっても，従業員の給与の推定値をはじき出しうる．その中でどのようなαやβを選べばよいのだろうか？　慣例的に選ばれるのは，給与の推定値を実際の給与に最もよく「フィットする」ないし「当てはまりが良い」ものにする値の集合である．αとβの推定値はそれぞれa, bと表記されることが多い（$\hat{a}, \hat{b}$と表記されることもある）．当てはまりの良さ（goodness-of-fit）は，給与の実測値と推定値の差の2乗の和をデータ内の従業員全員について足し合わせたものによって測られる．この和が小さければ小さいほど当てはまりが良い．これらの差の2乗の和を最小にするaおよびbを見つけるには，非常に単純なケース以外はコンピュータ・プログラムを利用する必要がある．これらの値は回帰式の最小2乗（OLS：ordinary least squares）解と呼ばれる．単純な和ではなく2乗の和を用いている理由は，差を2乗にすればすべて正の数になるということにある．それらの和が最小になる値を求めると，たいていの場合にはただ1つの解が得られる．一方，単なる差の和をとると，正の差と負の差が相殺しあってゼロになるような値の組み合わせがたくさん出てくる（図11.4参照）．差の絶対値を最小にするというのも可能性としてはあるが，差の2乗を用いた場合の数学的利点がいくらか失われることになる．

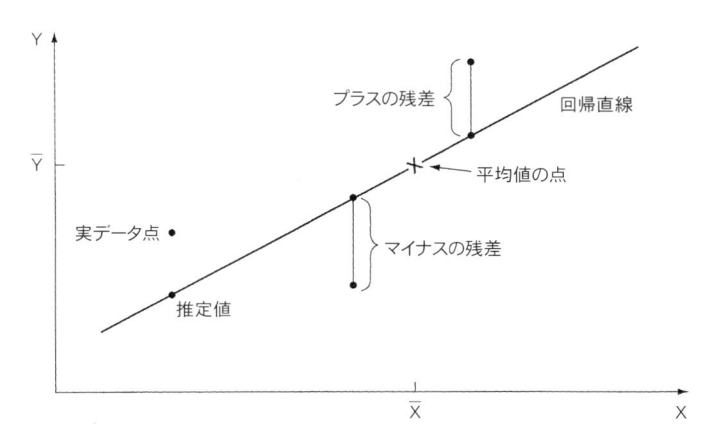

図11.4　当てはまりの良い回帰モデルからの残差

最小2乗法(OLS)による推定値は,「不偏性(unbiasedness)」と「一致性(consistency)」という重要な性質を両方とも持っている. 不偏性とは, ある母集団からすべての可能な標本を抽出してそのつど回帰の計算をしたときに, 係数の推定値の平均が真の値になっている, ということである. つまり, システマティックな誤差がないという意味である. 一致性とは, 標本サイズが大きくなるにつれて係数の推定値が真の値に収束する, ということである.

給与の回帰推定値と実際の給与の差を「残差(residuals)」と言う. 推定モデルにとっての残差は, 母集団における真のモデルにとっての誤差と同じである. 残差の分散は, 誤差の分散を推定するのに用いられる.

モデルの不確定部分の測定

回帰式の不確定性の原因には2種類のものがある. 1つ目は, モデルが予測するのは平均のみであり, 個々の観測値は平均のまわりで散らばるという内在的な限界である. 2つ目は, 多くの場合に回帰式が標本データから推定されているという事実に起因する標本抽出誤差である. これらの各原因について検討していこう.

内在的な変動性

モデルがデータにどれくらい良く当てはまっているかを示すために, 次の2つの測定尺度が用いられることが多い. 重決定係数(squared multiple correlation coefficient: 重相関係数の2乗)と, 回帰の標準誤差(standard error of the regression)である.

重相関係数 R は, 従属変数の回帰推定値と実測値の間の相関を表している. それを2乗した重決定係数(R^2 と表記する)は, 従属変数の全分散のうち, 回帰式によって説明される割合を指している. R^2 は1(回帰推定値が従属変数の分散すべてを説明している場合)から0(回帰推定値が分散をまったく説明していない場合)の間の値をとる. 給与の例では,「各従業員についての給与の回帰推定値と全従業員の平均給与の差」の2乗和を「各従業員の実際の給与と全従業員の平均給与の差」の2乗和で割った値である. R^2 の補数 $(1-R^2)$ は, 従属変数の分散のうち, モデルでは説明されない割合を表している. つまり, 誤差項の2乗和を「各従業員の実際の給与と全従業員の平均給

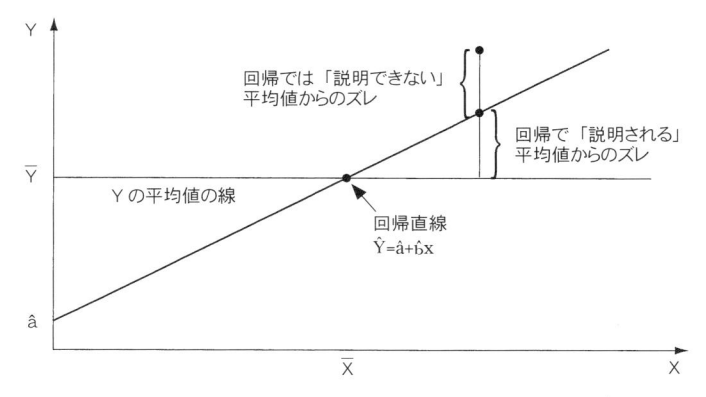

図11.5 平均からの説明されるズレと説明できないズレ

与の差」の2乗和で割った値である．図11.5はこれらの関係を示している．

　R^2が非常に大きな値をとっていれば，従属変数の分散の多くをモデルが説明していることになるから，そのモデルは支持されやすくなる．しかし，R^2の値がどのくらい高ければモデルが有効であると結論できるかを定める厳格な規則はない．多くは文脈に依存するのである．社会科学上の研究においては，R^2が50％を超えればモデルの当てはまりが良いとされるのが一般的である．しかし，ある時点の何らかの値が従属変数となっている時系列モデル（例えば，1日ごとに見た公開会社の株価の終値）では，R^2が90％以上になることも珍しくない．これはきわめて当てはまりが良いが，必ずしも因果関係を反映しているわけではなく，従属変数と独立変数の双方に同時に生じた傾向（トレンド）を反映しているだけかもしれない．その場合，もし一方のデータの転換点と合わない転換点が他方のデータにあれば，モデルの当てはまりは悪くなるだろう．したがって，R^2はモデルの有効性に関する数あるテストの一種にすぎないと考えるべきである．これに対し，もしR^2の値が小さければ，それはモデルにとって「不利」な指標となる．前に触れたアパラチア電力事件では，EPAは従属変数を排出量ではなく排出削減率としたモデル（排出量を算定するためにはもう一段階必要になる）の利用を正当化しているが，前者のR^2(59.7％)よりも後者のR^2(73.1％)の方が高い，というのがそのときの根拠であった．

モデルの当てはまりの良さを示すもう1つの測定尺度は，(紛らわしいことに)「回帰の標準誤差」と呼ばれている．これは残差の2乗の平均値の平方根として計算される．回帰の標準誤差が大きければ大きいほど，モデルに入れられている変数で説明できない分散がデータ上大きくなっているという意味で，モデルの説明力は弱くなる．複数の候補から回帰モデルを選択する基準として，R^2よりも回帰の標準誤差を好む統計専門家もいる．

標本抽出誤差

不確定性の2つ目の原因は，回帰係数はデータの標本から推定されなければならないために標本抽出誤差が伴う，という事実に由来する．ここからは，回帰係数が統計的に有意か否かという問題が出てくる．係数の統計的有意性は，係数の値を標準誤差(の推定値)で割った値によって判断されるのが通例である．このように算出された比は，観測数から変数の数を引いた数を自由度とする検定統計量t(t値と呼ばれる場合が多い)となる．2未満の検定統計量tを持つ係数は，統計的に有意でないと通常は考えられる．また，自由度によっては，2以上であっても統計的に有意でないとされることもありうる．

回帰推定値に関する信頼区間と予測区間

回帰式の係数は標本抽出誤差のために変動するので，従属変数の回帰推定値には分散がある．その分散の正の平方根が「回帰推定値の標準誤差(standard error of the regression estimate)」である．一般にこの値は回帰の標準誤差とは異なっており，より大きな数値をとる．回帰の標準誤差は回帰モデルに内在する変動性だけを反映するものであるのに対し，回帰推定値の標準誤差は内在的な変動性と標本抽出誤差の両方を反映するものだからである．大きな標本(例えば自由度が30を超える標本)では，回帰推定値の95％信頼区間(confidence interval)は当該推定値の両側で標準偏差約2個分に収まる範囲である．この信頼区間は次のように解釈される．同じ独立変数の値が含まれる標本を繰り返し抽出し，標本データを使って回帰の計算をそれぞれ行う．そのように信頼区間を100回計算すると，そのうちの95回は，これらの独立変数の値に対する従属変数の「真の」平均値を中に含む．新しい1個の観測値についての予測区間(prediction interval)を得るためには，回帰推

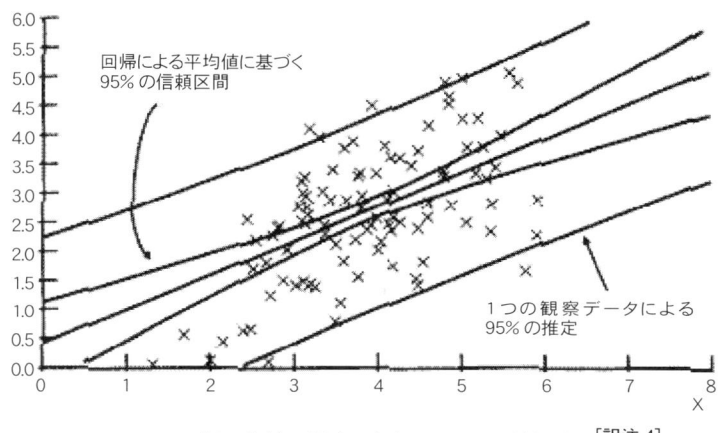

図 13.7 回帰平均値に対する信頼区間と予測値の幅 [訳注4]

定値のまわりで個々の観測値が変動する分を考慮して，回帰推定値の信頼区間よりも幅を広げなければならない．記憶の通り，個々の観測値の変動分は回帰の標準誤差によって測定される．95％予測区間は，同じ独立変数の値が含まれる標本を繰り返し抽出した場合，そこから予測区間を100回計算すると，そのうち95回は新しい従属変数の観測値を中に含んでいる，と解釈される．[これらの点は，図13.7を見ればわかりやすいであろう．]

信頼区間および予測区間の具体例を示してくれるのは，シカゴ商品取引所での小麦の現物価格と先物価格をめぐる裁判であろう．1963年5月末の数営業日の間にこれらの価格が劇的に高騰したとき，アメリカ合衆国農務省はある企業を市場操作の疑いで摘発した．すると企業側は，小麦の価格は人為的に低く抑えられていたのであって，劇的な価格上昇は正常な供給要因と需要要因によるものである，と主張した．そこで農務省のスタッフは，小麦の現物価格を供給要因と需要要因で説明する回帰モデルを提示した．そのモデルによると，5月の実際の平均価格は回帰の平均値および信頼区間に非常に近く，「小麦の価格は異常に抑制されていた」という主張をうまく反駁できた．農務省は代わりに次のような方法をとることもできた．すなわち，月末の数営業日各日における実際の小麦の価格と(回帰モデルに基づく)予測区間を比較し，小麦の価格と供給要因および需要要因が整合的になっているか否かを

テストする，という方法である．

　他の例を挙げよう．前に議論したアパラチア電力事件では，アパラチア電力側が上限排出率設定のために回帰モデルを利用することに反対したが，その理由は「LNB導入後の排出率の回帰推定値にはどうしても誤差が伴うから」というものであった．多くのボイラーは上限に近い排出をしていたので，予測に際して少し誤差が出るだけでこれらのボイラーは基準違反となってしまうおそれがあったのである．さらにアパラチア電力は，回帰推定値は平均値にすぎず，個々のボイラーの排出率は平均よりも多かったり少なかったりするだろう，とも指摘した．実際，LNB導入前の排出率がどんな値だったとしても，改良されたボイラーの半分がLNB導入後に回帰推定値を上回ることになっただろう．

　アパラチア電力の主張にはまったく根拠がないというわけではない．だが裁判所は以下のように答えた．どんな回帰分析でも，回帰によって描かれる線は最も良くデータに当てはまる線を表しており，「すべての適用例にモデルが完璧に当てはまるわけではない」という事実は何ら反論にならない．モデルは，現実を見やすくするために単純化するためのものである．「一般に通用する統計上の限度」（それが何を意味しようと）の中に残差が収まっている限り，モデルは残差の存在のみによって有効性を失うことはない．「すべてのデータに完璧には当てはまっていないという理由でモデルを無効とすることは，そもそもモデルを使う目的を否定することに等しい」[15]．この裁判所の答えは，あまり答えになっていない．なぜなら，ここで問題になっているのは回帰が完璧であるべきかどうかではなく，EPAが上限の設定にあたって不確実性を考慮に入れるべきだったかどうかだからである．裁判所は判決理由の中で「上限は年間の平均値である．したがって，基準以上の排出を行う日と基準以下の排出を行う日があっても，なお基準を満たしうる．電力会社側は，会社内で影響をうけるユニット全部を平均してそれを規制対象にするようEPAに請求することもできた」と述べており，こちらはより説得的である．不完全であるにせよ，この主張の方がまだよい．回帰推定値の誤差を考慮する（この誤差は平均するだけでは治癒されない）ためには，回帰推定値の不確実性を吸収するクッションとして，信頼区間の上限値を使えばよかったのである．予測区間の上限値（信頼区間の上限値よりもずっと高かったであろう）を使うべきだというのがアパラチア電力の主張だったが，裁判

所が引用した平均化についての条項があったため，信頼区間の上限値の採用を主張する場合よりも主張としては弱かった．

　従属変数の信頼区間と予測区間が小さいモデルの方が，不確定性［ここでは変動性］が大きいモデルよりも好まれる．話を単純にするため，独立変数が1個のモデルを考えてみよう．そのようなモデルの信頼区間のサイズは，独立変数の係数の標準誤差（これはモデルを推定する際に標本がどのくらい変動するかを反映している）および回帰の標準誤差（これはモデルの内在的変動性がどのくらいであるかを反映している）によって決まる．区間の幅の一定ではなく，独立変数の平均値辺りで最小になり，独立変数の値が平均値から遠ざかるほど大きくなっていく．その理由は，定数項aの分散または傾きの係数bの分散が変わってくるからではない（これらの分散は変わらない）．そうではなく，独立変数の平均値から遠くなるに従ってbの変動が従属変数に強く影響を及ぼすようになる，という事実に理由がある．これはちょうど，シーソーの傾きが少し変わると中心付近よりも端の方が高さを大きく変える，というのと似ている．独立変数の平均値（シーソーの支点）では，bがどのように変動しても従属変数の変動には何ら影響せず，信頼区間の幅はaの分散によってのみ決まってくる．

　係数bの標準誤差の大きさは，(1)回帰の標準誤差，(2)回帰式の推定に用いた標本のサイズ，(3)標本データにおける独立変数の値の散らばり具合，(4)独立変数が複数ある場合は，独立変数間の線形相関の程度，の各要素に依存する．以下，順次検討しよう．

　もし回帰の標準誤差がゼロであれば，回帰式は従属変数を完璧に予測し，どの標本を使っても標本サイズに関係なく同一の従属変数が出てくる．このことが意味するのは，どの標本を使ってもまったく同じ回帰式が推定されている，つまり係数の標準誤差がゼロだということである．誤差の分散が大きくなるにつれ，回帰式のランダムな部分が影響して標本ごとに従属変数が変動するようになり，様々なOLS回帰式が導かれる．他方，誤差の分散を所与とすれば，標本サイズが大きくなるに従って，標本抽出によるOLS推定値の変動幅は減少する．

　独立変数のばらつき具合については，独立変数Xから従属変数Yへの回帰という簡単なケースを考えてみよう．OLSで求められる線は，YおよびXの平均値で定められる点を通過する．もし独立変数Xの値が平均値付近にかた

まっていて，Y の値が広く散らばっているとすれば，Y の値が少し変化しただけでも推定された線の傾き（係数 b）が大きく揺れ動く可能性がある（シーソーと同じように大きく反応する）．だが X の値も広く散らばっていれば，線はより安定的になる．

複数の独立変数が関係するより複雑な場面では，4つ目の要素——変数間の線形相関の程度——が係数の標準誤差に重要な影響を与える．しかしこの問題の議論は次章に譲る．次章では，複数の独立変数を含む複雑なモデルについて論じる．

次のことを銘記しておくのは大事である．モデルが標本から推定されている場合，モデルが正しいと仮定すると，従属変数の推定値の信頼区間や予測区間が反映しているのは標本抽出による変動だけである．これらの区間は，より広くモデル自体に関する疑念を斟酌したものではない．

もし標本抽出が適切でなければ，信頼区間や予測区間も適切でなくなる．

ニュージャージー州で死刑が廃止される前の時期，他の死刑事件との比較において刑罰の重さが釣り合うようにするため，同州は死刑判決の均衡審査 (proportionality review) を要求していた．そこでは，従属変数を死刑判決の確率，独立変数を殺人の凶悪性に関係する要素とした回帰モデルが使われていた．*State v. Loftin* 事件[16]では，判決理由の中で触れられている回帰モデル（過去の刑事事件のデータから推定）の1つによると，死刑判決の予測確率は14％となっていた．この数字は均衡審査を受けた他の被告人たちと比較すると非常に低い数字であった（裁判所の判断したところによると，同じ回帰モデルを使った場合，過去4回の均衡審査事件における死刑判決の確率の推定値はそれぞれ64％，80％，59％，65％であった）．ところが裁判所は，ロフティン（被告人）の事件での推定値の信頼区間は0％から95％の範囲に及んでいるので「そのことはロフティンの数値をあまり重視する必要はないことを示している」[17]と述べ，ロフティンの低い数値を無視した．しかし，疑問の余地があるのは，標本抽出誤差を考慮することがロフティンの事件の場合に適切であったかどうかである．真の（あるいは背後に潜む）可罰性の指標が存在するとして，入手可能な過去の裁判例のデータからそれを推定するというのであれば，標本抽出誤差を考慮するのは適切である．けれども，していることが過去の裁判例での判決との関係で（またはそれらを使って）ロフティンの判決内容を比較することだけならば，過去の判決は過去の判決なの

であって，それらを標本として考える理由はないことになる．

　2007年12月，ニュージャージー州議会は死刑を廃止し，40年ぶりに立法によって死刑を廃止した州になった．

　次の章では，より複雑なモデルとそれらに関連する問題について述べよう．

第12章　回帰モデル：さらなる検討

　前章では，最も単純なモデルを議論した．すなわち，線形で（ただし1つの例[図11.3]では非線形の3次式），データの変換がないモデルである．訴訟で使われるモデルの多くでは，既に議論したモデルよりも，一層複雑な問題が生じる．それらは，独立変数の適切さや解釈，様々なモデルからの選択，データの変換といったもので，さらに連立方程式を使ったモデルといった問題さえある．この章では，こうした複雑な問題のうちのいくつかを扱う．

独立変数の選択

　独立変数の選択は，何らかの関連する理論に基づいて決定され，特定のデータの利用可能性の影響を受けないのが理想的である．雇用差別事例では，従業員の生産性に関連する諸要因を見つけるにあたって，労働経済学者が当事者にアドバイスしてくれることがある．しかし，候補となるもっともらしい要因がたくさん存在することがしばしばあり，それらのうちからどれを選択すべきかを理論が常に教えてくれるとは限らない．このような場合には通常，諸要因の選択は，コンピュータにより，様々なアルゴリズムを用いて行われる．よく使われるアルゴリズムの1つは，変数増加法（forward selection method）と呼ばれるものである．この方法では，コンピュータは，従属変数を最もよく説明する（すなわち，従属変数との相関が最も高い）変数を1番目の独立変数として選択し，その独立変数1つだけで回帰式を計算する．その後コンピュータは，従属変数における，まだ説明されていない残りの変動（すなわち，1番目の独立変数だけで計算されたモデルにおける

予測誤差）を最もよく説明する変数を，次の独立変数として選択する．そして，この2番目の独立変数をモデルに付け加え，回帰式を計算し直す．コンピュータは，回帰式に付け加えても説明力が統計的に有意に増加する変数が見つからなくなるまで，このような手順を繰り返す．この基本的な考え方を変化させた方法もある．

　これらの種類の方法はまとめて「ステップワイズ法」と呼ばれる．これは時に「データの手さぐり(data dredging)」と批判されることもある方法である．その理由は，モデルをデータに当てはめて回帰モデルの選択や推定を行った際には，データへの当てはまりはとても良好に見えるかもしれないが，当該モデルを使って別のデータセットの予測を行うと，パフォーマンスが通常悪化してしまうからである．パフォーマンスの悪化が最も大きく生じるのは，変数増加法や他の何らかの「データの手さぐり」の手法を使って回帰モデルを構築した場合である（データへの当てはまりの良さが過大なことは「過度の楽観(overoptimism)」と呼ばれる）．「過度の楽観」を是正するために，十分なデータが利用可能である場合は，あるデータセットから回帰式の選択や推定を行ったら，別のデータセットを使ってデータへの当てはまりの良さを測定することが望ましい．ある連邦地方裁判所は，変数増加法が使われたことを理由として，当該回帰モデルを採用しなかった[1]が，一般には主要な争いが生じるのは他の箇所である．

代理変数

　調査者が必要な変数すべてのデータを持っておらず，そうした変数の代理となる変数を用いる必要性に駆られることが，しばしばある．これは，様々な問題を生じさせうる．例えば，代理していると想定されているものを適切に反映していないという意味で，代理変数(proxy variable)にバイアスがあるかもしれない．また，当該代理変数を回帰式に含めることで，他の独立変数が表しているものの意味が変わってしまうかもしれない．さらに，他の独立変数の係数の推定値に，バイアスを生じさせるかもしれない．

　比較的好い例として，第11章［199頁］で議論した，アパラチア電力事件で使われた環境保護局(EPA)のモデルに関するものがある．アパラチア電力は，当該回帰モデルでは，低窒素酸化物燃焼技術(LNB)導入前の短期(52日)の排出率が使用されている，として反対した．電力会社の議論によれば，こ

の使用は不適切である．その理由は，EPAはこのデータを用いて長期（1年）の排出率を導出し，長期の上限排出率を設定しようとしたからだ，ということであった．EPAの回答は，短期のデータを長期の排出率の代理変数として使用したのは，長期のデータが利用可能でないという実践的な理由からである，というものだった．EPAはさらなる返答として，長期のデータが利用可能な，18個のユニット（ボイラー）のデータを使用してモデルを推定することで，バイアスの検証を行った，と主張した．データへの当てはまりは「悪くない」（$R^2=65.3\%$）と考えられた．このモデルを適用すると，長期データから推定された上限排出率を満たしているボイラーのパーセンテージと，短期データから推定されたパーセンテージとの違いは，通常2％未満（そして大きくても5％）であることがわかった．これをもって，EPAは短期データの使用を正当化した．このように，EPAはこの事例で代理変数の妥当性の検証を行うことが可能であったわけであるが，このようなことが行えるのは稀である．

以下では，バイアスのある代理変数の例を挙げる．例えばリーディング・ケースとして，リパブリック・ナショナル・バンク（Republic National Bank）に対して提起された，黒人と女性への差別に関する数十年前のクラス・アクションがある[2]．原告側の用いた回帰モデルでは，従業員の集団間の差異を統制するために，個人的属性に関する諸変数と仕事に関する諸変数が使用された．個人的属性に関する諸変数の中には，教育水準（最終学歴）と年齢（社会人経験全般に関する独立変数の代理変数）があった．モデルを従業員数千人のデータに当てはめたところ，性別と人種の係数が統計的に有意であり，女性と黒人の場合に負の効果を持つことがわかった．原告側は，この分析結果を自らの主張の証拠とした．しかし裁判所は，年齢を社会人経験の代理変数とすることを認めなかった．裁判所は，年齢という変数は，女性に関してバイアスがあり不正確だとしたのである．その理由としては，女性は労働力の外に置かれる傾向があり，また男性よりも就学年数が短い傾向があることが挙げられた．

代理変数にバイアスがなかった（ここでは，バイアスがないとは「生産性の同じ男性と女性で代理変数が同じ値になる」ということを意味している[訳注1]）としても，当該代理変数が生産性を完全に反映したものではなく，生産性といくらか相関があるだけの場合には，モデルの係数にバイアスが生

じうる．このことを理解するために，女性より男性の方が生産的なので，女性より男性に多く給与を支払っている使用者を考えよう．従業員の女性たちは差別に関する訴訟を提起し，生産性の代理変数である評価得点（第三者が従業員を評価したもの）と性別を独立変数にして，給与についての回帰分析を行った．極端な場合として，評価得点が生産性とまったく相関がない場合を考えてみる（これはひどい代理変数で，男性にも女性にも何の情報ももたらさない）．この場合評価得点という代理変数を含めても，男性と女性の間の生産性の差異を統制することはできず，給与の差の原因は性別に帰せられる．すなわち，給与の差は性別の係数に反映され，本件使用者は差別的であるという誤った結論を導くことになる．これほど極端でない場合（すなわち評価得点は生産性と相関しているが完全な相関ではない場合），当該代理変数による生産性の差異の統制は，過小であるということになる．これは性別の係数にバイアスをもたらし，たとえ使用者が差別をしていなかったとしても，差別をしているかのような外観をモデルが作り出す可能性がある[3]．

　ある事件では，以上のような過小統制（underadjustment）のバイアスの問題が，被告側の専門家証人により提起された．この事件は，メディカル・スクールの女性医師たちが，給与や昇進における差別を主張したものである[4]．男性と女性の給与の平均の差は約3500ドルであったが，男性の方が経験や教育の程度が高く，このメディカル・スクールでのテニュア（終身在職権）を持っている割合も高かった．これらの代理変数によって統制した後，年ごとの回帰分析における性別の係数のうち最大のものは3145ドルであり，これは統計的に有意であった．しかし，被告側の専門家証人は，統計的に有意な性別の係数は差別の明確な証拠とは言えない，と論じた．その理由は，当該係数は過小統制のバイアスの結果であり，本件メディカル・スクールは差別的でない，という可能性があるからである．連邦地裁は，専門家証人が次のことを主張していると考えた．すなわち，代理変数がより正確であったなら（すなわち生産性を構成する諸要素をより多く取り込んでいたら），男性の教職員は，当該分析よりも，さらに一層生産的だということになる．なぜなら，生産性を構成する諸要素のうちで測定されていないものは，測定されている諸要素と同じく，男性の方が高いと思われるからである，という主張である．控訴裁判所は，この主張のような仮定をすることを認めず，「単に代理変数が不完全だという事実があるだけでは，たとえ当該代理変数で男性

の方が高い値を示していても，原告側のモデルが過小統制に陥っているということを証明したことにはならない.」と述べた．しかし，既に［注3で］見たように，代理変数が生産性を反映するもの［すなわち代理変数が生産性の結果］である場合，性別の係数は過小統制のバイアスの結果であり使用者は差別的でない可能性がある．もっとも，統計的に有意な性別の係数が，過小統制で完全に説明されるとは限らない，ということは言える．

　また，代理変数を回帰式に含めることで，他の独立変数が表しているものの意味が変わってしまうかもしれず，解釈に注意が必要となる．以下で例を挙げる．

　アメリカ合衆国の公立学校は通常，地方税と州の基金の組合せによって維持されている．地方税の税収が少なく貧しい学校自治区[訳注2]が，州を訴えた例があった．原告の主張は，学校自治区に対する州からの資金が少なすぎ，十分な基本的教育の提供という州の憲法上の要求を満たしていない，というものであった．原告の議論によれば，学生のテストの点数（統一学力テストでの成績により測定）は，特別な税を徴収し教育に資金をより多く費やしている，裕福な学校自治区の方が高い傾向にあった．問題は，これが生徒1人あたりに費やした資金の量のもたらした直接の結果なのか，費やした資金と関係のない他の社会的な諸要因との相関によるものなのか，ということである．

　こうした裁判例のうちの1つでは，シアトルの学校自治区がワシントン州を訴え，学校に関する諸変数がテストの点数の高さにとって重要であるという主張を行った．州側はその主張に反駁するために，教育生産関数モデルを導入した.[5] 州側のモデルは回帰式であり，従属変数が統一学力テストでの点数で，独立変数は家庭的背景に関する諸変数（両親の教育水準や家族の収入など），仲間集団（peer group）に関する諸変数（マイノリティの生徒の割合や，全校生徒の社会的階級構成など），学校資源に関する諸変数（クラスの人数，先生の能力，生徒1人あたりに費やす資金など）であった．ここで重要な問題は，このモデルにおいて，学校資源に関する変数の係数が統計的に有意であり，実際上も重大な影響を持つほど係数の値が大きいか否か，ということである．

　州側は，以前のテストの点数（4年前に行われたテストにおける同学年の学校自治区平均）を，代理変数として含めた．これは，仲間集団に関する諸

要因の中で，モデルには含まれていないがテストの成績に影響を与えるような要因のための代理変数である．分析の結果は，学校資源に関する諸変数の係数は非常に小さく，かつ有意ではないというものであった．これは，被告である州側の立場を支持する結果であった．すなわち，学校に費やした資金の量は，この州での金額の幅の範囲内について言えば，教育の結果（少なくとも統一学力テストの点数で測定された教育の結果）に影響を与える要因ではない，という立場を支持する結果である．しかしながら，4年前に行われた以前のテストにおける同学年の点数を含めることで，学校自治区ごとの統一学力テストの点数の予測から，当該回帰式の意味が変わってしまった．具体的には，学校自治区ごとの統一学力テストの点数の4年間での変化の予測へと，意味が変わってしまったのである．これは，当初の意味とはまったく異なる意味である．これを理解するために，今仮に，学校資源に関する諸要因がテストの点数を決定するのに重要であるとしよう．しかし，4年間で当該諸要因（や他の諸要因）には何の変化もなかったとする．すると，学校自治区ごとのテストの点数の水準にも，何の変化も起こらない．この場合，現在のテストの点数は，同じ学校自治区の以前の点数と，基本的に同じになるだろう（ランダムな誤差の影響は受ける）．この場合の回帰式では，以前のテストの点数が，現在のテストの点数をほぼ完全に説明しており，学校資源に関する諸変数や他の独立変数の係数は，値が小さく統計的に有意でないだろう．しかしこの結果から，学校資源に関する諸変数が，テストの点数の水準にとって重要でないと推定することは正しくない．

歪んでいる変数

差別に関する裁判例において回帰分析に反対する当事者は，反対理由を様々に挙げてきた．例えば，次のようなものである．(1) ある独立変数が，差別によって歪んでいる(tainted)可能性がある．(2) 給与を説明する重要な変数が回帰式に入っていなかったり，実際には給与を説明しないかもしれない変数が入っていたりする．(3) 同じ回帰式で，異なる集団を不適切に1つに統合してしまっている．(4) 差別が違法でなかった時代のデータが含まれている．以下では，裁判所がこのうち(1)の歪んでいる変数(tainted variable)という反対理由をどう扱ってきたか，ということの一例を見る．

大学研究機関に対して，女性教職員の差別を理由とする数多くの訴訟が提

起されてきた．通常このような訴訟で両当事者は，回帰モデルを持ち出す．原告側は，正当な生産性の独立変数と認められるものを統制した後でも性別の係数が統計的に有意であり，それは差別を反映したものである，ということを示す．原告側の回帰式にとりわけ一般に含まれるのは，教育水準，職務経験，論文・著書等の業績，大学でのテニュアである．これに対し，被告の大学研究機関は，原告側のモデルは，教えている授業の質など，学問的な生産性のすべてを捉えていない，として反論する．そうした原告側のモデルで捉えられていない諸要因を取り込むため，被告側の回帰式には，大学での職階がそれらの代理変数として含められる．職階が含められると，性別の係数はしばしば統計的に有意でなくなる．しかし，原告側は，職階を含めることで，性別の係数が表しているものが，同じ職階の中での，女性教職員に対する差別だけになってしまう，と反論する．すなわち，職階の付与にも差別があるので，これでは差別全体を捉えていない，というのである．この争点に関しては，相当数の訴訟が存在する．

　この争点は，*Coates v. Johnson & Johnson* 事件（コエーツ事件）[6]［183頁参照］で，ある程度詳しく扱われている．この裁判例はクラス・アクションで，従業員の解雇に関して，マイノリティに対する差別を主張するものだった．被告である使用者は，回帰分析において，以前の懲戒処分を独立変数として使用した．被告側の専門家証人の分析によれば，ある1人の従業員に対して，解雇前の12ヵ月間に科す懲戒処分の数が，解雇を予測する最も強い変数の1つであるということになった．しかし，原告側は，懲戒処分自体も差別的であると反論した．すなわち，黒人が規則違反に対して正式な文書での警告を受けるのに対して，白人は口頭での指導で済まされる（こちらは記録に残っていないようである）といった具合の差別である．原告側も被告側も，自らの主張を支持する逸話的な証拠を持ち出したが，統計的な証拠はなく，被告側の専門家証人はそうした証拠を出すことは不可能であることを認めた．実質的証拠がない場合，結果は証明責任次第となる．控訴裁判所はこの事件を審査し，バイアスがあると疑われる変数を含む回帰式を被告が持ちだした場合，「原告は，当該変数にバイアスがあるということを事実認定者に説得する責任を負う」と結論した．この争点に関する証拠は「まばらで矛盾し合っている」ため，控訴裁判所は次のように判示した．すなわち，連邦地裁が「懲戒を科すにあたって差別的な行動傾向や慣行が被告にあったということ

が証拠により示されていない」と認定したことは,「明らかな誤りとは言えない」と控訴裁判所は判断したのである.したがって,連邦地裁が,従業員への懲戒の記録を独立変数として含んだ被告側の回帰分析を有効と認めたのは適切だった,ということになる.

コエーツ事件において控訴裁判所は,それ以前のリーディング・ケースであり,本事件と反対の結論に達した*James v. Stockham Valeves & Fittings Co.*事件(以下では,ストッカム・ヴァルヴズ事件と呼ぶ)[7]との区別を行っている.ストッカム・ヴァルヴズ事件では,使用者は,黒人と白人の間の平均時給の格差は「生産性に関する諸変数」,その中でもとりわけ「技能水準」と「人事考課の結果」によって説明できる,と主張した.原告側は,これらの変数の定義の仕方が差別を含むものであると反論し,裁判所もそれに同意した.「技能水準」は従業員の職階に基づいて定義されていたが,原告側は,高い職位から黒人は排除されていたと主張した.そのため裁判所は,「そうした仕方で『技能水準』を定義して行う回帰分析は,白人の方が結果的に給与が高くなるような差別的慣行の存在を,証明しているかもしれない」と述べている.同様に,「人事考課」は,上司の主観的評価に基づいており,そしてその上司となるのは圧倒的に白人が多い.したがって,ストッカム・ヴァルヴズ事件の裁判所は,こうした諸変数を含む被告の回帰分析は,原告の一応の証明への反駁にはなっていない,と結論した.

コエーツ事件の裁判所がストッカム・ヴァルヴズ事件と区別した根拠は,次のようなものである.すなわち,ストッカム・ヴァルヴズ事件では,「高い職位に就いている黒人と白人の割合に相当な差があったことを明確に示している」統計的証拠や,「黒人に与えられた人事考課の平均は,白人よりもかなり低かった」ことを示す統計的証拠が存在していた,ということである.したがって,裁判所によれば,ストッカム・ヴァルヴズ事件ではこれらの諸変数が差別を反映している,という原告側の疑いを支持する証拠があった.それに対してコエーツ事件ではそうした証拠はなかった.しかし,これが果たして区別の正当な根拠となるのだろうか.独立変数のうち,どの集団に属しているかということに関するダミー変数の係数を小さくするような変数はどれも,当該ダミー変数と相関するはずである.したがって,そうした相関は,変数が差別によって歪んでいるということを証明するものでは必ずしもない.問題は,統計的証拠や非統計的証拠が,全体として見て,歪んで

いる変数の問題についての証明責任を転換させるほど,差別の指標として十分かどうか,である.

データを統合することによる問題

この問題の一般的なパターンは,次のようなものである.原告側の専門家証人は,データを統合することを好む.なぜなら,統合すると,回帰分析の結果が統計的に有意になりやすくなるからである.彼らが主張するには,こうすることが正当である.被告側の専門家証人は,分割することを好む.なぜなら,分割すると有意になりにくくなるからである.彼らが主張するには,統合バイアスの問題があるので,こうすることが正当である.この問題は,第10章で議論した.

モデルの形

裁判例では,これまで様々な回帰モデルが登場してきた.差別に関する事件を例に取ると,最も一般的なのは,従業員の生産性に関する諸変数に加えて,性別に関するダミー変数(例えばX_3とする)を[第11章の196頁の]回帰モデルに付け加える,というものである.このダミー変数は,当該従業員が男性の場合は1,女性の場合は0の値をとる(あるいはその逆もありうる.このコーディングはどちらでも構わず,多少の操作が必要になるだけで分析結果には影響を与えない).そして,このダミー変数の係数b_3が正ならば,b_3の値は勤続年数(X_1)や役職(X_2)の水準が同じ従業員で見たときに,男性の給料が女性の給料をどれだけ上回っているかという,平均金額を表している.逆に係数b_3が負ならば,b_3の値は,勤務年数や役職の水準が同じ従業員で見たときに,男性の給与が女性の給与をどれだけ下回っているかという,平均金額を表している.係数で表されるこうした差が十分に大きくて統計的に有意な場合,それは一般に差別の証拠と受け取られる.

差別に関する事件で使われる他の種類のモデルでは,性別に関する変数がなく,代わりに2つの別々の回帰式が用いられる.1つは男性に関する回帰式で,もう1つは女性に関する回帰式である.男性に関する回帰式は男性のデータから推定され,女性に関する回帰式も同様である.そして,それらの回帰式の独立変数の係数が比較される.例えば,年齢の係数が,女性より男性の方が大きく,その差が統計的に有意な場合,使用者が女性よりも男性

に，同じ勤続年数でも高く報酬を与えている，ということを示している．この種のモデルの利点は，ある特定の形態の差別を仮定しておらず，どこに差別が存在するかを，データが指し示すことができるようになっていることである．欠点は，2つの回帰式を推定するには，よりたくさんのデータが必要であるということである．

変数の形

どんな独立変数を選択するにしても，使用される独立変数や従属変数の形には様々なものがありうる．ここでは，3つの例を挙げる．

対数

多くの種類の経済学的モデルでは，従属変数のデータを対数で表すのが普通である．例えば，これまで議論してきた差別に関するモデルでは，実際の給与の代わりに，給与の対数が用いられるかもしれない．この場合，性別の係数は，女性と男性の給与の平均金額の差ではなく，給与の平均のパーセント差の近似と解釈される[訳注3]．給与の対数を用いることは，多くの場合，モデルの改善になるだろう．なぜなら，差別的な使用者が，すべての水準の給与で同じ金額差をつけるという可能性は低く，パーセントで見た格差の方が可能性がありそうだからである．対数には，他にも望ましい数学的特徴がある．

2次の項

代わりに用いられる他の形として，1つ以上の独立変数の2次の項を，回帰式に付け加えるというものがある．再び給与のモデルを例に取れば，給与の回帰モデルに勤続年数の2次の項を付け加えることがよく行われる．勤続年数(ここでは勤続年数をXとしその係数をbとする)が給与に与える影響には2つの構成要素がある．それらは，元の回帰モデルのbXと，新しいb^*X^2という2つである．通常，b^*という，2次の項の係数の推定値は負になる．X^2はXよりも速く増加するので，負の2次の項の効果は，Xが増えると勤続年数の与える影響を減少させる，というものになる．これにより，勤続年数が増えると勤続年数の給与に与える影響が小さくなる，という事実をモデルに反映させることができるようになる．

2次の項を持つモデルが適切かどうかは，第11章で議論したアパラチア電力事件において検討されている．EPAは2つのモデルを比較した．モデル1（1ステップ・モデル）では，LNB導入後の排出率(C)を従属変数，LNB導入前の排出率(U)を独立変数にして回帰分析を行っている．この場合モデルは$C = a + bU$となる．電力会社はこちらを提案していた．モデル2（2ステップ・モデル）には，2つのステップがある．第1ステップでは，排出率が何パーセント削減されたかという削減率(P)を従属変数，Uを独立変数にして回帰分析を行っている．モデルは$P = a' + b'U$となる．そして第2ステップでは，Cが$C = (U)(1-P/100)$という式によって計算される．EPAはこのモデル2を採用した．なぜなら，2ステップ・モデルにおけるPを計算するためのモデルの方が，1ステップ・モデルにおけるCを計算するモデルよりも，データへの当てはまりがずっと良いからであった[8]．このようになる理由は，1ステップ・モデルでは，LNB導入後の排出率がLNB導入前の排出率と同じくらい速く上昇する，と仮定してしまっていたからである．それに対して2ステップ・モデルでは，データによって示されている次のような事実が考慮に入れられていた．すなわち，LNB導入前の排出率が高いほど排出率の削減率が高くなるので，LNB導入後の排出率の方がLNB導入前の排出率より緩やかに上昇する，という事実である．

電力会社は，2ステップ・モデルに対して，2つの関連した反論を述べた．第一は，当該回帰モデルの形が誤っているという反論である．その理由は，当該モデルは従属変数として，排出率の削減率を使っているが，直接関心のある量はLNB導入後の排出の量である，ということであった．第二は，当該モデルが明らかに異常な分析結果を導くという反論である．なぜなら，LNB導入前の排出率が十分に高い場合，当該モデルから推定される排出率の削減率は，何と100%になってしまうからである．極端な値の場合にモデルがあり得ない結果を生み出す，というこのような意見は，回帰モデルに対する攻撃として時々用いられる．

EPAは，「統計的に検証可能な回帰モデルの当てはまりは，当該モデルを構築する際に実際に使用したデータの範囲内のみで保証されるものである」と返答した．排出率の削減率を100%にするのに必要なLNB導入前の排出率の水準は，百万英国熱量単位(mmBTU)あたり2.574ポンドであり，モデル構築で使用したデータの範囲をはるかに超えるものだった．データ範囲を超え

るLNB導入前の排出率の問題に対処するために(そのようなものが排出削減プログラム第2段階のユニットに1つだけ存在した), EPAは上限を設けた. すなわちEPAは, データベースの中でLNB導入前の排出率が最も高いユニットを使った場合に当該モデルから推定される排出率の削減率よりも, 排出率の削減率が高くなることはない, という仮定を置いた. そして, データベースの中でLNB導入前の排出率が最も高いユニットの排出率は, mmBTUあたり1.410ポンドであった.

　一般的に言って, モデル構築に使ったデータの範囲内のみで予測を行うのは, 理に適ったアプローチである. そして, そのデータ範囲を超えると当該モデルが異常な分析結果を導くという事実は, そのデータ範囲内での分析結果が誤っているという結論を正当化するものでは必ずしもない. しかし, ここでの事例では, データ範囲内でのモデルの適切さにも問題がある. EPA自身が指摘しているように, 2ステップ・モデルは, それと同値な1ステップ・モデルに表し直すことができる. すなわち, 従属変数Cと独立変数Uを使った, 2次の項を持つ回帰式$C = a + b_1 U + b_2 U^2$に表し直すことができるのである. このモデルを排出削減プログラム第1段階のデータに当てはめると, 2次の項の係数は負となる. すると, Cの推定値の増加はUが増加するに従って緩やかになり, Uがある特定の点(極点)より大きくなるとCは減少し始める. 明らかに, この極点を超えると, (たとえ削減率が100%でなかったとしても)当該モデルは妥当ではなくなる. したがって, 削減率が100%という極端な値においてだけでなく, 極点以降においても, モデルの適切さに問題がある. そして, 極点での排出の水準率は, 削減率が100%の時の排出率の水準よりずっと低い(mmBTUあたり1.287ポンド). 当該モデルの構築に使われた, データベースの中でLNB導入前の最も高い排出率(mmBTUあたり1.410ポンド)は, 極点での排出率を上回っている. よって当該モデルでは, 極点を超えたLNB導入前の排出率の水準の範囲では, LNBにより達成できる排出率の減少が, 誇張されてしまっている. 当該モデルの構築に使われたデータから, こうした極点を超えた値のデータを排除しても, 係数の推定値はそれほど変わらない. しかし, EPAは, 排出削減プログラム第2段階のユニットにより達成できる削減率の最大値を設定するための上限として, データベースの中でLNB導入前の最も高い排出率(mmBTUあたり1.410ポンド)を使用すべきではなかった. これよりも低い値である極点の排出率

(mmBTUあたり1.287ポンド)を，代わりに上限として使用すべきであったと思われる．このように，回帰推定値［従属変数の予測値］の適切さを評価する際は，その推定値を導くのに使われた値が，当該モデル構築に用いられたデータの範囲内であるかどうかを調べるだけでは足りないのである．

交互作用項

　変数の形の３つ目の例は，「交互作用項(interactive variable)」である[訳注4]．これは，２つの変数の積である．給与のモデルを例として再び取り上げる．使用者が差別的な場合，管理職とそれより下の地位とで，男女の扱いを変えているかもしれない．これを考慮に入れるために，第11章のモデルに交互作用項 $b_4 X_2 X_3$ を入れる［回帰式は例えば $Y = a + b_2 X_2 + b_3 X_3 + b_4 X_2 X_3$ と書ける］．X_2 は第11章と同様，1が管理職で0が非管理職を表す．X_3 は，1が男性で0が女性を表す．このようにコーディングすると，交互作用項が1になるのは，X_2 も X_3 も1のときのみ，すなわち男性の管理職のみであり，他の従業員ではすべて交互作用項は0ということになる．この交互作用項を加えると，その他の係数の意味が変わってくる．なぜなら，この場合，管理職であることの効果が，男性と女性で別々に評価されることになるからである．非管理職の女性の場合，X_2 と X_3 が0となるので，非管理職の女性が，比較の基準となる集団である．この場合，同じ勤続年数の男性と女性で見るとき，係数 b_2 は，非管理職の女性と比べた管理職の女性の，給与の増加の平均となる．そして係数 b_3 は，非管理職の女性と比べた非管理職の男性の，給与の増加の平均となる．係数 b_4 は，「男性と女性の給与差が非管理職と管理職でどう違うか」ということを表している[訳注5]．もし管理職の男性と管理職の女性を比べたい場合，給与の差の平均は，$b_3 + b_4$ となる[訳注6]．性別に関する変数が勤続年数 X_1 とも交互作用を持つ場合，この交互作用項の係数は，非管理職における１年あたりの給与増加分の男女差(給与はすべて平均ベース)となる[訳注7]．これは，男性に関する回帰式と女性に関する回帰式を別々に推計して，それらの独立変数の係数を比較した場合にも，知ることができるものである．一般に，性別がその他の独立変数のそれぞれと交互作用を持つ場合，分析結果は，男性に関する回帰式と女性に関する回帰式の２つを使った場合と同値になる[訳注8]．

　次の例を考えてみよう．オハイオ州シンシナティの近くにある政府の工

場が，原子炉で使うための，三酸化ウラン粉末の精製と金属ウランの機械加工を行っていた．政府と契約してこの工場の操業を行っていた企業により，1984年12月10日に，次の発表がなされた．それは，この工場が400ポンド以上の三酸化ウラン粉末を，過去3ヵ月の間に大気中に放出した，という発表であった．近隣の住宅所有者が，健康被害（主にがんの恐れ）と住宅の価値の減少を理由に，訴訟を起こした[9]．工場から5マイル［約8km］以内の住宅に対する財産的損害の主張を証拠立てるものとして，原告側の専門家証人は回帰モデルを提示した．これは，約1000戸の住居についての，当該発表の前と後の両方の販売データを基にした回帰モデルだった．従属変数は住宅の価格であり，独立変数は，住宅の価格に影響を与えると考えられる，住宅の特徴や経済的条件を反映するように選択された．独立変数の中で重要なものは，次のダミー変数である．*Pre-1985 In*（85年より前に工場から5マイルの範囲内で販売された住宅＝1，それ以外＝0），*Pre-1985 Out*（85年より前に工場から5マイルの範囲外で販売された住宅＝1，それ以外＝0）である．また，*Post-1984 In* も，これらと同じような仕方で定義される．そして，*Post-1984 Out*は，比較の基準となるグループであり，今述べた3つの変数が0のときとして表すことができる．

　この3つの変数の回帰係数は，*Pre-1985 In*が−1621ドル，*Pre-1985 Out*が550ドル，*Post-1984 In*が−6094ドルである．原告側の専門家証人は，工場から半径5マイル内の住宅の受けた損害を測る適切な尺度として，−6094ドルという係数を選んだ．しかし，この係数は，当該発表よりも後に工場から5マイルの範囲外で販売された住宅（比較の基準となるグループ）の価格と比較して，当該発表よりも後に工場から5マイルの範囲内で販売された住宅の価格がどれだけ低いかを表している．原告側の専門家証人の係数の選択は，明らかに誤っている．なぜなら，当該発表前にも，工場から5マイルの範囲内の住宅には，マイナスのプレミアムが付いていたからである．先ほど求めた回帰モデルによれば，このプレミアムは，（−1621ドル）−（550ドル）＝−2171ドルとなる．したがって，損害を測る適切な尺度は，当該発表の前後での，マイナスのプレミアムの変化である．これを計算するには，{(*Pre-1985 In*) − (*Pre-1985 Out*)}という，当該発表前における工場から5マイルの範囲内の住宅のマイナスのプレミアムから，{(*Post-1984 In*) − (*Post-1984 Out*)}という，当該発表後における工場から5マイルの範囲内の住宅のマイナスのプ

レミアムを引けばよい．すなわち，工場から5マイルの範囲内の住宅のマイナスのプレミアムは，当該発表前は－2171ドルで当該発表後は－6094ドルとなったので，－3923ドルの変化があったことになる．このようにしても住宅の損害の額が依然として大きいのは確かだが，交互作用項の係数（－3923ドル）は統計的に有意ではなかったので，原告側の主張の説得力は弱まった[訳注9]．この事件のその後の経過は次のようになった．本案請求の当否の評価の参考のために，当事者間の合意によって，模擬陪審が行われた．その後，この事件は，被告が原告にかなりの金額を支払う和解が成立した．この金額の主要な根拠は，住宅所有者に対してもたらされたがんの恐れについての損害賠償であり，財産的損害は二次的に考慮されるにとどまった．

　交互作用項のある回帰分析が用いられた例を，もう1つ挙げよう．インディアナ州は，本人のインフォームド・コンセントを妊娠中絶の条件とし，中絶に関する説明を本人が受けてから24時間を待機期間として，この間は中絶を行ってはならない，とする法律を制定した．この法律にはさらに，中絶に関する説明は，中絶を行う医師により，（パンフレットや電話，ウェブサイトなどによってではなく）「妊娠した女性の面前で」提供されなければならない，とも規定されていた．すなわち，この法律は，中絶を受ける病院や診療所に2回行くことを，女性に義務付けることになった．このことは，中絶の（金銭的・心理的）コストを高めた．この影響を主に受けたのは，中絶を行う診療所が近所にない地域に住んでいる，若く貧しい女性であった．

　原告は，この法律（two-trip statute）の施行を差し止める訴訟を起こした．その根拠は，この法律が女性の中絶の権利に，「不当な負担」を課している，というものだった．原告が自身の主張を立証するために特に依拠したのは，1992年8月に施行されたミシシッピ州の同様の法律の影響に関する研究[(10)]であった．ミシシッピ州において当該法律の施行後，中絶の数は減少したが，そのうちのどの程度がこの法律による影響で，どの程度がそれ以外のトレンドの影響なのであろうか．これらの効果を分けるために，原告の依拠した研究では，72ヵ月（1989年8月～1994年7月）間の，月ごとの中絶率（15歳～44歳の女性1000人あたりの中絶の件数）の自然対数を取ったものを，従属変数としていた．よって，研究の対象となる期間は，中絶に関する法律がミシシッピ州で施行される前と後の両方を含んでいた．中絶のデータは，ミシシッピ州，ジョージア州，サウス・カロライナ州の3州から取っていた．こ

のうち後ろ2州は，対照群である．これらの州はミシシッピ州と似たような中絶に関する法を持っていたが，女性の面前での情報の提供を要求しておらず，したがって2回病院に行くことを義務付けてはいなかった．独立変数は，当該ミシシッピ州法に関するダミー変数 $law(date)$（当該ミシシッピ州法の施行日より後に行われた中絶は値1，前に行われた中絶は値0），および対照群の州に関するダミー変数2つ（ミシシッピ州が比較の基準となる州で，他の2つの州に関するダミー変数 $Georgia$ と $South\_Carolina$ が両方とも0の時がミシシッピ州の住民）である．また，ここでの回帰モデルには，トレンド変数 $trend$（[1989年8月から]月の経過に従って $1, \cdots, 72$ の値を取る）が含まれ，さらに曲線的なトレンドも考慮するために2乗トレンド変数も入っていた．当該ミシシッピ州法の施行後のミシシッピ州における中絶率の変化を，対照群の州の変化と比較するために，回帰モデルには，当該ミシシッピ州法に関する交互作用項 $law(date) \times Georgia$ と $law(date) \times South\_Carolina$，トレンドに関する交互作用項 $trend \times Georgia$ と $trend \times South\_Carolina$ も含まれていた．さらに回帰モデルには，季節によるトレンドを捉えるために，各月（1月から12月までの12個から比較の基準となる月を除いた）11個のダミー変数も含まれていた．(11個の季節ダミー変数を除く) 各独立変数については，州との間の交互作用項が作られているので，この回帰モデルは，各州について別々の回帰式を立てた場合とほぼ同値となる．

　当該ミシシッピ州法の効果は，対照群の州に関する変数と当該ミシシッピ州法に関する変数を掛け合わせて作った交互作用項の係数として測定される[訳注10]．ミシシッピ州とサウス・カロライナ州の間の差は −0.126 であり，ミシシッピ州とジョージア州の間の差は −0.101 であった．従属変数は中絶率の自然対数なので，これらの係数は変化率を表している．すなわち，ミシシッピ州は中絶率が，サウス・カロライナ州より約12.6%，ジョージア州より約10.1%多く減少している．また他にも，原告の依拠した研究で明らかにされていることがある．それは，当該ミシシッピ州法の施行日以降，妊娠後の（20週前後の）比較的遅い時期（late-term）に，かつ州外で行われる中絶の増え方が，対照群の州の住民に比べてミシシッピ州の住民ではかなり大きかったということである．

　この研究や他の証拠により，インディアナ州の連邦地裁は，2回病院に行くことを義務付ける法律は，女性の中絶の権利に対して不当な負担を課して

いる、と認定した．そして連邦地裁は，妊娠女性の面前で情報を提供しなければならないという法律の施行を差し止めた．しかし，ミシシッピ州についての本件研究は，インディアナ州での2回病院に行くことを義務付ける規定の効果を予測する根拠としては疑問符が付く，と第七巡回裁判所は判断した．これは，インディアナ州とミシシッピ州の間に存在する違いのためである．裁判所の見解によれば，都市化の程度や，所得，中絶を行う診療所からの平均距離，中絶の平均料金などの変数も，回帰式に含めるべきであった．これらの変数を含めなかったことにより，原告の使用した回帰式は，次のことが前提にされていることになる．すなわち，インディアナ州のこれらの変数で表される要因はミシシッピ州と同様であるということが証明されている，という前提である．巡回裁判所によれば，この欠点を治癒するには，回帰式にこれらの変数を追加するか，またはさらに他の諸州のデータを集めて，州ごとの特性が分析結果に影響を与えるか（そして与える場合は，どのように与えるか）を検証すればよかった．しかしどちらも行われなかったので，巡回裁判所は，証拠は不十分であり連邦地裁の判決を破棄するとの結論を下した[11]．

モデルの不確定部分の測定

前章［208〜215頁］の議論がここでも適用されるが，追加点が1点ある．複数の独立変数が関係するような，より複雑な状況においては，独立変数の係数の標準誤差に影響を与える4つ目の要因［214頁］が重要になってくる．その要因とは，独立変数間の線形相関の度合いである．こうした相関を示すデータを，「共線性(collinearity)」を持つデータと呼ぶ．1つの独立変数が，他のいくつかの独立変数の線形的な関数に近くなっている場合，データは「多重共線性(multicollinearity)」を持つという．これは，重回帰モデルでは珍しくない事態である．多重共線性は回帰係数の推定値にバイアスをもたらすことはないが，その標準誤差を大きくし，最小2乗(OLS)推定量の信頼性を低める．現実的に妥当しそうなモデルにもかかわらず，ある独立変数の係数の符号が逆になってしまった（すなわち，予想していた符号と反対になってしまった）場合，その独立変数が別の独立変数と高い相関を持つ時に生ずる標本抽出誤差が原因かもしれない．この不安定さの理由は，容易に理解できる．2つの独立変数が高い相関を持つ場合，これら2つの変数の個別

の効果は，これら2つの変数の両方が一緒に動いている場合はどちらの変数の効果か区別できないので一緒に動いていない少数のデータのみで評価されることになる．すると，実質的な標本サイズは小さくなるので，標準誤差は普通大きくなる．この場合，モデルが過剰に特定されている（overspecified）という．これは，データに鑑みて不要な独立変数が含まれている，あるいはデータから正当化される以上の独立変数が含まれているという意味である．これらの独立変数の係数のうち1つが重要な場合，それ以外の余分な独立変数を削除することが，この問題の解決策である．

モデルの仮定

信頼区間や予測区間，回帰係数の標準誤差の計算の際には通常，誤差項に関する4つの重要な仮定が置かれている．これらの仮定が満たされない場合，最小2乗法（OLS）による回帰式が不偏性を持たなかったり［すなわち回帰式にバイアスが生じたり］，一致性を持たなかったりするかもしれない．あるいは，標本抽出の際に生じうる変動を通常の方法で計算すると，統計的有意性や分析結果の信頼性について，誤ったことを述べてしまうかもしれない．以下では，これらの重要な仮定を検討し，これらの仮定が成り立たない場合に何が起こるかについて，ある程度詳しく見ていく．

第1の仮定：各誤差項の期待値は0である

第1の仮定は，独立変数のどの値の組についても，誤差項の期待値が0である，というものである[訳注11]．この仮定が成立している場合，回帰係数の推定値は，不偏性を持つ［バイアスが生じない］．すなわち，回帰モデルを作成したいデータからの標本抽出を繰り返して，そのたびに回帰式を推定し，それらの回帰式の回帰係数の平均を取ると，その値は回帰係数の真の値と等しくなる．第1の仮定が成立しない場合，回帰係数の推定値にバイアスが生じる．そして，標本サイズが増加してもそのバイアスがゼロに近づかない場合，回帰係数の推定値は一致性を持たない．誤差項と独立変数の間に相関がある場合には，第1の仮定は常に成立しない[訳注12]．これが起こる1つの場合として，重要な要因のいくつかが回帰式の独立変数から欠落しており，その要因が回帰式中の独立変数と相関している，というものがある[訳注13]．前に見た，勤続年数と給与の関係の例で説明しよう．管理職の地位に

ボーナスが支払われるが，この要因が回帰モデルの独立変数から欠落している，とする．この場合，まだ誰も管理職になっていないような勤続年数が少ない時期には，誤差項の期待値はゼロであるが，勤続年数が多くなると，当該回帰モデルの予測値は実際の値よりも低くなりがちになり，その結果誤差項の期待値は正になりやすくなる．したがってこの場合，勤続年数という独立変数と誤差項の間に相関がある．そして前述したように，この相関が，勤続年数という独立変数の係数にバイアスをもたらすことになる[訳注14]．

　独立変数と誤差項の間に相関が生じる２つ目の場合は，独立変数と従属変数の間に「フィードバック関係」があるときである．これはすなわち，従属変数も独立変数に対して因果的な効果を持つということである．例として，反トラスト法の訴訟で，段ボール箱の価格を設定するための共謀（conspiracy）を行ったという主張がなされた場合を考えよう．原告は，共謀がなかった場合に段ボール箱の価格はどうなっていたかを立証するために，回帰式を持ち出した．独立変数のうちの１つは，段ボール箱を作る時に使う段ボール原紙の価格だった．しかし，原告の専門家証人は，逆の関係もあるということを認めなければならなかった．すなわち，需要が減って段ボール箱の価格が下落すると，段ボール原紙の価格も下落するという関係である．こうしたフィードバック関係があると，次のことが起こる．段ボール箱の価格が回帰式による価格の推定値を下回る場合，すなわち誤差項が負の場合に，段ボール原紙の価格は下落する．これは，誤差項と段ボール原紙の価格の間に，相関を生じさせる．しかし，データからOLSによって推定された回帰式では，このような相関があると，独立変数の係数が実際の値よりも増加してしまう．これは，回帰式にバイアスをもたらす．つまり，段ボール原紙の価格が段ボール箱の価格に与える直接的な効果を誇張することになり，結果として，段ボール原紙の価格を上げるための共謀が段ボール箱の価格に与える効果を誇張することになる．

第２の仮定：誤差項は相互に独立である

　第２の仮定は，ある観測値における誤差項は，別の観測値における誤差項と独立（あるいは無相関）である，というものである[訳注15]．独立ということの意味は，ある観測値における誤差項がわかっても，別の観測値における誤差項のことは何もわからない，ということである．独立でない誤差項同士

は，相関しているということになる．観測値がある順序で並んでおり，その順序中のある順番の観測値における誤差項と，別の順番の観測値における誤差項の間に相関がある場合，誤差項に自己相関（autocorrelation）があるとか，系列相関（serial correlation）があるという[訳注16]．

　自己相関は，時系列データで最も頻繁に現れる．時間に関する独立変数や，従属変数の「変化のしにくさ（stickiness）」に関する独立変数を含めなかった場合に，自己相関が生じる可能性がある．毎月の価格に基づいた回帰式において，費用や需要という要因は数ヵ月後にはじめて価格に影響を与えるかもしれない．したがってこの場合，こうした要因の変化を，影響が発生する以前の回帰式の独立変数に入れてしまうと，数ヵ月の間，従属変数である価格の推定値は高すぎたり，低すぎたりすることになるだろう．この場合，誤差項が自己相関していることになる．

　誤差項が自己相関していてもいなくても，各誤差項の期待値が０である限り，従属変数の推定値は不偏性を持つ［バイアスを持たない］．しかし，正の自己相関がある場合，通常の計算では精度[訳注17]をかなり過大に見積もることになってしまう．なぜなら，残差の変動では，真の誤差項の分散を過小に見積もることになってしまうからである．例えば，価格の時系列データが自己相関しており，価格の観測値は，最初の方の時期には回帰式による価格の推定値より一貫して大きく，後の方の時期には一貫して小さいか，またはその逆（最初の時期は小さく，後の時期は大きい）としよう．標本抽出を繰り返すと，過大な見積もりと過小な見積もりは相殺されて，回帰式による価格の推定値は，真の平均値に一致したものになるだろう［よって，回帰式はバイアスを持たない］．しかし，１回の標本抽出だけで，OLSによって回帰モデルを推定すると，問題が生じる．OLSは，観測データの点の間を回帰直線が通り抜けるようにするものであるので，推定された回帰式の残差は，真のモデルの誤差よりも小さくなってしまうのである．図12.1は，データが最初は真の回帰直線よりも上にあり，その後は下にあるような状況を表している．このような状況では，OLSによる回帰直線の傾きは，真の直線の傾きよりも小さくなる．

　しかし，データが最初は真の回帰直線よりも下にあり，その後は上にあるような逆の状況では，OLSによる回帰直線の傾きは，真の直線の傾きよりも大きくなる．いずれの状況も生じうるので，真の直線はそれらのちょうど平

均と一致する．しかし両方の状況を考えた場合，OLSによる直線の傾きの変動は，いずれかの状況だけから導いた場合よりも，大きくなってしまうだろう．すなわち，平均を取れば真の式に等しくなるので，回帰式はバイアスを持たないが，回帰式の係数の標本抽出誤差は，通常の計算の場合よりも大きくなってしまうのである．

　回帰式がタイム・ラグ付きの従属変数を独立変数として含む場合[訳注18]，誤差項に自己相関（系列相関）があると，推定値がバイアスも持つようになる．時点tにおける誤差は，時点tにおける従属変数と，もちろん相関を持つ．そして，誤差項に自己相関がある場合，時点tにおける誤差項は，時点$t-1$における誤差項と相関を持つ．さらに，時点$t-1$における誤差項は，時点$t-1$における従属変数と相関を持つので，時点tにおける誤差項は，時点$t-1$における従属変数と相関を持つということになる．ラグ付き従属変数が回帰モデルに独立変数として含まれている場合，時点tにおける誤差項はもはや平均がゼロでなくなる．また，ラグ付き従属変数と誤差項の間の相関

Aのデータは自己相関が起きている場合である．

BとCはAでは斜めになっている回帰直線を水平にして，残差・誤差との関係を見たもの．Bの横軸は真の回帰直線に相当する．

Cの横軸は推定された回帰直線に相当する．

e_2：誤差
$\hat{e}_2$：残差

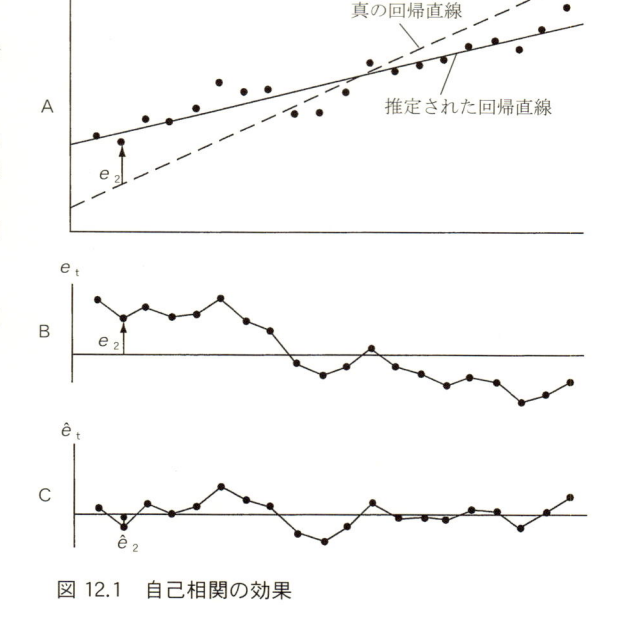

図12.1　自己相関の効果

は，ラグ付き従属変数の係数の推定値にバイアスを生じさせる．なぜなら，ラグ付き従属変数の係数が，誤差項の相関している部分を「拾い上げる」からである[訳注19]．

第3の仮定：各誤差項の分散は一定である

　第3の仮定は，各独立変数の値にかかわらず，回帰分析の各誤差項の分散は一定の値であるというものである[訳注20]．この条件が満たされる場合，データは分散均一(homoscedastic)であると言う．満たされない場合は，データは分散不均一(heteroscedastic)であるという(これらの英語は，「散らばる(scatter)」という意味のギリシャ語の単語から来ている)．図12.2を参照してほしい[図12.2は分散均一の場合の例である]．

　分散不均一の場合，2つの結果が生じる．1つは，通常の方法で測定された精度の信頼性がなくなる．各誤差項の分散が一定でない場合，精度の通常の計算では，標本抽出されたその特定のデータに基づいた，分散の平均を使うことになる．もしもう一度標本抽出をして，その標本では，誤差項の分散が大きい領域に独立変数のデータが集中していた場合，最初の標本から推定された精度は，過大なものだったということになるだろう．

　この問題は，難解に見えるかもしれない．しかし，従属変数の値(ひいては残差)の全体的なばらつきがシステマティックに増加するように回帰式の諸変数がなっている場合には，この問題は珍しいことではない．この問題がよく生じるのは，給与のデータにおいてである．なぜなら，給与が増加するにつれて，回帰式の全体的なばらつきも増加するからである[訳注21]．

　分散不均一性のもう1つの結果は，OLS推定量がもはや分散が最小の推定量ではなくなる，ということである．観測値の中に他よりも誤差が大きいものがある場合，そうしたランダムな効果が大きい観測値は，ランダムな効果が小さい観測値よりも，信頼性のある情報を含んでいる量が少ないので，回帰式の推定において重み付けを小さくすべきである．OLSによる回帰分析では，すべての観測値に同じ重み付けを与えるため，こうした分散不均一性は考慮に入れられない．そのため，OLSでは他の方法よりも，回帰式の推定値の分散が大きくなってしまう可能性がある．

　分散不均一性の解決策には2種類ある．1つは，「加重最小2乗法(weighted least squares)」である．これは，OLSのように，従属変数の推定

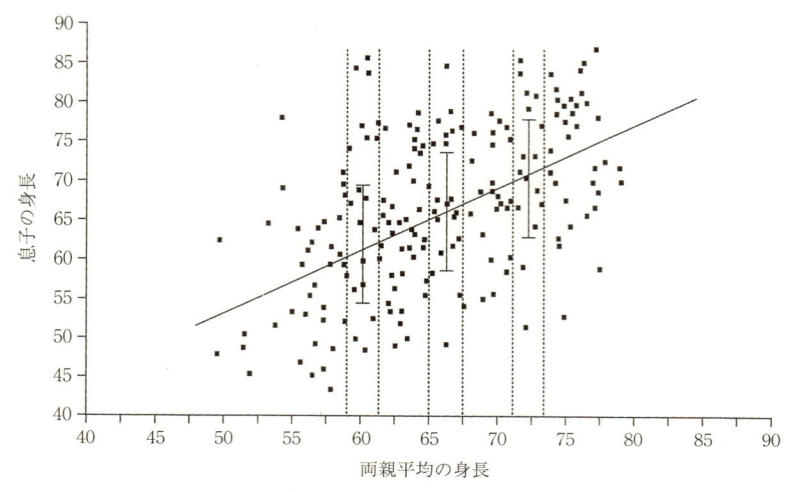

図12.2 誤差の分散が均一の場合の例（親と息子の身長についての架空のデータ）[訳注22]

値からの観測値の偏差の2乗の和を最小化することによって，回帰係数を推定する．しかし，OLSと違って，各偏差を，誤差の分散の逆数で重み付けする，というものである．もう1つの種類の解決策は，数ある「分散安定化変換（variance stabilizing transformation）」のうちの1つを使ってデータを変換し，分散不均一性を減らしたり，なくしたりする，というものである．例えば，給与が回帰式の従属変数になっている場合，それを対数変換することが多い．その理由の1つは，給与の増加にともなう回帰式の値の全体的なばらつきの増加は，元の形よりも対数の形の方がずっと小さいからである．

第4の仮定：各誤差項は正規分布に従う

第4の仮定は，独立変数のどんな値についても，標本抽出を繰り返した場合，当該独立変数の値について得られる従属変数の誤差は正規分布に従う，というものである[訳注23]．この仮定が成り立たない場合，精度の通常の計算には，もはや信頼性がない．ここで重要なのは，モデルがどれだけ正しいかということである．従属変数に影響を与えるもののうち，重要なものすべてがモデルで考慮されている場合，残った多数のそれほど重要でないものは誤差項にすべて反映される．すると中心極限定理から，そのような誤差項は

正規分布に従っているということが，近似的に言える．さらに，正規分布から多少外れても，統計的有意性の推定のバイアスの大きさにはそれほど影響はない．

モデルの仮定の検証

推定値の信頼性が重要な場合，これまで議論してきた標準的なモデルの仮定が正しいかどうかを検証する(あるいは少なくとも慎重に考える)ことが不可欠である．仮定は誤差項に関するものであり，誤差項を直接知ることはできない．検証のための1つの方法は，残差を見るというものである．

OLSを行うと，残差は，真のモデルの誤差項の期待値と同じ諸性質を持つようになる．その諸性質のうちの1つは，正と負の残差が打ち消し合い，それらを足し合わせると常にちょうどゼロになるというものである．真のモデルでは，標本抽出を繰り返し，そのすべての標本での誤差項を合計したものの平均(期待値)はゼロとなる[訳注24]．ただし，標本抽出ごとの変動があるので，回帰式を推定するのに使用したある特定の標本での誤差の合計は，必ずしもゼロとはならない．

2つ目の性質は，各残差と各独立変数の間の相関はゼロであるというものである(各残差とある独立変数の相関が正の場合，その独立変数の係数を単に増加させれば，回帰式の当てはまりがよくなる)[訳注25]．真のモデルでは，各誤差項と各独立変数の間の相関はゼロである．しかし前と同様，これはデータの理論上の母集団の話である．標本抽出ごとの変動があるので，回帰式を推定するのに使用したある特定の標本内では，誤差項と独立変数との間の相関はゼロにならない可能性がある．

各残差はモデルに関係なくこれらの性質を持っていなければならないので，これらの性質が存在することは，モデルが正しいことの証拠にはならない．残差の和がゼロであるという事実は，モデルがバイアスを持たないことを意味しないし，各残差と各独立変数の間に相関がないことは，モデルが正しく特定されていることを意味しない．それでも，残差を見ることで，外れ値をピンポイントで指摘したり，非線形性，自己相関，分散不均一性，非正規性の徴候を見つけたりできるし，モデルが支持できることを示そうとする際はそうすべきでもある．残差を見ることでわかるこれらのそれぞれについて，以下で議論する．

残差を分析するための一般的な方法は，残差を一方の軸にとったプロットをコンピュータで作成し，それを調べるというものである．それにより，どの仮定が成り立っていないかを見つけたり，何らかの統計量を調べたりできる．残差は一般的に，標準化された形，すなわち平均(＝0)から標準偏差何個分だけ離れているかという形でプロットされ，もう一方の軸には従属変数の予測値を標準化した値か，または独立変数を標準化した値がとられる．また，残差を縦軸にとり，独立変数や従属変数の予測値を横軸にとるのが慣習である．

　データが分散均一かどうか調べるためには，残差を一方の軸にとり，もう一方の軸に従属変数の予測値をとる．このとき分散不均一性の徴候は，予測値が増加するにつれて，残差のプロットがだんだん扇状に広がっていくか，逆に狭まっていくというものである．分散不均一の証拠となることが多い残差の例としては，図12.3を参照してほしい．

　誤差項の分散が一定の場合，点の集まりは，アメリカンフットボールを横倒しにしたように見えるはずである．すなわち，上下への広がりは点の集まりの中心で最大となり，端で最小となっている．この理由は，残差平方和（残差を2乗したものの和）の最小化[訳注26]のために大きな残差を避けようとする回帰直線には，次のような性質があるからである．すなわち回帰直線

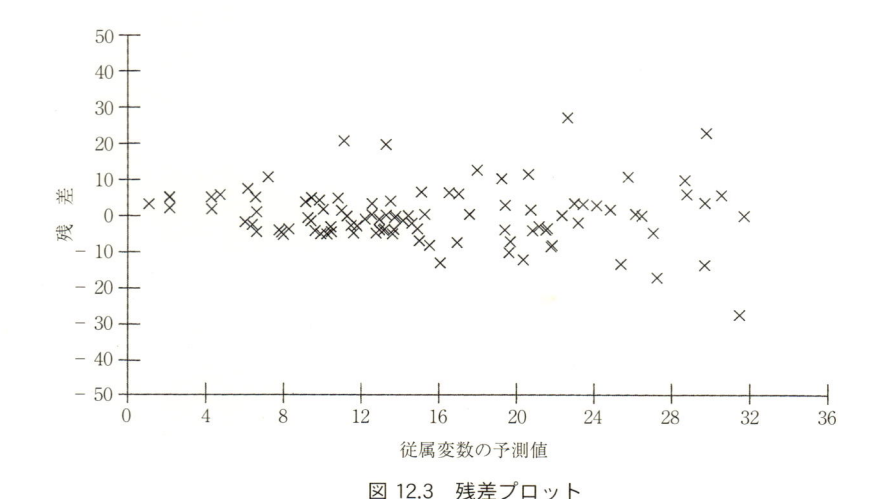

図 12.3　残差プロット

は，平均値付近の値の独立変数の場合に得られる従属変数の予測値(残差の大きさに与える影響力がそれほど強くない)よりも，極端な値の独立変数の場合に得られる従属変数の予測値(残差の大きさに与える影響力が強い)の近くを通るように引かれる，という性質である．また，この種類の残差プロットを使うと，外れ値も明らかになる．ここで言う外れ値とは，データのパターンから著しく外れた点である．こうした点は，回帰分析に大きな影響を与え，その影響は分析結果を歪めるものでありうる．外れ値の問題の解決策は，単に外れ値を機械的にすべて除くというものではない．そうではなく，外れ値となっているものを詳しく調べて，その外れ値の正確さが疑わしい場合に，外れ値を除く可能性が出てくるのである．最後に，この種類の残差プロットは，自己相関があるかどうか調べるために残差を検証するのに使用できる．具体的にこれを行うには，ダービン・ワトソン統計量などの検定統計量の助けを借りながら，残差プロットを目で見て確かめることになる[訳注27]．また，一方の軸に残差，もう一方の軸に回帰式の各独立変数を取る残差プロットもある．OLSによる回帰式では，残差と各独立変数との間の線形相関は必ずゼロになるが，独立変数と残差の間に非線形のシステマティックな関係がある可能性が存在する(そしてそのような非線形の関係があるかどうかは，この種類の残差プロットを目で見ることによりわかるかもしれない)．その場合，その独立変数について誤った関数形を用いており(例えば2次の項を含めていない)，モデルの特定に誤りがある可能性がある．

ロジスティック回帰分析

単にある事例が一方のカテゴリーに入るのか，もう一方のカテゴリーに入るのか，という結果のみに関心がある場合も多い．結果のカテゴリーが2つのみの場合，主要な関心のあるパラメータは，結果がもう一方のカテゴリーでなく当該カテゴリー(例えば，「陽性」反応)に入る確率，あるいはオッズである．

こうした場合，通常の線形モデルの使用は避けるべきである．なぜなら，通常の線形モデルでは，結果の確率の予測値が0から1の範囲の外の値となりうることが，前提とされてしまうからである．加えてこの場合，OLS推定量は分散が最小の推定量ではない．その理由は，誤差項が分散不均一だからである．誤差項の分散は，陽性の結果(や陰性の結果)の確率によって決

まる．そして，誤差項の分散は，確率が0か1に最も近づく時に最小となり，確率が0.5に近い時に最大となる[訳注28]．

この場合，標準的なアプローチは，結果のオッズの対数をとることである．これは「ロジット（logit）」と呼ばれ，陽性の反応についてのオッズの対数（対数オッズ）をとったもの，すなわち陽性の反応の確率と陰性の反応の確率の比の対数をとったものである．このロジットを，回帰式の従属変数とするこのような回帰式を使った分析を，ロジット回帰分析，あるいはロジスティック回帰分析（logistic regression）と呼ぶ．そして，よくあることであるが，このロジットは，回帰式に含まれる諸独立変数と線形の関係にあると仮定される．

裁判においてロジスティック回帰分析が使われた，最も重要な例の1つは，*McCleskey v. Kemp*事件（以下では，マクレスキィ事件と呼ぶ）[(12)]である．このマクレスキィ事件は，黒人の死刑囚であったマクレスキィがジョージア州の死刑に関する法律の運用に対して，異議を申し立てた事件である．特にその根拠となったのは，黒人が被害者の事件よりも白人が被害者の事件で，より多く死刑が科されているということだった．デイヴィッド・バルダス（David Baldus）教授の指導の下で，ジョージア州の殺人事件における，被告人，犯罪，刑の加重事由・軽減事由，証拠，被告人と被害者の人種について，広範囲のデータが集められた．これらのデータから，様々な分析がなされた．バルダスらは，多数のロジスティック回帰式を推定している．従属変数は死刑の対数オッズであり，独立変数は殺人の加重事由に関係する多数の要因や，被告人の人種と被害者の人種に関するダミー変数[訳注29]である．データのグループのうちの1つ（100件）では，法定加重事由の数が中程度の範囲[訳注30]の場合，被害者の人種に関する変数の係数の推定値は1.56であった．これは，白人の被害者がいる場合，死刑の対数オッズが1.56だけ増加するという意味である．対数オッズをオッズに戻すと，この係数は，死刑のオッズが何倍増加するかを表すものになる．すなわち，白人の被害者がいる場合，死刑のオッズは，白人の被害者がいない場合の$e^{1.56}=4.76$倍大きくなる．注意すべきことは，このオッズが何倍増加するかという数は，他の独立変数の水準に関係なく一定であるが，この数の重要性は，そうした他の独立変数の水準や，死刑のオッズの推定値によって左右される，ということである．オッズを確率に変換すると，このモデルから次のことがわかる．すなわ

ち，被害者に白人がいない場合の死刑の確率が10%だとすると，被害者に白人がいる場合の死刑の確率は34.6%になる．そして，被害者に白人がいない場合の死刑の確率が50%だとすると，被害者に白人がいる場合の死刑の確率は82.6%になる．

　OLSは，ロジスティックモデルを推定するのには使えない．それは，ロジスティック回帰式が線形ではないからである．代わりに使われる手法は，最尤推定法である．これは，観測されたデータの尤度［22頁参照］を最大化するような係数の組を計算するものである．独立変数の係数の標準誤差は，OLSの回帰式と同様の解釈ができる．ただし，有意性検定ではt分布ではなく正規分布を用いる．なぜなら，独立変数の係数の推定値は大標本でのみ妥当性を持つからである．

　当てはまりのよさは，重決定係数（R^2）ではなく，モデルの予測が正しい比率によって推定される[訳注31]．慣習として採用されているのは，モデルをもとに，2つの結果のうち，より起こりそうな結果（起こる確率が50%より大きい方）を予測し，そして実際の観測データと比較して誤った予測の率を計算する，というものである．先ほど述べたバルダスらのデータ（100件）で，加重事由の数が中程度の範囲の場合を見ていこう．この場合，推定されたモデルは，35件について死刑という結果を正しく予測し，37件について死刑にならないという結果を正しく予測した．したがって，正しく予測された率［的中率］は全体で72%である．この場合当てはまりのよさは，モデルを構築するのに使ったのと同じデータを使って測られているので，72%という分析結果は楽観的すぎる部分がある．この楽観的すぎる部分を緩和するためには，モデル構築のための標本と検証のための標本（それぞれ50件ずつ）の2つに，データを分ければよい．そして，モデル構築のための標本からモデルを推定し，それをまずモデル構築のための標本に当てはめ，次に検証のための標本に当てはめる．すると，正しく予測された率は，モデル構築のための標本では78%だが，検証のための標本では66%に下がる．より詳しい評価をするために，陽性の反応の予測と陰性の反応の予測に分けて，こうした予測の正確さの測定尺度を適用することもある．検証のための標本における陽性反応的中率（positive predictive value：PPV）（死刑という結果を正しく予測できた率）は88%で，陰性反応的中率（negative predictive value：NPV）は55%であった[13]．

この事件において，連邦最高裁判所は画期的な決定を下した．連邦最高裁判所は，5対4の僅差でマクレスキィに対する有罪判決と死刑判決を支持したのである．多数意見（5名）を執筆したパウエル（Lewis F. Powell, Jr.）裁判官は，バルデスらのモデルは統計的に妥当であると仮定した上で（もっとも彼は，バルデスらのモデルを却下した地方裁判所の意見を，何らのコメントなしに復唱している），州の刑事手続における裁量の必要性と，殺人に反対する社会的関心が州法の中に取り込まれていることに鑑みると，マクレスキィは，次のようにしなければならないと判示している．すなわち，マクレスキィ個人の事件の審理に関与した意思決定者たちが差別的な意図を持って行動していたということを，格別に明確な証拠をもって証明しなければならない，とした．これに対し，反対意見を書いた裁判官たち（4名）は，次のように指摘している．マクレスキィ事件では，加重事由の数が中程度の範囲にある．このような場合，白人の殺害で有罪となり死刑判決を受けた被告人34人あたり20人が，もし被害者が黒人だったならば死刑判決を受けていなかったであろう，ということが統計から明らかになっている．したがって，マクレスキィは，被害者が黒人だったならば，死刑判決を受けていなかった可能性の方が高かったと言える．よって，彼の死刑判決は，恣意的な人種的要因に左右されたものであり，合衆国憲法修正第8条［残虐で異常な刑罰の禁止］と修正第14条［平等保護条項］に違反する．この見解は多数意見とはならなかった．結局，マクレスキィが異議申立をし尽くした後，彼に対する死刑が執行された．

　最高裁判所裁判官退任後，パウエル裁判官は，在任中最も後悔した2つの判断のうち1つが，このマクレスキィ事件であり，多数意見に票を投じたことを後悔している，とインタヴューアに語った[訳注32]．

原注

まえがき
(1) その論文は「陪審差別事件への統計的意思決定論の応用」であり、『ハーヴァード・ロー・レヴュー』の80号(1966年)338頁以下に掲載されている。
(2) Daubert v. Merrell Dow Pharmaceuticals, Inc., 509 U.S. 579 (1993).

第1章
(1) J. Bernoulli, Ars Conjectandi [The Art of Conjecturing] 225 (1713), quoted in S. M. Stigler, *The History of Statistics: The Measurement of Uncertainty Before 1900* at 65 (1986).
(2) 214 N.Y. 75 (1915).
(3) *Id.* at 85.
(4) 本件専門家の証言を裁判所が却下したこと自体は正しい判断であったのは確かである。なぜなら、この証言に対しては他の正当な異議申し立てが可能だからである。後述[82]頁以下参照。
(5) State v. Kim, 398 N.W. 2d 544 (1987); State v. Boyd, 331 *N.W. 2d* 480 (1983).
(6) State v. Boyd, 331 N.W. 2d at 483.
(7) ミネソタ州最高裁判所の判決意見は、重要な証拠に過大の制約を課すものであるように思われる。そしてその判断は、その後州の立法によって、遺伝学的検査と血液検査に関しては覆されている。当該制定法には、「民事のトライアルもしくは審理、または刑事のトライアルもしくは審理において、遺伝学的検査または血液検査の結果に基づく統計的集団頻度の証拠方法は、特定の人間の生物学的標本において見出されたのと同じ遺伝的マーカーの組合せを有する集団が、人口の何分の一であるかを示す証拠として許容される。ここで『遺伝的マーカー』とは、人間が持つ血液型の様々な類型またはDNAの型を指す」と定められている。*Minn. Stat. Sec.* 634.26 (2008).
(8) D. L. Faigan & A. J. Baglioni, Jr., "Bayes' Theorem in the Trial Process," 12 *Law and Human Relations* 1 (1988).
(9) この事例は、Smith v. Rapid Transit, Inc., 307 Mass. 469 (1945)の先例に基づく。改定は、D. Kahnemann, A. Tversky, & P. Slovic (eds.), *Judgment Under Uncertainty: Heuristics and Biases* 1 (1982)による。
(10) ある事象についてのオッズとは、当該事象が起きる確率pを、当該事象が起きない確率$(1-p)$で割った値である。逆に言えば、ある事象の確率とは、当該事

象のオッズを(1＋オッズ)で割った商となる．
 ［オッズをoとすると，$o=p/(1-p)$，ないし，$p=o/(1+o)$］
(11) 模擬トライアル(模擬裁判)を用いた実証研究も，これと同様の過小評価を明らかにしている．例えば，J. Goodman, "Jurors' Comprehension and Assessment of Probabilistic Evidence," 16 *American Journal of Trial Advocacy* 361 (1992).
(12) 例えば，*Judgment Under Uncertainty: Heuristics and Biases* at 4-5（D. Kahneman, P. Slovic, & A. Tversky, eds., 1982)など参照．
(13) United States v. Lopez, 328 F. Supp. 1077 (E.D.N.Y. 1971)を参照．
(14) 最高裁判所の判例の分析については，M.O. Finkelstein & B. Levin, "On the Probative Value of Evidence from a Screening Search," 43 *Jurimetrics Journal* 265, 270-276 (2003)を参照．
(15) 523 *U.S.* 303 (1998).
(16) なお，継続審査とされた16名の誰もスパイと判断されなかったと仮定したとしても，これらの結果に大きな差は生じない．この場合の計算結果は，尤度比が1.95［倍］から6.8［倍］へ上昇することになる．
(17) 連邦証拠規則における「関連性のある証拠」の定義は，「訴訟上の判断にとって主要な事実が存在する確率を，当該証拠が存在しなかった場合より高くする，ないし，低くするような傾向性を有する証拠」である．FED. R. EVID. 401．この基準に照らせば，約2の尤度比を持つポリグラフ検査は，問題なく関連性のある証拠となる．
(18) United States v. Scheffer, 523 U.S. at 312-317. トーマス判事は，707条を存続させるための追加的な根拠として，ポリグラフの証拠を排除することで，裁判所の中核的役割としての証人の信用性判断を護持し，副次的争点をめぐる訴訟を防止することができ，しかも事実についての証拠を弁護人側が提出する権利を排除することもない点を挙げている．これらの指摘は，本件弁護側の専門家証人の証言内容を否定するものとなっている．
(19) 人々が主観的確率において，確率の公理を遵守しているかについても疑義が提出されている．
(20) この事例は，M.O. Finkelstein & W. Fairley, "A Bayesian Approach to Identification Evidence," 83 *Harvard Law Review* 489 (1970)から採ったものである．
(21) 事前確率が0.25の場合，事前オッズは0.25/0.75=1/3となる．尤度比は1を1/1000で割った商であり，1000となる(分子の1については，本件掌紋を残したのが被告人であれば，証拠の掌紋と被告人の掌紋とが一致することは確実だと考えるからである．分母については，当該掌紋が被告人の残したものでないとすれば，人口における当該掌紋を持つ人の割合となるからである)．ベイズの定理を使えば，1/3 × 1000=333.33（これが事後オッズである）．よって有罪の事

後確率は，333.33/334.33=0.997と計算される．
(22) Regina v. Alan James Doheny and Gary Adams, [1996] EWCA Crim. 728 (July 31, 1996).
(23) 96 Me. 207 (1902).
(24) *Id*. at 217-218.
(25) 307 Mass. 246 (1940).
(26) 307 Mass. at 250 (citations omitted).
(27) 例えば，Guenther v. Armstrong Rubber Co., 406 F.2d 1315 (3rd Cir. 1969)(Searsが販売したタイヤの75％から80％は被告会社が製造したものであるとしても，Searsで購入したタイヤで負傷した原告は指示評決［トライアルで提出された証拠から勝敗(刑事では無罪)が明らかで陪審に付すべき真の争点がないと判断されるとき，裁判官の指示どおりになされる評決(田中英夫編『英米法辞典』東京大学出版会)］によって敗訴になるであろうと判示している).
(28) Howard v. Wal-Mart Stores, Inc., 160 F. 3d 358, 359-360 (7th Cir. 1998)(Posner, C.J.).
(29) 402 F. 3d 489 (5th Cir. 2005).
(30) Commonwealth v. Clark, 292 Mass. 409, 415 (1935)(Lummus, J.)(citations omitted).
(31) In re Agent Orange Product Liability Lit., 611 F. Supp. 1223, 1231-1234 (E.D.N.Y. 1985), *aff'd*, 818 F. 2d 187 (2d Cir. 1987)(ヴェトナム戦争で用いられたエイジェント・オレンジと様々な病気との因果関係), Daubert v. Merrell Dow Pharmaceuticals, Inc., 43 F. 3d 1311 (9th Cir. 1995)(ベンデクティンと先天性異常の因果関係), Hall v. Baxter Healthcare Corp., 947 F. Supp. 1387 (D. Ore. 1996)(シリコン豊胸材と生体組織の疾患の因果関係).
(32) Hawkins v. Jones, Doc. Nos. P-2287/86 K and P-3480/86 K (N.Y. Family Ct. Jan. 9, 1987).
(33) 「ニュー・ジャージー州の性的暴行事件で父性鑑定が争点となっている」("Paternity Test at Issue in New Jersey Sex-Assault Case,"), *The New York Times*, November 28, 1999 at B1.
(34) State v. Spann, 130 N.J. 484 (1993).
(35) Plemel v. Walter, 303 Ore. 262 (1987).
(36) Connecticut v. Skipper, 228 Conn. 610 (1994).
(37) Regina v. Dennis John Adams, EWCA Crim 222, transcript at *13 (April 26, 1996), quoted with approval in Regina v. Alan Doheny& Gary Adams, [1996] EWCA Crim 728, transcript at *4 (July 31, 1996)(dictum).
(38) Committee on Scientific Assessment of Bullet Lead Elemental Composition

Comparison, *Forensic Analysis: Weighing Bullet Lead Evidence*, 96, 97, 112 (The National Academies Press, 2004).

第 2 章
(1) City of Los Angeles Dep't of Water and Power v. Manhart, 435 U.S. 702, 708 (1978).
(2) Southern Pacific v. California State Board of Equalization (未公刊) を参照．この判決については，D. Freedman, "The Mean Versus the Median: A Case Study in 4-R Act Litigation," 3 *Journal of Business & Economic Statistics* 1 (1985) で議論されている．
(3) Clinchfield R.R. Company v. Lynch, 700 F.2d 126 (4th Cir. 1983).
(4) Heinrich v. Sweet, 308 F.3d 48, 62 (1st Cir. 2002), *cert. denied* ［上告（裁量上訴）不受理］, 539 U.S. 914 (2003).
(5) United States v. Gordon, 393 F.3d 1044 (9th Cir. 2004), *cert. denied*, 546 U.S. 957 (2005).
(6) 42 U.S.C. § 1396r-4 (b)(1)(A)(2006)（強調［傍点］は著者）参照．
(7) Garfield Medical Center v. Kimberly Belshe, 68 Cal. App. 4th 798 (Cal. App. 1998) を参照．立法資料に依拠した議論で裁判所が前提にしているように，私も「算術平均」の語は単純平均を一義的に指すものと考える．
(8) Kelley *ex rel.* Michigan Dep't of Natural Resources *ex rel.* v. FERC, 96 F.3d 1482 (D.C. Cir. 1996) 参照．
(9) EPA Review of fuel economy data, 40 C.F.R. § 600.008-01 (2005) 参照．
(10) U.S. Department of Commerce v. Montana, 503 U.S. 442, 463 (1992).
(11) P. Krugman, "For Richer: How the Permissive Capitalism of the Boom Destroyed American Equality," *The New York Times Magazine* 62, 76 (October 20, 2002) 参照．
(12) Asher v. Baxter Int'l, Inc., 377 F.3d 727, 733 (7th Cir. 2004) 参照．しかし，裁判所が述べていることは憶測にすぎないと言うべきである．裁判所は，内部的な見積もりが他にも存在し，それらの見積もりの中央値が平均値（おそらくその見積もりは発表されていたと思われる）と比べて十分に低く，平均値はあてにならないということがわかる，と想定していた．
(13) Exxon Shipping Co. v. Baker, 128 S. Ct. 2605 (2008) 参照．
(14) *Id.* at 2625.
(15) この点はセオドア・アイゼンバーグ (Theodore Eisenberg) 教授の教示に負っている．
(16) 一致しているかどうかを判断する FBI の方法は，近似としてはよいが，テ

クニカルに言えば正しくない．M. O. Finkelstein & B. Levin, "Compositional Analysis of Bullet Lead as Forensic Evidence," 13 *Journal of Law and Policy* 119, 123 (2005) 参照．分析結果の証拠上の重要性が誇張されているとの批判を受け，FBIは2006年にこの分析を中止している．
(17) 20 C.F.R. § 416.926a (e)(2)(iii); Briggs *ex rel*. Briggs v. Massanari, 248 F.3d 1235 (10th Cir. 2001) 参照．
(18) Qwest Communs. Int'l, Inc. v. FCC, 398 F.3d 1222, 1237 (10th Cir. 2005) 参照．
(19) Kirkpatrick v. Preisler, 394 U.S. 526, 531 (1969)．
(20) Reynolds v. Sims, 377 U.S. 533, 579 (1964)．
(21) Bush v. Gore, 351 U.S. 98 (2000)［匿名意見］参照．
(22) コンピュータを用いたこれらの研究については，M.O. Finkelstein & B. Levin, "Bush v. Gore: Two Neglected Lessons from a Statistical Perspective," 44 *Jurimetrics Journal* 181 (2004) を参照．
(23) 正の相関を示す2つの変数の和の分散は，これらの変数の分散の和に変数間の共分散を2倍したものを加えた値と等しくなる ($\mathrm{var}(x+y) = \mathrm{var}(x) + \mathrm{var}(y) + 2\mathrm{cov}(x, y)$)．
(24) 逆に，強い線形の関係がデータにあっても，外れ値によって相関係数が小さくなる可能性もある．
(25) San Antonio Independent School District v. Rodriguez, 411 U.S. 1 (1973)．
(26) *Id*., 411 U.S. at 27.
(27) *In re* National Comm'n on Egg Nutrition, 88 F.T.C. 89 (1976), *modified*, 570 F.2d 157 (7th Cir. 1977), *cert. denied*, 439 U.S. 821 (1978).
(28) Davis v. Dallas, 487 F. Supp. 389, 393 (N.D. Tex. 1980).
(29) Craig v. Boren, 429 U.S. 190 (1976).

第3章

(1) Nat'l Research Council, "The Evaluation of Forensic DNA Evidence," 32 (1996).
(2) 少なくとも1つが一致する確率は，どの家からも珍しい繊維が見つからない確率を1から引くことで計算できる．すなわち，$1-(499/500)^{5000}=0.99997$ であり，99.99％以上となる．
(3) The Howland Will Case, 4 *Am. L. Rev.* 625, 649 (1870)．また，Louis Menand, "The Metaphysical Club" 163-176 (2001) も参照（本事件を詳細に説明している）．巡回裁判所は，サインが偽造であったかどうかについて判断を下していない．代わりに裁判所は，事実審理中の，ロビンソン自身による証言が，相手方による要求があるか裁判所による証言の命令があった場合以外には訴訟当事者が証言を行うことを禁止した法律に違反するとした．ロビンソンは，自分とおばの

遺言が相互遺言であったという主張の唯一の証人であったので，「当該契約は証明されていない，というのが本裁判所の見解である.」ロビンソンは敗訴したが，依然として裕福であり，後にウォール・ストリートで並外れて成功した金融業者となった.
(4)　17頁参照.
(5)　*Id.* 108 N.E. at 203.
(6)　68 Cal. 2d 319 (1968) (en banc［大法廷］)
(7)　標本が十分に大きい場合，2組の属性，あるいはさらに3組の属性が同時に生じる頻度を直接観察して，その数が独立性の仮定と整合的であるかどうかを決めることができる．この方法により独立性の仮定と整合的であるとされた場合，独立性の仮定を破るには，より多くの組の属性間の相関が必要であろう．しかし，より多くの組の属性間で相関が生じる可能性はないと思われる．なぜなら，属性を作り出す物理的なメカニズムに鑑みれば，より多くの組の属性間で相関があれば，その下の2組や3組のどれかには相関があるという証拠が存在するはずだからである．したがって，DNA型データベースのデータ数が多くなるにつれて，独立性の仮定をさらにもっともらしいものと考えて鑑定を行うことができるようになる．
(8)　[1996]EWCA Crim. 728 (July 31, 1996).

第4章

(1)　650 F.2d 395 (2d Cir. 1981).
(2)　948 F.2d 1370 (2d Cir. 1991).
(3)　430 U.S. 482, 496, n.17 (1977).
(4)　433 U.S. 299 (1977).
(5)　State v. Barksdale, 247 La. 198 (1964, *cert. denied*, 382 U.S. 921 (1965).
(6)　539 U.S. 306 (2003).
(7)　*Id.* at 369.
(8)　本注は，(23%という数字をどうやったら求められるかという)数学的な注である．全6年間分の自由度3のχ^2(カイ2乗値)を合計すると，自由度18で22.1となる．χ^2値が22.1かそれ以下となる確率は$p=0.23$である．[χ^2値は，{(実測値－期待値)^2/期待値}の総和として計算する．]
(9)　Int'l Brotherhood of Teamsters v. Unites States, 431 U.S. 324, 340, n. 20 (1977).
(10)　29 C.F.R. 1607.4 (D) (1998).
(11)　United States v. Delaware, 2004 U.S. Dist. Lexis 4560 (D. Del. 2004).
(12)　509 U.S. 579 (1993).
(13)　*In re* Ephedra Products Liability Lit., 393 F. Supp. 2d. 181 (S.D.N.Y. 2005).

第 5 章

(1) Avery v. Georgia, 345 U.S. 559 (1953).
(2) Whitus v. Georgia, 385 U.S. 545 (1967).
(3) United States v. Jackman, 46 F.3d 1240 (2d Cir. 1995).
(4) Ballew v. Georgia, 435 U.S. 223 (1978).
(5) Miller-El v. Cockrell, 537 U.S. 322 (2003).
(6) Ippolito v. Power, 22 N.Y. 2d 594 (1968).
(7) Commissioner of Internal Revenue v. Indiana Broadcasting Corp., 350 F.2d 580 (7th Cir. 1965).
(8) Trustmark Corp. v. Commissioner of Internal Revenue, T.C. Memo 1994-184 (1994).

第 6 章

(1) People v. Kaludis, 497 N.E.2d 360 (1986).
(2) People v. Hill, 524 N.E.2d 604 (1998).
(3) Financial Information, Inc. v. Moody's Investors, 751 F.2d 501 (2d Cir. 1984), *aff'd after remand*, 808 F.2d 204 (2d Cir. 1986).
(4) No. 3-94-0090 (M.D. Tenn. 1994).
(5) 874 F.2d 307 (5th Cir. 1989).
(6) *Id*. at 312（傍点は原文のもの）.

第 7 章

(1) Daubert v. Merrell Dow Pharmaceuticals, Inc., 43 F.3d 1311 (9th Cir. 1995).
(2) 「職場における潜在的発がん物質に関する認定，分類，および規制に関する労働安全衛生局基準」, 29 C.F.R § 1990.144 (a)(2006).
(3) Maxwell v. Bishop, 398 F.2d 138 (8th Cir. 1968), *vacated and remanded*, 398 U.S. 262 81970).

第 8 章

(1) Kish, Survey Sampling 18 (1965).
(2) Utah v. Evans, 536 U.S. 452 (2002).
(3) Department of Commerce v. United States House of Representatives, 525 U.S. 316 (1999).
(4) Amstar Corp. v. Domino's Pizza Inc., 615 F.2d 252 (5th Cir. 1980).
(5) これらの方法のより詳細な説明，および，リーブマンの研究への適用については，M. O. Finkelstein, B. Levin, I. W. McKeague & W-Y. Tsai, "A Note on the Cen-

soring Problem in Empirical Case-Outcome Studies," 3 *Journal of Empirical Legal Studies* 375 (2006) を参照.
(6) *Id.* at 382.
(7) 322 F. Supp. 1173 (E.D.N.Y. 1970).
(8) 424 F. Supp. 240 (S.D. Ia. 1976).
(9) B.A. Diamond et al., "Silicone Breast Implants in Relation to Connective Tissue Disease...," avail. at www.fjc.gov/breimlit/md1926.htm (1998) 参照.
(10) Zippo Manufacturing Co. v. Rogers Imports, Inc., 216 F. Supp. 670, 681 (S.D.N.Y. 1963).
(11) 559 F. Supp. 1189, 1205 (E.D.N.Y. 1983).
(12) Int'l Brotherhood of Teamsters v. United States, 431 U.S. 324, 340, n.20 (1977).
(13) 例えば, Oliver v. Pacific Bell Northwest Tel. Co., 106 Wash. 2d 675 (1986) 参照.
(14) Waisome v. Port Authority of New York and New Jersey 948 F.2d 1370 (2d Cir. 1991) 参照(「黒人の合格者があと2人多く出れば合格率の差異は統計的有意性を失う」という理由で, 当該筆記試験は黒人に対する間接差別にあたらない, と判示した).
(15) Cimino v. Raymark Industries, Inc., 151 F.3d 297 (5th Cir. 1998) 参照. 地方裁判所のアプローチに関する議論としては, M. J. Saks & P. D. Blanck, "Justice Improved: The Unrecognized Benefits of Aggregation and Sampling in the Trial of Mass Torts," 44 *Stanford L. Rev.* 815 (1992) 参照.

第9章
(1) 38頁参照.
(2) Allen v. United States, 588 F. Supp. 247 (D. Utah 1984), *rev'd*, 816 F.2d 1417 (10th Cir. 1987), *cert. denied*, 108 S. Ct. 694 (1988).
(3) Pennington vs. Aerojet-General Corp., Case no. 00SS02622, Cal. Superior Ct., Sacramento County.
(4) 本事件における疫学的研究の説明と, 被告側の専門家による返答については, 次を参照. F. Dominici, S. Kramer & A. Zambelli-Weiner, "The Role of Epidemiology in the Law: A Toxic Tort Litigation Case," 7 *Law, Probability and Risk* 15 (2008).
(5) *In re* Ephedra Products Liability Lit., 393 F. Supp. 2d 181 (S.D.N.Y.2005).
(6) Manko vs. United States, 636 F. Supp. 1419 (W.D. Mo. 1986), *aff'd in part*, 830 F.2d 831 (8th Cir. 1987); D.A. Freedman & P.B. Stark, "The Swine Flu Vaccine and Guillaine-Barré Syndrome: A Case Study in Relative Risk and Specific Causation,"

23 *Evaluation Review* 619 (1999).

第10章
(1) Philadelphia v. Educational Equality League 415 U.S. 605 (1974).
(2) 756 F.2d 524 (7th Cir. 1985).
(3) 222 F.R.D. 137 (N.D. Calif. 2004), *aff'd*, 509 F.3d 1168 (9th Cir. 2007).

第11章
(1) この解釈はフロイト(Sigmund Freud)が1913年の論文*The Theme of the Three Caskets*の中で述べたものである(この論文は4 *Collected Papers* 245 (New York: Basic Books, Inc. 1959)に再録されている).
(2) 478 U.S. 385 (1986).
(3) *Id.* at 400. 裁判所は脚注で賢明にも「もちろん, あまりに不十分で証拠として認められない回帰分析もありうる. だが, 本件は明らかにそのような場合にあたらない」という注意書きを付け加えている. *Id.* n. 15.
(4) *Id.* at 404, n. 14.
(5) 42 U.S.C. 7651f (2000).
(6) EPA, Acid Rain Program; Nitrogen Oxides Emission Reduction Program, Part II, 61 Fed. Reg. 67112, 40 CFR Part 76 (1996).
(7) 135 F.3d 791 (D.C. Cir. 1998).
(8) 135 F.3d at 805.
(9) A Woman's Choice - East Side Women's Clinic v. Newman, 305 F.3d 684 (7th Cir. 2002).
(10) 11時間を上限と定めるルールはD.C. 巡回控訴裁判所の裁判例によって撤廃されていたが, この新しいルールはその上限を復活させるものであった.
(11) Owner-Operator Independent Drivers Association Inc. v. Federal Motor Carrier Safety Administration, 2007 WL 2089740 (D.C. Cir. 2007) 参照.
(12) 478 U.S. 30 (1986).
(13) 918 F.2d 763 (9th Cir.), *cert. denied*, 111 S. Ct. 681 (1991).
(14) 例えば, Bone Shirt v. Hazeltine, 336 F. Supp.2d 972 (S.D. 2004) およびそこで引用されている判例を参照.
(15) 135 F.3d at 806 (中の引用は省略). この判決はChemical Mfrs. Ass'n v. EPA, 870 F.2d 177, 1264 (5th Cir. 1989)を引用している.
(16) 157 N.J. 253 (1999).
(17) 別のデータベースに基づいたモデルでは, ロフティンが死刑判決を受ける確率は均衡審査を受けた他の被告人たちよりも高くなっていた. これらのモデ

ルの結論に対しては，「信頼区間が広すぎる」という理由で裁判所が異議を差し挟むことはなかった．

第12章

(1) 例えば以下を参照．McCleskey v. Zant, 580 F. Supp. 338 (N.D. Ga. 1984), *rev'd on other grounds sub nom.*, McCleskey v. Kemp, 753 F.2d 877 (11th Cir. 1985), *aff'd*, 481 U.S. 279 (1987). この事件については，242頁で議論する．

(2) Vuyanich v. Republic Natl. Bank, 505 F. Supp. 224 (N.D. Texas 1980), *vacated*, 723 F.2d 1195 (5th Cir. 1984), *cert. denied*, 469 U.S. 1073 (1984).

(3) 不完全な代理変数であっても，生産性の原因とみなせる代理変数(例えば経験年数)が用いられている場合，過小統制のバイアスの問題は生じない．なぜなら，この場合のバイアスのない代理変数の定義が，「代理変数の値が同じ男性と女性は，平均値で見ると，生産性が同じになる」というもの［すなわち訳注1で言うところの「2つ目の定義」］だからである．生産性が同じなので，差別的でない使用者はこれらの人々に，平均値で見て同じ額の給与を払い，そのため性別は給与に対して影響を持たない．これに対して，評価得点は，生産性を反映する代理変数［すなわち生産性の結果とみなせる代理変数］である．そして，過小統制のバイアスを作り出す可能性があるのは，こちらの代理変数である．この理由は以下の通りである．すなわち，このような代理変数では，「生産性の同じ男性と女性は，平均値で見ると，代理変数が同じ値になる」［すなわち訳注1で言うところの「1つ目の定義」］ということが真であるが，「代理変数の値が同じ男性と女性は，平均値で見ると，生産性が同じになる」ということは(驚くべきことに)真にならないのが一般的だからである．したがって，生産性を反映する代理変数を使用している回帰式において，性別の係数は，少なくともある程度の部分は，差別の結果生じたものではなく，過小統制のバイアスの結果生じたものである可能性があるのである．直感に反するこの点をさらに詳しく議論したものとして，次を参照．Michael O. Finkelstein & Bruce Levin, *Statistics for Lawyers*, §14.5 (2d ed. 2001).

(4) Sobel v. Yeshiva University, 839 F.2d 18 (2d Cir. 1988).

(5) Seattle School District v. State of Washington, 90 Wash.2d 476 (1978).

(6) 756 F.2d 524 (7th Cir. 1985).

(7) 559 F.2d 310 (5th Cir. 1977), *cert. denied*, 434 U.S. 1034 (1978).

(8) LNB導入後の排出率の実測値と推定値の間の相関をR^2で見ると，モデル2では73.1％なのに対し，モデル1では59.7％である．

(9) *In re* Fernald Litigation, Master File No. C-1-85-0149 (SAS). この事件については，*Statistics for Lawyers* §14.2.1で議論されている．

(10) T. Joyce, et al., "The Impact of Mississippi's Mandatory Delay Law on Abortions and Births," 278 *Journal of the America Medical Association* 653 (1997).
(11) A Woman's Choice-East Side Women's Clinic v. Newman, 305 F.3d 684 (7th Cir. 2002).
(12) 481 U.S. 279 (1987).
(13) モデルのPPV及びNPVは，それぞれモデルの感度および特異度と関連付けられることがあるが，似て非なる概念である．[条件付確率で表すことで，これらの違いが明確になる．PPV=p(本当に陽性｜モデルで陽性)に対し，感度=p(モデルで陽性｜本当に陽性)である．またNPV=p(本当に陰性|モデルで陰性)に対し，特異度=p(モデルで陰性｜本当に陰性)である．なお，PPV・NPVと感度・特異度については第1章も参照．]

訳注

※ 訳注については，ここに記したもの以外にも，短いものは本文中に角括弧[　]で直接挿入しているので注意されたい．

第1章

[訳注1]　これを条件付確率の式で表すと，
p（主要事実｜当該証拠）＞p（主要事実）
または，
p（主要事実｜当該証拠）＜p（主要事実）
となる．また，前者の式については，
p（主要事実｜当該証拠）＞p（主要事実）
　　⇔p（当該証拠｜主要事実）＞p（当該証拠｜主要事実不存在）

[訳注2]　これを条件付確率の式で表すと，
p（当該証拠｜主要事実）＞p（当該証拠｜主要事実不存在）
となる．これは統計的検定の考え方であると同時に訳注1と同じ定義と言える．

[訳注3]　ベイズの定理の最も単純な形は以下である．なお，$\overline{H}$はHの否定を意味する．

$$p(H|e) = \frac{p(H)p(e|H)}{p(H)p(e|H)+p(\overline{H})p(e|\overline{H})}$$

[訳注4]　証人の正確性が80%とは，本当に会社Bのバスが犯人であるときにその旨証言する確率が80%であり（p（本件証言｜会社Bのバスが犯人）=0.8），かつ本当は会社Aのバスが犯人であるときに会社Bのバスであると誤って証言する確率が20%である（p（本件目撃証言｜会社Aのバスが犯人）=0.2）と，ここでは仮定している．厳密に言えば，後者の確率の値はどこにも示されておらず，かつそれが0.20＝1.00−0.80であるとは限らない．目撃証人の正確性は，見るバスの色や形，特色によって異なるはずであるが，それが一律80%であると暗黙に仮定して確率p（会社Aのバスだったと証言｜会社Aのバスが犯人）を0.80とし，確率p（本件目撃証言｜会社Aのバスが犯人）を1.00−0.20で計算していることになる．

[訳注5]　スクリーニングや診断の検査において，検査で陽性の人が真に陽性である確率を，陽性反応的中率（positive predictive value）と呼ぶ．また，検査で陰性の人が真に陰性である確率を，陰性反応的中率（negative predictive value）

と呼ぶ.
［訳注6］　無関係の者を無作為に取り出して比較したときに，被告人のDNA型と偶然に一致する確率のこと.
［訳注7］　ベイズの定理によれば，確率的証拠の証明力に応じて，事前確率に許される範囲はずっと広くなり得る.
［訳注8］　これは，完全に同値ではなく，近似的な計算である．ベイズの定理で，
$$p(H|e)=p(H)p(e|H)/[p(H)p(e|H)+p(\bar{H})p(e|\bar{H})]$$
であるから，$p(e|H)=1$と仮定し（真犯人ならDNA型は一致するはずという簡単化の仮定），$p(e|\bar{H})=E$と置けば（DNA型鑑定などの「1億分の1」などという数字はこれのこと），これらと$p(\bar{H})=1-p(H)$から，
$$p(H|e)=p(H)/[p(H)+(1-p(H))E]$$
となる．$p(H|e)=1-E$というのが検察の主張であるから，これを上の式に代入すると，
$$1-E=p(H)/[p(H)+(1-E)p(H)]$$
となり，計算すると，
$$p(H)=(1-E)/(2-E)$$
となる.

これは，双曲線で，右上に凸の方の（下の方の）双曲線で$(0,1/2)$と$(1,0)$を通る区間が確率に合致する．漸近線は$x=2$と$y=1$である．DNA型鑑定などはEが非常に小さい場合であるから，$(0, 1/2)$に非常に近い点となる．したがって，$p(H|e) \fallingdotseq 1-E$と言えるという主張は，$p(H) \fallingdotseq 1/2$を前提としているということになる．なお，ピッタリ$p(H)=1/2$だと$E$はゼロとなる.

第2章

［訳注1］　任意のεについて，$\lim_{n\to\infty} p(|t_n - \theta| > \varepsilon) = 0$．要するにこれは，「標本のサイズが大きくなるほど推定量が実際の値に近づく」ことをより正確な形で述べたものである.
［訳注2］　標本抽出の際にデータに生じる誤差である．後に出てくる標準誤差と混同しないように注意.
［訳注3］　シスコ社はモトローラ社に買収され，現在はない.
［訳注4］　対数目盛においては，対数の中でも，10を底とする常用対数が用いられる.
［訳注5］　外挿法（extrapolation）とは，ある既知のデータを基に，そのデータの範囲の外側の数値を予測することである．データの範囲内の数値を推定することは内挿法（intrapolation）と呼ばれる.
［訳注6］　日本の不法行為訴訟で通常与えられるような，損害の塡補を目的とし

［訳注7］　連邦法には，農村部などの消費者も長距離電気通信サーヴィスに「都市部の同様のサーヴィスに課せられる料金と同程度の料金で」アクセスできるようにしなければならない，と規定されていた．

［訳注8］　学校自治区(school district)は，アメリカ合衆国において，初等教育と中等教育を行う公立学校を運営するために，州法に基づいて作られた地方公共団体である．区内の学校の運営と教育について一定の自治権を持っており，また地方税を徴収する権利を有するのが一般的である．

［訳注9］　交絡については第9章参照．

第3章

［訳注1］　$_{13}C_4 = \frac{13!}{(13-4)! \times 4!} = 715$と計算される．

［訳注2］　この定理を例で示せば次のようになる．「n回試行を行い少なくとも1回あることが起こった」という複合事象の確率は，その複合事象の構成要素である「1回目の試行においてあることが起こった」「2回目の試行においてあることが起こった」……「n回目の試行においてあることが起こった」という各事象の確率の和である．

また，この定理を式で表すと，以下のようになる．$A_1, A_2, \ldots\ldots, A_n$という$n$個の事象(これらの事象は必ずしも互いに排反ではない)がある場合，次の不等式が成り立つ．

$$p(A_1 \text{または} A_2 \text{または} \ldots\ldots \text{または} A_n) \leq p(A_1) + p(A_2) + \ldots\ldots + p(A_n)$$

［訳注3］　これは，次のように考えている．ボンフェローニの不等式から，
p(50種類の繊維のうち少なくとも1種類が犯罪現場のものと一致する)≤p(50種類の繊維のうち1種類目の繊維が一致する)+p(50種類の繊維のうち2種類目の繊維が一致する)+……+p(50種類の繊維のうち50種類目の繊維が一致する)
であり，
p(50種類の繊維のうち1種類目の繊維が一致する)=p(50種類の繊維のうち2種類目の繊維が一致する)=……=p(50種類の繊維のうち50種類目の繊維が一致する)=0.01であるので，
p(50種類の繊維のうち少なくとも1種類が犯罪現場のものと一致する)
≤0.01×50となる．

［訳注4］　50種類の繊維すべてが犯罪現場のものとは異なる確率は$0.99^{50} \fallingdotseq 0.605$なので，求める確率は$1 - 0.605 = 0.395$となる．

［訳注5］　ランダムな事象の場合，発生がまんべんなく一様に分布するということは少なく，むしろ集団的に発生するのが通常だからである．米国の人口3億人

を考えれば，常に疾病は地域的に集団的に起きていると言っても過言ではない．

［訳注6］ これは次のように計算している．白血病が12件発生している場合に，ある1つの地区で白血病が6件以上発生するということは，地区数と同じ6つの目のあるサイコロを，白血病発生総数である12回振って，ある1つの目（例えば1）が6回以上出ることと同じとみなすことができる．この場合の確率は，

$${}_{12}C_{12} \times (1/6)^{12} + {}_{12}C_{11} \times (1/6)^{11} \times (5/6) + {}_{12}C_{10} \times (1/6)^{10} \times (5/6)^2 + {}_{12}C_9 \times (1/6)^9 \times (5/6)^3$$
$$+ {}_{12}C_8 \times (1/6)^8 \times (5/6)^4 + {}_{12}C_7 \times (1/6)^7 \times (5/6)^5 + {}_{12}C_6 \times (1/6)^6 \times (5/6)^6 \fallingdotseq 0.0079$$

である．

［訳注7］ 合計12件の白血病が，6つの地区のうちどれか2つの地区に6件ずつ発生する確率を考える．訳注6と同じように考えると，サイコロを12回振って，どれか2つの目が6回ずつ出る確率を考えればよいので，${}_6C_2 \times {}_{12}C_6 \times (1/6)^6 \times (1/6)^6 \fallingdotseq 0.000006$と計算できる．

［訳注8］ 犯罪者や遺留品等から得たDNA型情報をデータベース化したもの．米国では全50州が独自のDNA型データベースを持っており，さらにそれらを結合し連邦犯罪も付け加えたFBIのCODIS（Combined DNA Index System）と呼ばれるDNA型データベースがある．

［訳注9］ DNA型データベースの検索にボンフェローニの不等式を適用するということは，この検索を本文74頁の繊維の事例と同様のものと考えていることになる．すなわち，繊維の事例において被疑者のアパートの珍しい繊維1種類1種類と犯罪現場の繊維を比較して一致するものを探すことと，DNA型データベースのデータ1つ1つと犯罪現場の試料からのDNA型を比較して一致するものを探すことを，同様のものと考えている．

［訳注10］ これは，次のように計算される．犯罪現場から見つかった珍しい繊維が被疑者の家のものであるという事象をAとし，犯罪現場から見つかった珍しい繊維と被疑者の家の珍しい繊維が一致するという事象をBとする．そして，犯罪現場から見つかった繊維が被疑者の家のものである確率は，スクリーニング捜査前の$p(A) = 1/5000$から，捜査後は$p(A|B)$へと改定（アップデート）される．

$p(A|B)$の値は，ベイズの定理より $p(A|B) = \dfrac{p(A)p(B|A)}{p(A)p(B|A) + p(\overline{A})p(B|\overline{A})}$ により

求められる．犯罪現場から見つかった珍しい繊維が被疑者の家のものである場合には，犯罪現場から見つかった珍しい繊維と被疑者の家の繊維が確実に一致するとすれば，$p(B|A) = 1$となる．また，500枚に1枚という頻度で珍しい繊維が生じると本文中にあるが，これは，犯罪現場から見つかった珍しい繊維が

被疑者の家のものでないのに，たまたま被疑者の家のものと一致する確率であると考えられるので，$p(B|\bar{A}) = 1/500$である．

よって，前述のベイズの定理による$p(A|B)$の式から，

$$p(A|B) = \frac{(1/5000) \times 1}{(1/5000) \times 1 + (4999/5000) \times (1/500)} = 0.0909\cdots\cdots \fallingdotseq 0.1$$

と計算できる．

[訳注11] 証明力は第1章の22頁で説明されているように，尤度比で表される．尤度比は訳注10の記号を使えば$p(B|A)/p(B|\bar{A})$なので，その値は$1/(1/500) = 500$ということになる．

[訳注12] ただし，この事件の「筆跡鑑定」は以下の2つの点で特殊なものであり，注意が必要である．

　1点目は，この事件で数学者パースが示そうとしたのは，問題となっているサインが，真正であることに争いのないサインをなぞり書きしたものでないか，ということである．すなわち，同一人物がサインを書いても，書く度に筆跡は微妙に異なってくるものであり，2つのサインの筆跡がまったく同じになる確率は著しく低いことを示そうとしたのである．これに対して通常の筆跡鑑定では逆に，問題となっているサインの筆跡と，真正であることに争いのないサインの筆跡が，同一人物のものであると言えるほど十分に似ているかどうかが問題とされる．

　2点目は，この事件でパースは具体的な確率の計算を行っているが，現代の筆跡鑑定の専門家は通常はこのように具体的な確率を示すことはしないということである．こうした数量化の欠如のため，米国の裁判所では，筆跡鑑定の専門家証言は，科学的証言としての許容性が認められないとされたこともある．以上の点については，Michael O. Finkelstein & Bruce Levin, *Statistics for Lawyers* (2nd ed. 2001)の208頁参照．

[訳注13] ${}_{42}C_2 = 861$と計算する．

[訳注14] 数式で表すと$p(A$かつ$B) = p(A|B)p(B) = p(B|A)p(A)$である．

[訳注15] 数式で表すと$p(A|B) = p(A|\bar{B}) = p(A)$である．

[訳注16] 数式で表すと$p(A)$である．

[訳注17] 数式で表すと$p(A_1$かつA_2かつ$\cdots$かつ$A_n) = p(A_1) \times p(A_2) \times \cdots \times p(A_n)$である．

[訳注18] アデニン(A)，シトシン(C)，グアニン(G)，チミン(T)の4種類の塩基から成っている．

[訳注19] 長さ十数〜数十塩基程度の配列が繰り返されている場合は，VNTR (Variable Numbers of Tandem Repeat)と呼ばれる．これよりも短い，長さ数塩基

程度の配列が繰り返されている場合は,STR(Short Tandem Repeat)と呼ばれる.

[訳注20] 座位,アリル,遺伝型は,それぞれ遺伝子座,対立遺伝子,遺伝子型という訳語が使用されることもあるが,DNA型鑑定では非遺伝子領域とされてきたVNTR等(訳注19参照)が特に重要なので,ここでは遺伝子という言葉の入った訳語を避けた.

[訳注21] ここでは,VNTR(訳注19参照)についての以下のような手法のDNA型鑑定を主に念頭に置いた議論がなされている.

まずDNAを抽出した後,特定の塩基配列を切断する酵素(制限酵素)を用い,DNA全体を細かく切断する.次に,このDNA断片混合物を電気泳動にかける.電気泳動により,DNA断片は陽極に引きつけられるが,DNA断片のうち短くて軽い断片ほど速く陽極に近づくので,これにより長さの順に並べることができる.この後,目標となる部分とのみ結び付く性質を持つ,プローブ(検出子)と呼ばれる人工DNA断片を使って,VNTR部分を特定する.VNTR部分の長さは人によって違うので,同じ時間だけ電気泳動にかければ人によって違う場所でVNTRが検出されることになる.検出結果は,アリルが何本かのバンドとして現れるという形で視覚化される.

現在のDNA型鑑定の手法ではさらに,STR(訳注19参照)をVNTRの代わりに用いること,PCR(Polymerase Chain Reaction)法という方法を用いて,目標とするDNAの配列部分だけを増幅させて分析すること,などが行われている.

以上の点については,Michael O. Finkelstein & Bruce Levin, *Statistics for Lawyers* (2nd ed. 2001) 46-49頁参照.

[訳注22] 訳注21で説明した手法によるDNA型鑑定は,使用するプローブの種類によって,マルチローカス・プローブ法とシングルローカス・プローブ法に分けられる.前者は,多くの座位(ローカス)に存在しているVNTRを同時に検出するものであり,多数のバンドがバーコードのように並ぶ形で検出される.それに対して,後者はある1つの座位のVNTRのみを検出するものであり,通常2本のバンドが検出される(両親のそれぞれに由来するアリルにより,2本のバンドとなる.ただし,ホモ接合の場合は1本のバンドとなる).前者は情報が複雑で解釈が難しいなど問題点が多いため,前者よりは後者の方が好まれる.

第4章

[訳注1] $_{100}C_{50} \times (1/2)^{50} \times (1/2)^{50} \fallingdotseq 0.08$で計算する.

[訳注2] ここで行われているのは,いわゆるフィッシャーの正確検定である.

	A	B	C	D	E	F	G	H	I
取り出した紙片(黒人)	2	2	2	2	2	2	2	2	1
残っている紙片(白人)	10	10	10	10	10	10	10	10	11

本文の陪審員の問題は，以下のように言い直してみると多少考えやすい．

「ツボの中に紙片が入っており，A，B，C，D，E，F，G，H，Iの9個の文字が書いてある．それぞれの文字の紙片は12個ずつで，全部で108個の紙片がある．今，このツボから17個の紙片を取り出すとき，同じ文字が2回出るものが8個あり，残り1個の文字は1回だけ出る確率を求めよ．」

ツボから17個の紙片を取り出す仕方は全部で $_{108}C_{17}$ 通りである．ここで，上の表は，「同じ文字が2回出るものが8個あり，残り1個の文字は1回だけ出る」というパタンの1つである．このようになる仕方は，$(_{12}C_2)^8 \times _{12}C_1$ 通りである．そしてこのようなパタンは，1回だけ出る文字がどれかということを考えれば，9パタンあることがわかる．よって，「同じ文字が2回出るものが8個あり，残り1個の文字は1回だけ出る」仕方は全部で $(_{12}C_2)^8 \times _{12}C_1 \times 9$ 通りである．

以上より，ツボから17個の紙片を取り出すとき，同じ文字が2回出るものが8個あり，残り1個の文字は1回だけ出る確率は，$\{(_{12}C_2)^8 \times _{12}C_1 \times 9\}/_{108}C_{17} ≒ 0.0014$ である．これが本文の「現実に上記の黒人割合とほぼ同程度の大陪審が構成される確率」と等しくなる．

[訳注3] 切断の効果とも呼ばれる．母集団から相対的に均質な部分集団を取り出した場合，相関が小さくなる効果を指している．なお，第3章などで述べられている「選択による効果」とは別のものである．

[訳注4] 母集団の標準偏差を標本サイズの平方根で除した値が標本平均値の標準誤差と等しくなるので，標本サイズの平方根の逆数のオーダーで小さくなる．

[訳注5] 例えば，10ポイントが1標準誤差(σ)の差異だったとすれば(標本平均±σ内に約67%が含まれる．よってそれよりも大きな差異は3分の1となる)，標本サイズ4倍で標準誤差は半分になるので，同じ10ポイントは2標準誤差(2σ)の差異となる(標本平均±2σ内に約95%が含まれる．よってそれよりも大きな差異は5%未満となる)．

[訳注6] 「下手な鉄砲も数撃ちゃ当たる」ということわざのように，何度も繰り返せばそのうち真の帰無仮説も棄却できるデータが得られ，タイプⅠエラー(第一種の過誤)が発生する．このように多重検定で第一種の過誤の確率が上昇することへの対処の例としては，分散分析におけるテューキー法などの多重比較がある．

第5章

[訳注1] 本来であれば身長は連続型の変数だが，ここでは身長の区間(ある区間がどのくらいの確率で選ばれるか)を考えている．

[訳注2] これらは，

$$_{100}C_1 \times 0.962^{99} \times 0.038 + 0.962^{100} \fallingdotseq 0.1028$$
および
$$_{100}C_1 \times 0.937^{99} \times 0.063 + 0.937^{100} \fallingdotseq 0.0115$$ で計算される.

[訳注3] 刑事事件については, Williams v. Florida, 399 U.S. 78(1970)で6人制陪審員が合憲とされている.

[訳注4] イギリスの法律家ブラックストン(William Blackstone)が『イギリス法釈義(*Commentaries on the Laws of England*)』の中で述べている「1人の無実の人が苦しむより10人の有罪の人を逃す方がよい」という言葉に基づくもので,「ブラックストンの定式化」などと呼ばれる.

[訳注5] 連邦地裁で陪審員を選任する際, 検察側・弁護側はそれぞれ一定数(死刑にあたる罪の場合は20名)までは理由を示さずに不選任とすることができる. 人種に基づく不選任は*Batson v. Kentucky*, 476 U.S. 79(1986)で違憲とされており, それ以降, 不選任の理由について争うことが可能になっている. なお, 日本の裁判員法では「不選任」の語を用いているので(36条), ここでも訳語を「不選任」とした.

[訳注6] 本件では, 票が無効になるような瑕疵の可能性があることまではわかっているが, それらの票が誰に投じられたかは開示されていないようである.

第6章

[訳注1] これは次のように計算する. $\frac{_3C_3}{_{55}C_3} = \frac{1}{26235}$

[訳注2] これは以下の問題と同様と考えればよい.「黒色と白色の玉が合わせて55個, ツボに入っている. ツボから3個, 玉を取り出したとき全部黒色である確率はいくつか.」そしてこの問題は以下のように計算できる.

黒色の玉がツボに全部で21個ある場合は, 求める確率は $\frac{_{21}C_3}{_{55}C_3} \fallingdotseq 0.051$

黒色の玉がツボに全部で20個ある場合は, 求める確率は $\frac{_{20}C_3}{_{55}C_3} \fallingdotseq 0.043$

よって, 黒色の玉がツボに全部で21個以上のとき, 確率が0.05を上回ることがわかる.

[訳注3] 次のように計算する. 600個の告知の中から無作為に選んだ18個のうち, 15個以上がコピーされたものである確率は, コピーされたものが全部で327個ある場合,

$$\frac{_{327}C_{15} \times _{273}C_3}{_{600}C_{18}} + \frac{_{327}C_{16} \times _{273}C_2}{_{600}C_{18}} + \frac{_{327}C_{17} \times _{273}C_1}{_{600}C_{18}} + \frac{_{327}C_{18}}{_{600}C_{18}} \fallingdotseq 0.0098$$

書き写されたものが全部で328個ある場合,

$$\frac{{}_{328}C_{15} \times {}_{272}C_3}{{}_{600}C_{18}} + \frac{{}_{328}C_{16} \times {}_{272}C_2}{{}_{600}C_{18}} + \frac{{}_{328}C_{17} \times {}_{272}C_1}{{}_{600}C_{18}} + \frac{{}_{328}C_{18}}{{}_{600}C_{18}} \fallingdotseq 0.0102$$

よって，確率が 1 ％以上となるのはコピーされたものが全部で328個ある場合であり，このときのコピーされた割合は328/600≒0.547となる．

[訳注4]　連邦法による専占(preemption)とは，連邦法が適用され州法は適用されないということを表す言葉である．

[訳注5]　条件付確率の式で表せば，p(無限回標本抽出を繰り返しそのそれぞれの標本について信頼区間を計算した時にそれらの信頼区間が真の値を含む|真の値が0.2) = 0.95ということである．

[訳注6]　逆確率については第1章参照．p(今回の真の値がある区間に含まれる|今回のデータ) = 0.95となるような当該区間が，ここでいうベイジアン的な信頼区間である．

[訳注7]　この場合の「可能性が高い」というのは前の文と異なり，標本抽出を繰り返した場合に当該事象が起こる回数が多いということを指していることに注意．すなわち，この場合，真の値を前提として，標本抽出を繰り返した場合に，標本の値に近い値が出る回数の方が，信頼区間の端の方にある値が出る回数よりも多いということである．

[訳注8]　この場合も，「可能性」というのは，前訳注と同様，標本抽出を繰り返した場合の回数のことを言っている．

[訳注9]　これは第9章(疫学)で触れる「コーホート研究」である．

[訳注10]　3/0.65≒4.6と計算する．

[訳注11]　この値の計算については，Michael O. Finkelstein & Bruce Levin, *Statistics for Lawyers*（2nd ed. 2001) 301頁と531頁を参照．

[訳注12]　真の平均から標準誤差1.96個分以内に標本平均が位置するということは，「真の平均－1.96×標準誤差 ≤ 標本平均 ≤ 真の平均＋1.96×標準誤差」と不等式で表せる．この不等式を変形すると，「標本平均－1.96×標準誤差 ≤ 真の平均 ≤ 標本平均＋1.96×標準誤差」となる．

[訳注13]　比率については，標準誤差は，母集団の比率をπ，標本サイズをnとすると，$\sqrt{\pi(1-\pi)/n}$と計算できる．それに対して，平均については，標準誤差は，母集団の標準偏差をσ，標本サイズをnとすると，$\sigma/\sqrt{n}$と計算できる(59頁参照)が，母集団の標準偏差σは値がわからないことが多いので，標本サイズnが大きいときは標本から計算した標準偏差sを使って$s/\sqrt{n}$という式で標準誤差を近似することが多い．

[訳注14]　n回の独立な試行を行ったときの成功確率をp，失敗確率を$q(=1-p)$としている．

[訳注15]　多くの場合，相対リスクを指す(第2章参照)．

第 7 章

[訳注 1] これを条件付確率の式で書けば，p(帰無仮説を棄却しない | 対立仮説が真)となる．なお，p(帰無仮説を棄却しない | 対立仮説が真) ≠ p(帰無仮説を棄却しない | 帰無仮説が偽)である．理由は「対立仮説が真」⊆「帰無仮説が偽」だからである．ここで⊆は部分集合を意味する．

[訳注 2] 計算式は以下のようになる．
$1 - \{{}_{2000}C_6 \times (4/1000)^6 \times (996/1000)^{1994} + {}_{2000}C_5 \times (4/1000)^5 \times (996/1000)^{1995} + {}_{2000}C_4 \times (4/1000)^4 \times (996/1000)^{1996} + {}_{2000}C_3 \times (4/1000)^3 \times (996/1000)^{1997} + {}_{2000}C_2 \times (4/1000)^2 \times (996/1000)^{1998} + {}_{2000}C_1 \times (4/1000)^1 \times (996/1000)^{1999} + (996/1000)^{2000}\} \approx 0.687$.

[訳注 3] この計算は，$1 - \{{}_{16}C_1 \times (1/4) \times (3/4)^{15} + (3/4)^{16}\} \approx 0.9365$ である．

[訳注 4] この計算は，$1 - \{{}_{16}C_2 \times (1/4)^2 \times (3/4)^{14} + {}_{16}C_1 \times (1/4) \times (3/4)^{15} + (3/4)^{16}\} \approx 0.8029$ である．

[訳注 5] この計算は，$1 - ({}_{16}C_1 \times 0.05 \times 0.95^{15} + 0.95^{16}) \approx 0.1892$ である．

[訳注 6] この計算は，$1 - ({}_{16}C_2 \times 0.05^2 \times 0.95^{14} + {}_{16}C_1 \times 0.05 \times 0.95^{15} + 0.95^{16}) \approx 0.0429$ である．

第 8 章

[訳注 1] ここでの全成人(noninstitutional population)は，兵役に就いていたり刑務所等に収容されていたりしていない16歳以上の人々を指す．

第 9 章

[訳注 1] 曝露群とは，何らかの共通の因子にさらされた集団のことを指す．

[訳注 2] 次の図Aで考えるのがよい．

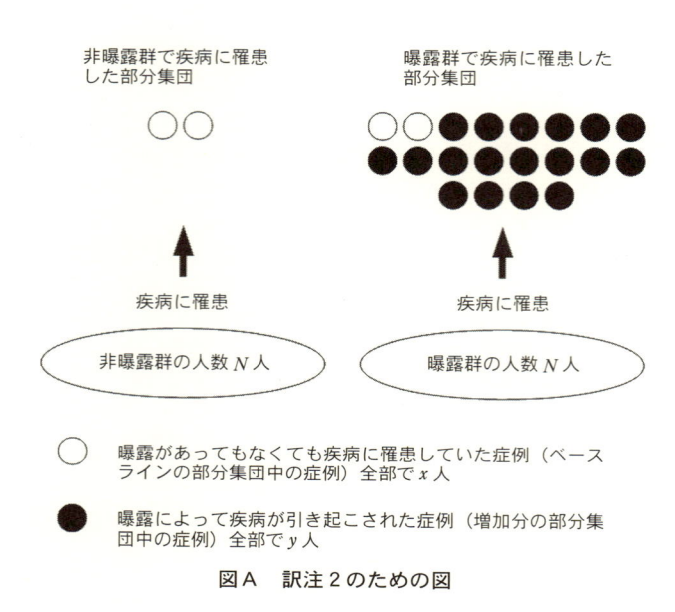

```
                非曝露群で疾病に罹患             曝露群で疾病に罹患した
                した部分集団                    部分集団
                    ○○                      ○○●●●●●●
                                              ●●●●●●●
                                                ●●●●●
                      ↑                           ↑
                    疾病に罹患                    疾病に罹患
              ╱─────────────╲          ╱─────────────╲
             (  非曝露群の人数 N 人  )        (   曝露群の人数 N 人   )
              ╲─────────────╱          ╲─────────────╱
```

○ 曝露があってもなくても疾病に罹患していた症例（ベースラインの部分集団中の症例）全部で x 人

● 曝露によって疾病が引き起こされた症例（増加分の部分集団中の症例）全部で y 人

図A　訳注2のための図

非曝露群，曝露群の人数をともに N 人とする(同じ人数とするのは，次に述べるベースラインの部分集団の人数を両群で同じにするためである)．また曝露してもしなくても疾病に罹患していた症例(ベースラインの部分集団中の症例，図の白丸)の人数を x 人，曝露によって疾病が引き起こされた症例(増加分の部分集団中の症例，図の黒丸)の人数を y 人とする．すると，非曝露群の罹患した症例全体の人数は x 人，曝露群の罹患した症例全体の人数は $(x+y)$ 人である．よって，非曝露群の疾病の罹患率は $\frac{x}{N}$，曝露群の疾病の罹患率は $\frac{x+y}{N}$ となる．すると，

$$相対リスク = \frac{曝露群の罹患率}{非曝露群の罹患率} = \frac{\frac{x+y}{N}}{\frac{x}{N}} = \frac{x+y}{x} となる.$$

それに対して，寄与リスク割合は曝露して疾病に罹患した集団全体の中での，増加分の部分集団の割合なので，$\frac{y}{x+y}$ である．これを変形すると，

$$寄与リスク割合 = \frac{y}{x+y} = 1 - \frac{x}{x+y} = 1 - \frac{1}{\frac{x+y}{x}} = 1 - \frac{1}{相対リスク} となり,$$

本文の式の成立を示すことができる．寄与リスク割合については，サナ・ルー，太田勝造監訳『法，疫学，市民社会—法政策における科学的手法の活用—』木

鐸社，2009年も参照.

[訳注3] 観察した人数とその観察期間を掛け算したもので，「延べ」に相当する疫学の用語である．ある期間観察した結果を用いて曝露の影響を調べる場合，観察期間を長くすると，罹患する人数が増える可能性がある．そこで「観察人年」を用いることになる．

[訳注4] SEERとは，Surveillance, Epidemiology and End Results Program（監視疫学遠隔成績プログラム）という，米国のがん登録システムのことである．アメリカ国立がん研究所(NCI)によって運営されている．10カ所程度の地域がん登録を常時構成員とし，全米人口の10％程度をカバーする.

[訳注5] 貧困線とは，生活に必要な最低限の収入水準のことである.

[訳注6] 後ろ向き相対リスクは，条件付確率を使えば次のように表せる．すなわち，ある疾病への罹患という事象をD，非罹患という事象を$\bar{D}$とし，ある要因への曝露という事象をE，非曝露という事象を$\bar{E}$とする．このとき，後ろ向き相対リスクは $\frac{p(E|D)}{p(E|\bar{D})}$ である．

[訳注7] この前向き相対リスクと訳注6の後ろ向き相対リスクの違いは，条件付確率を使うと理解しやすいかもしれない．前と同じ記号を使えば，前向き相対リスクは $\frac{p(D|E)}{p(D|\bar{E})}$ となる．

[訳注8] これは前訳注と同様の記号を用いて式で表すと，次のようになる．

$$\text{後ろ向きオッズ比} = \frac{\frac{p(E|D)}{p(\bar{E}|D)}}{\frac{p(E|\bar{D})}{p(\bar{E}|\bar{D})}} \text{ である．}$$

[訳注9] 前訳注と同様の記号を用いて式で表すと，次のようになる．

$$\text{前向きオッズ比} = \frac{\frac{p(D|E)}{p(\bar{D}|E)}}{\frac{p(D|\bar{E})}{p(\bar{D}|\bar{E})}} \text{ である．}$$

[訳注10] これは次のようにして示すことができる．ベイズの定理から

$p(D|E) = \frac{p(E|D)p(D)}{p(E|D)p(D)+p(E|\bar{D})p(\bar{D})}$ で，$p(\bar{D}|E) = \frac{p(E|\bar{D})p(\bar{D})}{p(E|\bar{D})p(\bar{D})+p(E|D)p(D)}$ なので，

$\frac{p(D|E)}{p(\bar{D}|E)} = \frac{p(E|D)p(D)}{p(E|\bar{D})p(\bar{D})}$ である．これと同様にして，$\frac{p(D|\bar{E})}{p(\bar{D}|\bar{E})} = \frac{p(\bar{E}|D)p(D)}{p(\bar{E}|\bar{D})p(\bar{D})}$ となる．

よって，前向きオッズ比 $= \dfrac{\dfrac{p(D|E)}{p(\overline{D}|E)}}{\dfrac{p(D|\overline{E})}{p(\overline{D}|\overline{E})}} = \dfrac{\dfrac{p(E|D)p(D)}{p(E|\overline{D})p(\overline{D})}}{\dfrac{p(\overline{E}|D)p(D)}{p(\overline{E}|\overline{D})p(\overline{D})}} = \dfrac{\dfrac{p(E|D)}{p(E|\overline{D})}}{\dfrac{p(\overline{E}|D)}{p(\overline{E}|\overline{D})}} =$ 後ろ向きオッズ比

[訳注11] これは，次のように考えれば理解できる．まず下の表（a, b, c, d は該当する人の人数を表している）で，前向きオッズ比 $= \dfrac{\frac{a}{b}}{\frac{c}{d}}$ で，前向き相対リスク $= \dfrac{\frac{a}{a+b}}{\frac{c}{c+d}}$ と計算できる．

ここで，疾病への罹患が非常に稀なものである場合には，$\frac{a}{a+b}$ は $\frac{a}{b}$ に近くなり，$\frac{c}{c+d}$ は $\frac{c}{d}$ に近くなる．よってこの場合，前向き相対リスク $\approx \dfrac{\frac{a}{b}}{\frac{c}{d}} =$ 前向きオッズ比となる．

	疾病への罹患（D）	疾病への非罹患（$\overline{D}$）
曝露（E）	a	b
非曝露（$\overline{E}$）	c	d

[訳注12] よって，これまでの議論から，前向き相対リスクも約5と考えることができる．

[訳注13] 行政教区（civil parish）とは，イギリスの行政上の最小単位である．

[訳注14] 調整オッズ比とは，他の要素の影響を統制したオッズ比のことである．

[訳注15] 条件付確率で表せば，$\dfrac{p(\text{エフェドラの使用}|\text{脳卒中への罹患})}{p(\text{エフェドラの不使用}|\text{脳卒中への罹患})}$ というオッズが，$\dfrac{p(\text{エフェドラの使用}|\text{脳卒中への非罹患})}{p(\text{エフェドラの不使用}|\text{脳卒中への非罹患})}$ というオッズの5倍を超えるということである．

[訳注16] 条件付確率で表せば，$\dfrac{p(\text{脳卒中への罹患}|\text{エフェドラの使用})}{p(\text{脳卒中への非罹患}|\text{エフェドラの使用})}$ というオッズが，$\dfrac{p(\text{脳卒中への罹患}|\text{エフェドラの不使用})}{p(\text{脳卒中への非罹患}|\text{エフェドラの不使用})}$ というオッズの5倍を超えるということである．

[訳注17] ブラッドフォード・ヒルの基準（ヒルの基準）の詳しい説明については，サナ・ルー，太田勝造監訳『法，疫学，市民社会―法政策における科学的手法の活用―』木鐸社，2009年，20-22頁も参照．

第10章
［訳注１］　数式で表せば，
賃金S＝重みw_1×要素F_1＋…＋重みw_n×要素F_n＋重みr×人種R＋誤差項ε
となる．

第11章
［訳注１］　通常は「$\overline{Y}$」と書くとYの平均値を表すことになるが，ここでは条件付期待値 $E[Y|X]$ を表している．つまり，ここでの$\overline{Y}$は「給与の平均値」ではなく「所与の独立変数のもとでの平均給与」を表しているので，注意を要する（以下の記述でも同じ）．
［訳注２］　これは，第１段階でLNBが導入されたボイラーを指す．
［訳注３］　ヒスパニックが０％ではない選挙区でもある．
［訳注４］　この図は，原著にはないが読者の便宜のためにMichael O. Finkelstein & Bruce Levin, *Statistics for Lawyers* (2nd ed. 2001)の398頁から取って挿入したものである．

第12章
［訳注１］　「バイアスのない代理変数」には，実は２つの定義がありうるので，このような書き方になっている．１つ目の定義は，本文中にあるような「生産性の同じ男性と女性は，平均値で見ると，代理変数が同じ値になる」というものである．これは「生産性が独立変数で代理変数が従属変数の回帰式を作ると，その式は男女で同一となる」と言い換えることができる．それに対して２つ目の定義は「代理変数の値が同じ男性と女性は，平均値で見ると，生産性が同じになる」という，言わば１つ目の定義をひっくり返したものである．これは「代理変数が独立変数で生産性が従属変数の回帰式を作ると，その式は男女で同一となる」と言い換えることができる．

　代理変数が生産性を完全に代理するものになっている場合には，以上の２つは同じものを表していることになるが，生産性と代理変数が不完全に相関しているにすぎない場合には，以上の２つは異なるものになる．

　すなわち，「生産性の同じ男性と女性は，平均値で見ると，代理変数が同じ値になる」が真でも，「代理変数の値が同じ男性と女性は，平均値で見ると，生産性が同じになる」は真でない，ということが起こる．より具体的には，例えば男性の方が代理変数の平均値が高い場合を考えると，当該代理変数の値が同じ男性と女性を比べたとき，女性の方が平均値で見ると生産性が低い傾向がある．したがってこの場合，生産性だけを基にして給与を払い性別による差別をしていない使用者は，当該代理変数の値が同じ男性と女性では，男性の方に

多く給与を払うことになる．しかしこのとき，当該代理変数と性別が独立変数で給与が従属変数の回帰モデルでは，給与の差を生み出しているのは性別だと判断されてしまうことになる．これが過小統制のバイアスである．

このように1つ目の定義のバイアスのない代理変数の場合は，過小統制のバイアスが生じる．しかし，2つ目の定義のバイアスのない代理変数の場合は，過小統制のバイアスが生じない．このことは注(3)，より詳しくは**Michael O. Finkelstein & Bruce Levin, *Statistics for Lawyers* (2nd ed. 2001)448-449**頁で説明されている．

したがって，バイアスのない代理変数が1つ目と2つ目のどちらの定義のものなのかが，過小統制のバイアスが生じるか否かにとって重要となる．これを判断するのは簡単ではないが，代理変数の因果関係を考えることが1つの指針となる．すなわち，代理変数が生産性の原因である場合は，他の証拠がなければ，2つ目の定義が当てはまると考えるのが自然である．この場合の代理変数の例としては，教育年数や経験年数がある．それに対して，代理変数が生産性を反映するもの(すなわち代理変数が生産性の結果)である場合は，他の証拠がなければ，1つ目の定義が当てはまると考えるのが自然である．この場合の代理変数の例としては，評価得点がある．

［訳注2］　第2章の訳注8参照．

［訳注3］　対数がパーセント差の近似になるのは，以下により理解できるだろう．自然対数の微分の公式は$(\log x)' = \frac{1}{x}$である．これはΔxをxの微小な変化としたとき，$\Delta x \to 0$において，

$$\frac{\log(x+\Delta x) - \log(x)}{\Delta x} = \frac{1}{x}$$

ということであり，これを変形すると

$$\log(x+\Delta x) - \log(x) = \frac{\Delta x}{x}$$

となる．ここで右辺を次のように変形できる．

$$\log(x+\Delta x) - \log(x) = \frac{(x+\Delta x) - x}{x}$$

この右辺はまさにパーセント差を表している．

［訳注4］　「交互作用」とは，2変数の関連のあり方が第3の変数の値によって異なることをいう．ここでの例では，性別と給与という2変数の関係が，管理職か否かという第3の変数の値によって異なる，という関係があるときこれを交互作用と呼ぶ．

［訳注5］　この文章の原文には疑問があったので，以下の理由で訂正しておいた．回帰式を$\overline{Y} = a + b_2 X_2 + b_3 X_3 + b_4 X_2 X_3$とする（$\overline{Y}$：所与の独立変数のもとでの平均給与，$X_2$：管理職か否か，$X_3$：男性か否か，$a$：定数）．$\overline{Y}$の値は，$X_2 = 0, X_3 = 0$（非管理職の女性）のとき$a$，$X_2 = 1, X_3 = 0$（管理職の女性）のとき$a + b_2$，$X_2 = 0, X_3 = 1$

（非管理職の男性）のとき$a+b_3$, $X_2=1$, $X_3=1$（管理職の男性）のとき$a+b_2+b_3+b_4$である．すると，非管理職の女性と比べた管理職の男性の平均ベースでの給与の増加は，$(a+b_2+b_3+b_4)-a=b_2+b_3+b_4$であるということになる．よって，$b_4$は，$b_4=\{(a+b_2+b_3+b_4)-(a+b_3)\}-\{(a+b_2)-a\}$より，

{（管理職の男性）−（非管理職の男性）}−{（管理職の女性）−（非管理職の女性）}と解釈される．つまり「非管理職と管理職の平均ベースでの給与差が男性と女性でどう違うか」を表すものという解釈となる．あるいは，$b_4=\{(a+b_2+b_3+b_4)-(a+b_2)\}-\{(a+b_3)-a\}$より，

{（管理職の男性）−（管理職の女性）}−{（非管理職の男性）−（非管理職の女性）}つまり「男性と女性の平均ベースでの給与差が非管理職と管理職でどう違うか」を表すという解釈もできる．

[訳注6] 原文ではb_2-b_4になっていたが疑問があったので，以下の理由で訂正しておいた．訳注5の回帰式から，管理職の男性の給与は$a+b_2+b_3+b_4$，管理職の女性の給与は$a+b_2$であるから，管理職の男性と管理職の女性の給与差は，$(a+b_2+b_3+b_4)-(a+b_2)=b_3+b_4$である．

[訳注7] 訳注5や6と同様にして考えれば，交互作用項の係数は以下の式のように解せる．

{勤続年数($x+1$)年の非管理職の男性−勤続年数x年の非管理職の男性}−{勤続年数($x+1$)年の非管理職の女性−勤続年数x年の非管理職の女性}

[訳注8] ただし，両者の係数が具体的にどう対応しているかについては，注意が必要である．例えば，前の$\overline{Y}=a+b_2X_2+b_3X_3+b_4X_2X_3$を例に取ろう．そして，男性と女性の2つの回帰式で推定すると，男性の回帰式$\overline{Y}=c+f_2X_2$，女性の回帰式$\overline{Y}=d+g_2X_2$となるとしよう．このとき，新しい2つの回帰式と元の回帰式の$\overline{Y}$の値を対応させると非管理職の女性（女性の回帰式で$X_2=0$のとき）は$d=a$，管理職の女性（女性の回帰式で$X_2=1$のとき）は$d+g_2=a+b_2$，非管理職の男性（男性の回帰式で$X_2=0$のとき）は$c=a+b_3$，管理職の男性（男性の回帰式で$X_2=1$のとき）は$c+f_2=a+b_2+b_3+b_4$である．そして，交互作用項の係数b_4については，新しい2つの回帰式の係数の差と等しくなる．なぜなら，
$$f_2-g_2=\{(c+f_2)-c\}-\{(d+g_2)-d\}=\{(a+b_2+b_3+b_4)-(a+b_3)\}-\{(a+b_2)-a\}=b_4$$
となるからである．

[訳注9] 本文のダミー変数の作り方（前の給与の例とは違って3つのダミー変数を使用して4カテゴリーを表している）では，変数同士の積による交互作用項を作って回帰式に入れることは難しくなる．なぜなら，*Pre-1985 In*, *Pre-1985 Out*, *Post-1984 In*は，同時に1となることが論理的に不可能だからである．そこで，給与の例と同様に「発表前か後か」「範囲内か外か」という2つのダミー変数で4カテゴリーを表すことを考える．仮にX_2（発表前=1,

後＝0），X_3（範囲内＝1，外＝0），$\bar{Y}$（所与の独立変数のもとでの平均住宅価格）と表すことにして，$\bar{Y} = a + b_2 X_2 + b_3 X_3 + b_4 X_2 X_3$ という回帰式を作ると，この交互作用項 $X_2 X_3$ の係数 b_4 が -3923 となる．

[訳注10] ここでいう「当該ミシシッピ州法の効果」は，{(当該ミシシッピ州法施行後のミシシッピ州の中絶率の自然対数) − (当該ミシシッピ州法施行前のミシシッピ州の中絶率の自然対数)} − {(当該ミシシッピ州法施行後の対照群の州の中絶率の自然対数) − (当該ミシシッピ州法施行前の対照群の州の中絶率の自然対数)} という式によって測られている．これが，対照群の州に関する変数と当該ミシシッピ州法に関する変数を掛け合わせて作った交互作用項の係数として測定されるというのは，次のように考えれば理解できる．簡単化のために，トレンドに関する変数をすべて省略して，
$\bar{Y} = a + b_1 \times law(date) + b_2 \times South\_Carolina + b_3 \times Georgia + b_4 \times law(date) \times South\_Carolina + b_5 \times law(date) \times Georgia$
という回帰式を考える（$\bar{Y}$ は所与の独立変数のもとでの中絶率の自然対数の平均）．対照群の州として，サウス・カロライナ州を例にする．「当該ミシシッピ州法施行後のミシシッピ州の中絶率の自然対数」は，$law(date) = 1$，$South\_Carolina = 0$，$Georgia = 0$ より $a + b_1$ である．他の「当該ミシシッピ州法施行後のサウス・カロライナ州の中絶率の自然対数」なども同様に計算して，上の「当該ミシシッピ州法の効果」を測る式に代入すると，$\{(a + b_1) - a\} - \{(a + b_1 + b_2 + b_4) - (a + b_2)\} = -b_4$ となり，交互作用項の係数 b_4（のマイナス）となる．

[訳注11] ここでいう「期待値」は，正確には条件付期待値であり，詳しくは次のような仮定である．データ番号を i，独立変数を X_i，従属変数を Y_i，誤差項を ε_i とし，回帰式を $Y_i = \alpha + \beta X_i + \varepsilon_i$ とする．また，$E[\varepsilon_i]$ は ε_i の期待値，$E[\varepsilon_i | X_i]$ は X_i の値が決まったときの ε_i の条件付期待値を表すとする．このとき，すべての i について $E[\varepsilon_i | X_i] = 0$ というのが第1の仮定である．

[訳注12] これは次のように示すことができる．「誤差項と独立変数の間に相関があるならば，第1の仮定が成立しない」の対偶「第1の仮定が成立するならば，誤差項と独立変数の間に相関がない」を示そう．第1の仮定は $E[\varepsilon_i | X_i] = 0$ なので $E[E[\varepsilon_i | X_i]] = 0$ となる．また，条件付期待値の性質より $E[E[\varepsilon_i | X_i]] = E[\varepsilon_i]$ である．よって $E[\varepsilon_i] = 0$ となるので，$E[\varepsilon_i | X_i] = E[\varepsilon_i]$ となり，ε_i と X_i は独立である．独立の場合は常に無相関であるので，対偶が真であることが示された．

[訳注13] 独立変数と相関した要因が回帰式の独立変数中に含まれていない場合，その要因は誤差項の中に含まれていることになるので，誤差項と独立変数に相関が生じる．この場合も誤差項と独立変数に相関が生じていることに変わりはないのでバイアスが生じるが，このバイアスのことを特に欠落変数バイアス（omitted variable bias）と呼ぶ．

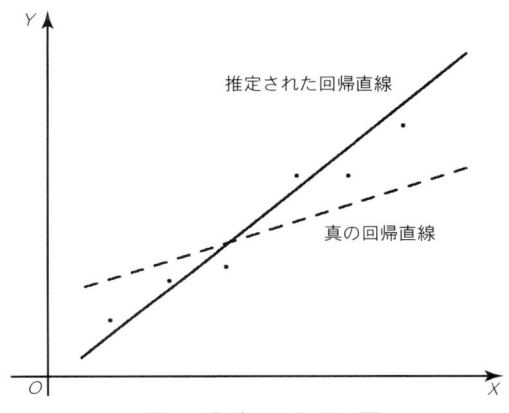

図B　訳注14のための図

[訳注14]　独立変数と誤差項の間に相関がある場合に，回帰係数が不偏性を持たない（バイアスが生じる）理由は，次のように直感的に理解できる．誤差項 ε_i が X_i とともに大きくなる場合（独立変数 X_i と誤差項 ε_i の間に相関がある場合の1つ）を考える．この場合，例えば上の図Bのようになる．真の回帰直線（図Bの破線）では，X_i が小さい時には誤差が負だが X_i が大きい時には正になっている．しかし，OLSによる推定では，点の間を通り抜けるような感じで回帰直線が引かれることになる．すると，推定された回帰直線（図Bの実線）は，真の回帰直線（図Bの破線）よりも，傾きが大きくなってしまう．

[訳注15]　これは，回帰式を $Y_i = \alpha + \beta X_i + \varepsilon_i$ としたときに，データ番号 i の値が異なる誤差項 ε_i 同士は独立である，ということである．

[訳注16]　すなわち，m と n をそれぞれ i のとりうる値の1つであり，$m \neq n$ としたとき，ε_m と ε_n の相関がゼロであるということである．式で表すと $\mathrm{cov}(\varepsilon_m, \varepsilon_n) = 0$ である（ただし $m \neq n$）．

[訳注17]　精度（precision）とは，複数回の測定もしくは計算の結果の間での互いのばらつきの小ささの尺度のことをいう．

[訳注18]　これは，$Y_t = \alpha + \beta X_t + \rho Y_{t-1} + \varepsilon_t$ のようなモデルを指している．ただし，X_t と ε_t は時点 t における X と ε を表し，Y_{t-1} は時点 $t-1$ における Y を表す．

[訳注19]　これはつまり，第1の仮定が成立しない場合（独立変数と誤差項に相関がある）なので，そこでの記述と原則としては同じことになる．独立変数と誤差項に相関がある場合，その相関に影響されて，推定された回帰直線の傾きが真の回帰直線の傾きよりも大きくなったり小さくなったりするのだった．これが，ラグ付き従属変数の係数が誤差項の相関している部分を「拾い上げる」と

いうことの意味である．

[訳注20] これは，詳しくは次のように式で表すことができる．$V[\varepsilon_i]$はε_iの分散，$V[\varepsilon_i|X_i]$はX_iの値が決まったときのε_iの条件付分散を表すものとする．このとき，すべてのiについて，
$$V[\varepsilon_i|X_i] = \sigma^2$$
である（ただしσは定数）．さらに，第1の仮定$E[\varepsilon_i|X_i] = 0$が成り立っていれば，ε_iとX_iは独立なので，
$$V[\varepsilon_i] = V[\varepsilon_i|X_i] = \sigma^2$$
が言える．また訳注12にも記したように$E[\varepsilon_i] = 0$なので，
$$V[\varepsilon_i] = E[(\varepsilon_i - E[\varepsilon_i])^2] = E[\varepsilon_i^2]$$
より，$E[\varepsilon_i^2] = \sigma^2$とも表せる．

[訳注21] これは，お金持ちになるほど，極端にけちな人もいれば極端に金遣いの荒い人もおり，そのばらつきは大きくなる傾向にある，ということを想像すればわかりやすいかもしれない．

[訳注22] 図12.2の横軸の両親平均の身長（midparent's height）は，正確には
（父親の身長 ＋ 1.08 × 母親の身長）÷ 2
を計算したものである．

[訳注23] これはすなわち，すべてのiについてε_iが正規分布に従う，ということである．

[訳注24] 真のモデル自体は母集団のものだが，誤差項は，真の回帰直線上の値と標本として得られている観測値の差なので，標本抽出のたびに変わることに注意．

[訳注25] この章の訳注14の，独立変数と誤差に相関がある場合の説明で用いた図Bにおいて，破線を真の直線ではなく，単に各残差と独立変数の相関がゼロでない直線だと考えてみよう．すると，この直線の傾き（係数）を増やすことで，OLSによる回帰式の当てはまりがよくなることが直感的にわかるだろう．

[訳注26] OLSで行うのが，残差平方和の最小化である．

[訳注27] ダービン・ワトソン統計量とは，時点tにおける残差e_tと時点$t-1$における残差e_{t-1}の差の2乗の合計を，時点tにおける残差e_tの2乗の合計で割ったものである．この統計量は一般に0から4の範囲の値を取り，自己相関がない場合は2に近くなる．そして，正の自己相関があるとこの統計量は0に近くなり，負の自己相関があると4に近くなる．

[訳注28] これは次のようにすればわかる．線形モデルを$Y_i = \alpha + \beta X_i + \varepsilon_i$として，$Y_i$をダミー変数とする．このとき条件付期待値を使って，$E[Y_i|X_i] = \alpha + \beta X_i$と表せる．ここで，$X = X_i$のとき$Y_i$が1となる確率を$P_i$とすると，$Y_i$の分布は以下の表のようになる．

訳注　275

Y_iの値	確率
0	$1-P_i$
1	P_i

このとき，$E[Y_i|X_i] = 0 \times (1-P_i) + 1 \times P_i = P_i$である．よって，$P_i = \alpha + \beta X_i$であり，誤差項は$\varepsilon_i = Y_i - (\alpha + \beta X_i) = Y_i - P_i$と表せる．よって，誤差項$\varepsilon_i$の分布は，次のようになる．

Y_iの値	$\varepsilon_i(=Y_i-P_i)$の値	確率
0	$-P_i$	$1-P_i$
1	$1-P_i$	P_i

したがって，誤差項の条件付分散$V[\varepsilon_i|X_i]$は，この分布と$E[\varepsilon_i]=0$を使って，次のように計算できる．
$$V[\varepsilon_i|X_i] = E[(\varepsilon_i - E[\varepsilon_i])^2] = E[\varepsilon_i^2] = (-P_i)^2(1-P_i) + (1-P_i)^2 P_i = -P_i^2 + P_i$$
これと$0 \leq P_i \leq 1$より，誤差項の条件付分散は$P_i = 0.5$のとき最大となり，$P_i = 0$と1のとき最小となることがわかる．

[訳注29]　被告人の人種に関するダミー変数は「1＝黒人の被告人，0＝白人の被告人」，被害者の人種に関するダミー変数は「1＝白人の被害者が1人以上いる，0＝白人の被害者がいない」と定義されている．

[訳注30]　具体的には法定加重事由が1個から3個の範囲であり，多くの殺人事件がこの範囲に入った．

[訳注31]　ただし，決定係数R^2とほぼ同じように解釈できるような当てはまりのよさの指標が，いくつか考案されている．擬似決定係数と呼ばれるものであり，現在は統計ソフトでもこれが出力されることが多い．

[訳注32]　もう1つは，ジョージア州のソドミー法を5対4で合憲としたBowers v. Hardwick, 478 U.S. 186 (1986)において，多数意見に同調したことである．

監訳者あとがき

　本書を手にしている読者にとっては，次の文章はどこかで目にしたことがあるものかもしれない．
　「立法も司法も，社会の発展に従わなければならず，社会の発展に適合しなければならない．」
　これはアメリカ合衆国第16代大統領であり南北戦争で勝利して奴隷解放を成し遂げたエイブラハム・リンカンが今から150年以上前に法廷で述べた言葉である（Roy P. Basler ed., *Collected Works of Abraham Lincoln*, vol.2, 1953, p.459）．彼は元々は辣腕で鳴らした弁護士であった．立法と司法が社会の発展に順応することができるためには，立法者や法律家は要件事実的な法解釈学だけでなく，社会科学一般についての素養が求められる．それを示すのが，やはり人口に膾炙した次の言葉である．
　「法の合理的研究に適しているのは訓詁学の人であると現在では考えられているかもしれないが，将来においては統計学や経済学を習得した人でなくてはならない．」
　これは，アメリカ合衆国連邦最高裁判所裁判官を長期にわたって務め，その前にはハーヴァード・ロー・スクール教授でもあったホームズ（Oliver Wendell Holmes, Jr.）が120年近く前に述べた言葉である（"The Path of the Law," 10 *Harvard Law Review* (1897) 457, 469）．
　以上の2つの言葉は19世紀のものである．その後どうなったのであろうか．2000年に出版されたアメリカ合衆国連邦司法センターの『科学的証拠リファレンス・マニュアル（第二版）』の序章で，ハーヴァード・ロー・スクールの行政法の教授から連邦最高裁判所裁判官になったスティーヴン・ブライヤー（Stephen Breyer）が，科学鑑定に関する重要な先例であるHunt v. Cromartie（119 S. Ct. 1545 (1999)）とDepartment of Commerce v. United States House of Representatives, (119 S. Ct. 765 (1999))に触れて，次のように述べている（Federal Judicial Center, *Reference Manual on Scientific Evidence*, 2nd ed. 2000, p.2）．
　「これら2つの事件を裁判する上で，我々［連邦の最高裁判所裁判官たち］が統計学の専門家になるよう求められたわけではないが，統計分析がどのよ

うなものであるかを理解することは求められていた．現在の事実審の裁判官たちも，少なくともその程度には，あるいはたぶんそれ以上の程度に，統計学を理解することが日々の実務において求められている．」

翻って，日本の立法や司法，そして法学の現状はどうであろうか．立法政策の立案や法案作成の際に各省庁において関連データの蒐集，統計分析，経済分析など，立法事実として社会科学が活用されていることは良く知られているが，そのためのシステマティックな方法論が法学部や法科大学院でしっかりと教えられているとは限らない．法統計学，法社会学，法と経済学，法心理学，立法政策学などの「法と社会科学(law & social science)」系の科目はせいぜい選択科目であり，カリキュラムに存在しないことも多く，専任の教員がいない場合の方がむしろ多いと言える状況である．

本書で多数の裁判例が紹介され統計学的に分析されているように，アメリカ合衆国の司法では多様な統計学的手法が活用されている．それに対して，日本の司法における統計学の利用は極めて低調であり，誤用や曲解も稀ではないと言われる．まして，法学に目を転ずれば，状況はさらに悲惨である．既に鬼籍に入られている法学の大権威であった大先生が生前，「社会調査や統計分析は，既に出ている結論を，それがどんなものであれ正当化するために使うものにすぎない．だから法律の世界と統計学とは無縁だ」との極論を堂々と吐いていたことを記憶している．もしも法律家や法科大学院生でこの大先生の言葉にシンパシーを若干でも感じる人がいたら，次の問題の解答を予測してみてほしい．

[問題A]ホルモン療法とがん
生涯のうちに乳がんにかかるのは女性1000人当たり60人の割合である．閉経期のホルモン療法で乳がんの発生率はわずかに増加するというコストがある．すなわち，ホルモン療法を10年続けた場合，乳がんにかかる女性が1000人当たり6人増える．つまり，リスクが0.6％増加する．他方，ホルモン療法を受けることで，大腸がんは50％以上も減少することがわかっている．これは重要な便益である．
ここで質問：このホルモン療法を受けるべきか，受けるべきでないか？

[問題B]スミス氏の息子
スミス氏には2人の子どもがいることがわかっているがその性別は知らないとする．街でスミス氏が男の子を連れているのに出会うと「これは私の息子です」と紹介してくれた．ここまでの情報から，スミス氏のもう1人の子どもが男の子である確率を考えてみよう．
数学者甲さんは，それが1/2だと言う．その理由は「残った子どもが男であ

る確率は，ここにいる子どもの性別とはまったく独立だから」というものである．

数学者乙さんは，1/3だと言う．その理由は「もともとの可能性は，出生順に言うと，男・男，男・女，女・男，女・女の4通りで，それぞれの確率はすべて同じである．息子さんに会った以上，女・女の可能性は消えたので，男・男，男・女，女・男の3通りしかありえないことがわかった．もう1人が男であるのは男・男の場合のみであるから1/3となる」というのである．

ここで質問：数学者甲と数学者乙とで，正しいのはどちらか？

[問題C] 有意確率

統計的検定では，有意確率（P値）は小さければ小さいほど，分析結果は「有意」であるとされる．通常は5％以下とか1％以下であれば有意とされる．男女の意見の差を調査した結果を統計的検定にかけたところ，有意確率は0.001であった．したがって，この調査結果は有意である．これを見て，学生甲は「男女の間に意見の差が99.9％の確実性で存在する」と言い，学生乙は「男女の間に意見の差が存在しないという仮説が真である確率が0.1％だ」と言った．

ここで質問：学生甲と学生乙の正しいのはどちらか，それとも両方か？

[問題D] ルーレット死刑囚

3人の囚人 α，囚人 β，囚人 γ がおり，王様がサイコロを振って1人だけ釈放し，残る2人を死刑に処する．1か3か5の目が出たら囚人 α を釈放し，2か4の目が出たら囚人 β を釈放し，6の目が出たら囚人 γ を釈放すると王様が決めて，サイコロを振る．3人が収監されている刑務所の所長に処刑前日に結果が知らされた．しかし誰が釈放されるかを処刑の前に明らかにすることは禁じられている．囚人 α が所長に，2人が処刑される以上，囚人 β か囚人 γ のどちらかは必ず処刑されるから，それを教えてくれても秘密の漏えいにはならないと乞うた．所長は，それならば，と明日処刑される者の1人は囚人 β であると告げた．この所長の答えを聞いた後の甲の釈放される確率はどれだけであろうか．

法学者甲は「奇数の目が出たら囚人 α が釈放されるのだから1/2だ」と言い，法学者乙は「囚人 β が処刑される以上，残る囚人 α か囚人 γ の一方が処刑されるのだから，1/2だ」と言い，法学者丙は「もともとは，囚人 α の釈放確率は1/2，囚人 γ の釈放確率は1/6だったのだから，囚人 β の釈放確率1/3が消えた以上，同じ比率3:1で囚人 α と囚人 γ の釈放確率は増える．だから囚人 α の釈放確率は3/4だ」と言った．

ここで質問：法学者甲，乙，丙の誰が正しいか？

[問題E]全国統一入学試験

ある大学の法学部の入学試験検討委員会が，学生の入学選抜の全国統一試験の成績と大学での法律科目の成績との関係を調査した．分析を依頼された若い助教の計算によれば，全国統一試験の数学の成績と法律科目の成績とは有意に逆相関しており（相関係数が-0.12，$p=0.02$），数学の成績が良い学生ほど法律科目の成績が悪い傾向が見られたという．その他の科目でも有意なプラスの相関は見られなかったという．これを受けた委員会で，法学教授甲は「じゃあ，本学部の入学者選抜にとって全国統一試験は何の意味もないということだね．数学などはむしろ入試科目から外した方が良いんだ」と発言した．法学教授乙は「いや，これは助教の計算ミスに違いない．全国統一試験の結果を重視して選抜した以上，相関係数がマイナスになるなどありえないはずだ」と主張した．法学教授丙は「いやいやいや，相関係数がマイナス1.0になることだって論理的には不可能ではないよ．とはいえ入学試験として望ましいものとは決して言えない．全国統一試験管理委員会には試験の内容を改善して，相関係数が0.5から0.8くらいは出るようにしてもらうか，さもなければ本学独自の入試に注力するべきだ」と述べた．

ここで質問：委員会で不適切な発言をしているのは法学教授甲，法学教授乙，法学教授丙のうちの誰か？

[問題F]誕生日の一致

ある法学部の演習（ゼミナール）に22名の学生が参加した．第一回目の演習日に，担当の教授が全員に自己紹介をさせた．まず教授が出身地や誕生日や趣味などを自己紹介し，続いて学生たちが同じようにして順に発言していった．全員の自己紹介が終わったところで，教授が「おやおや，これは驚いた．この中に同じ誕生日の者がいますねぇ．私も含め全部で23人もいるからといって，1年には365日あるのですから，同じ誕生日の人がいるのは驚きですね．しかも私と同じ誕生日の人がいますよ」と述べた．学生甲は「本当に驚きですね．何だかこのゼミの成功は運命づけられているようですよ」と発言した．学生乙は「でも，去年のゼミでも同じ誕生日の人がいたよ．去年は25人いたけど．きっとこれだけの人数で同じ誕生日の人がいるのはそれほど珍しくないのじゃないかな」と述べて場の雰囲気を壊した．

ここで質問：この教授は毎年22名の学生をゼミに採用して30年目になる（ゼミは1年単位で参加者を総入れ替えする）．この30年で同じ誕生日の者がいるのは何回あったと期待されるか？ また，この教授と同じ誕生日の学生がいたのは何回だったと期待されるか？

問題Aの「ホルモン療法とがん」はゲルト・ギーゲレンツァー（吉田利子訳）『数字に弱いあなたの驚くほど危険な生活：病院や裁判で統計にだまされないために』（早川書房，2003年）の256頁以下に基づくものである．質問の答えは，「この情報だけでは決められない」である．例えば，大腸がんになるのが1000人に10人だとすれば，50％減は5人の減少であり，ホルモン療法の6人のリスクより小さい便益となるし，1000人に100人だったら50人の減少で大きな利益となる．
　問題Bの「スミス氏の息子」は市川伸一『確率の理解を探る：3囚人問題とその周辺』（共立出版株式会社，1998年）の100頁以下に基づくものである．市川教授は「はじめてこの問題を見たとき，数学者[甲]の言い分が正しく思えるのに数学者[乙]の考え方のどこがおかしいのか，指摘することは難しかった」と述べられる．ベイズの定理を適用すれば数学者甲の方が正しいことがわかる（ジェイソン・ローゼンハウス（松浦俊輔訳）『モンティ・ホール問題』青土社，2012年も参照）．
　問題Cの「有意確率」は，帰無仮説や標本抽出分布などの統計的検定の初歩を理解していれば簡単である．質問の答えは学生甲と学生乙のどちらも間違っている．有意確率はp(当該データが得られる｜帰無仮説が真)であるが（「帰無仮説が真であるときに，当該データが得られる確率」），学生甲の「男女の間に意見の差が99.9％存在する」はp(男女間の意見の差が存在する｜当該データが得られる)であり，学生乙の「男女の間に意見の差が存在しないという仮説が真である確率が0.1％だ」はp(帰無仮説が真｜当該データが得られる)であるからともに間違っている．ちなみに，DNA型鑑定のP値が5兆分の1だとしても，これはランダムに選んだ二人の他人のDNA型が偶然に一致する確率であり（p(DNA型鑑定で一致｜ランダムに選んだ二人の他人)），DNA型鑑定が一致したときにそれが同一人物由来である確率ではない（p(同一人物由来｜DNA型鑑定が一致)），この点はDNA配列が全く等しい一卵性双生児が存在することを考えれば明らかであろう（一卵性双生児は1000分娩に4分娩の確率であると言われる）．
　問題Dの「ルーレット死刑囚」は上記市川教授の著書の29頁の「変形3囚人問題」をさらに数値を変えたものである．囚人αが解放される場合，囚人βも囚人γも処刑されるので，看守が「明日処刑される者の1人は囚人βである」と告げる確率は1/2であることに注意してベイズの定理を用いればよい．質問の答えは，法学者甲，乙，丙の3人とも間違っている（正しくは確率3/5）．
　問題Eの「全国統一入学試験」は統計学で「選抜効果」ないし「切断の効果」と呼ばれるものについてである．入学志望者の中から，全国統一試験の成績で上から入学定員の数だけ採ると，全国統一試験成績が狭い幅の学生だけが入学することになる．このような場合，全国統一試験と，学部の成績との間の相関は小さなものとなってゆく．これが選抜効果と呼ばれるものである．仮想的に，全国の受験生を全員合格させて同一の試験で大学成績を測定していたら，非常に高いプ

ラスの相関が存在する場合でも，選抜効果のために相関係数がゼロとなることも起こりうるとともに，論理的にはマイナス1となる場合を構築することも可能である．このように大学成績と全国統一試験の間に相関が乏しい，あるいはマイナスであるからといって，全国統一試験が良くないということには結びつかない．むしろ，他大学第一志望の受験者を予測して，定員を大幅に水増しして合格させ，その多くが他大学に引き抜かれる場合，全国統一試験による選抜としてはバラつきが大きく生じるので，大学成績との相関がプラスの大きな値となる可能性が大きくなる．言い換えれば，大学の成績と入学試験の相関が高いということは，入学試験が入学者選抜としてうまくいっていないことを示唆している可能性がある．以上から，法学教授甲，法学教授乙，および法学教授丙の三人とも選抜効果に対する無知・無理解に基づく発言をしており，不適切である．

問題Fの「誕生日の一致」は簡単なのでたいていの読者にはすぐわかったであろう．教授を含めて23名の中に1組以上同じ誕生日の者がいる確率は約1/2なので($1-(365!)/(365^{23}\times 342!)$)，30年では15回が期待値となる．教授と同じ誕生日の者が22名の学生の中にいる確率は約6％なので($1-\left(\frac{364}{365}\right)^{22}$)，期待値は約1.8回となる．

以上の問題Aから問題Fをすべて簡単に正解できたであろうか．そうでないならば，統計学の教科書を横において参照しつつ，謙虚に本書をしっかり読むことをお勧めしたい．

* * * * *

本書は，Michael O. Finkelstein, *Basic Concepts of Probability and Statistics in the Law*, Springer, 2009の全訳である．著者のフィンケルスタイン教授はアメリカ合衆国における統計的証拠および法統計学の分野のパイオニアの1人であり，統計専門の弁護士として実務に携わるとともに，コロンビア・ロー・スクール，ハーヴァード・ロー・スクール，イェール・ロー・スクール，ペンシルヴェニア・ロー・スクール等で法学生たちに統計を教えている．著書としては，Finkelstein, *Quantitative Methods in Law: Studies in the Application of Mathematical Probability and Statistics to Legal Problems*, The Free Press, 1978およびBruce Levinとの共著のFinkelstein & Levin, *Statistics for Lawyers*, Springer-Verlag, 1990がある（後者の書評として，飯田高「分析ツールの説明書 Michael O. Finkelstein & Bruce Levin, *Statistics for Lawyers*」『アメリカ法』2003（2），417-422（2004年）を参照）．

フィンケルスタイン教授の業績に監訳者が初めて触れたのは今から34年前，1980年に東京大学大学院法学政治学研究科の修士課程で新堂幸司教授（現・弁護士）を指導教授として民事訴訟法判決手続きの研究を始めて間もない頃であった．事実認定，証明責任，証明度などの諸概念を体系的に再構築する上で統計的

意思決定理論，とりわけベイズ統計学が有用であることに思い至り，ドイツと米英の文献を検討していた際に，ベイズ統計学の法分野での応用を推奨するフィンケルスタイン教授の業績に遭遇した．シャロン・マグレイン（Sharon Bertsch McGrayne, *The Theory That Would Not Die*, Yale U.P., 2011. 冨永星訳『異端の統計学ベイズ』，草思社 2013年）が述べるようにベイズ意思決定理論はその誕生以来多くの無理解と根拠のない感情的反発に曝され続けている．日本でも確率論の初歩的誤解に基づく批判がなされたりしているのが現状のレベルである．他方，コンピュータの発達と普及およびマルコフ連鎖モンテカルロ法（MCMC）の開発によって，ベイズ統計学は現在では主流になりつつあると言われている．フィンケルスタイン教授の先見の明と炯眼に改めて尊敬の念を強くしている．

　本書はアメリカ合衆国の現実の訴訟の場で利用されたり議論されたりしている種々の統計的手法を，法の文脈の中で数式を使うことなく解説することを通じて，法の分野における統計学の意義を明らかにするとともに，読者を統計学の初歩への理解へ誘おうとするものである．司法，行政，立法において統計学をどのように活用できるか，その際にはどのような注意が必要かについて，具体的な示唆を受けることができる．ある程度の統計学を学んだことのある読者や数学に感情的アレルギーのない読者には，統計学の諸概念は言葉で説明するよりも数式を示せば一目瞭然と言う場合も多いので，必要に応じて訳注を付して，説明をしておいた．法律家や法学生を主たる読者として執筆された書物なので，全体として平易な記述がなされているが，訴訟等で実際に争われた事案に基づいているために場所によってはかなり高度な内容に触れられていることもある．また，統計学そのものの入門教科書として執筆されているわけではない．したがって，読者には，必要に応じて統計学の入門教科書を参照しつつ読んでいただくことをお願いしたい．英語が堪能な読者には，上記 Finkelstein & Levin (1990) をお勧めしたい．

　訳出においては，まず監訳者である太田が「前書き」「目次」および「第1章」を訳して共訳者である飯田高教授と森大輔教授に示し，それらを参考にしつつ残りを訳して行った．これによって訳語や文体の統一を図った．共訳者間の分担としては，第1章，第4章，第7章，および第10章を太田，第2章，第5章，第8章，および第11章を飯田，第3章，第6章，第9章，及び第12章を森が担当した．また，訳注の計算は主として森が行った．とはいえ，訳文ができ次第ファイルを OneDrive で共有し，内容と訳語についてお互いにコメントをし合ったとともに，Skype などを利用した検討会を何度も開催して訳文の文体の読みやすさと内容の正確さについて議論を重ねているので，全体として3名の共訳と言っていいと思っている．

　訳語や訳文については，原文の構文等には拘束されることなく，内容がよりわかりやすく，より読みやすくなるように努めた．2013年2月に太田はニューヨー

クのコロンビア・ロー・スクールで日本法の短期講義をする機会があったので，その際にフィンケルスタイン教授に直接お目にかかって，不明点などについて確認することができた．また，訳文の表現や構文について自由に編集することの許可も受けることができた．もちろん，訳注を付すことについても了承を受けている．

　木鐸社の坂口節子社長には，翻訳書の出版をご快諾いただき，版権の獲得等の諸雑務も丁寧に代行していただいた．ここに衷心から感謝させていただく次第である．法科大学院制度の導入や新司法試験制度への移行など21世紀初頭に起きた日本の法曹養成制度の巨大変化が，日本社会をより良くすることにつながるためには，一人一人が人格的にも能力的にも優れた法律家として育ってゆく必要がある．その能力の中枢は，まさにホームズ裁判官が言うように統計学や経済学などの社会科学でなければならない．本書が，そのような法曹が大量に育つ上での一助となることを祈念するものである．

　　　　　　　　　　　　　　　　　　　　　　　　　2014年春
　　　　　　　　　　　　　　　　　　　　　　　　　本郷にて
　　　　　　　　　　　　　　　　　　　　　　　監訳者・太田　勝造

引用判例索引

A Woman's Choice-East Side Women's Clinic v. Newman 253, 254
In re Agent Orange Product Liability Lit. 245
Allen v. United States 252
Amstar Corp. v. Domino's Pizza, Inc. 155, 251
Appalachian Power Company v. Environmental Protection Agency (アパラチア電力事件) 199, 209, 212, 217, 226
Asher v. Baxter Int'l, Inc. 248
Avery v. Georgia 113, 250
Ballew v. Georgia (バーリュ事件) 116, 250
Batson v. Kentucky 263
Bazemore v. Friday (ベイズモア事件) 197, 200
Bone Shirt v. Hazeltine 253
Bowers v. Hardwick 275
Briggs ex rel. Briggs v. Massanari 249
Brock v. Merrell Dow Pharmaceuticals, Inc. 139
Bush v. Gore (ブッシュ対ゴア事件) 57, 58, 249
Castaneda v. Partida 95
Cimino v. Raymark Industries, Inc. 252
City of Los Angeles Dep't of Water and Power v. Manhart 248
Clinchfield R.R. Company v. Lynch 248
Coates v. Johnson & Johnson (コーツ事件) 183, 184, 185, 222, 223
Commissioner of Internal Revenue v. Indiana Broadcasting Corp. 251
Craft v. Vanderbilt (ヴァンダービルト大学事件) 137, 139, 176, 178
Craig v. Boren 69, 249
Daubert v. Merrell Dow Pharmaceuticals, Inc. (ダウバート事件) 5, 107, 245, 251
Day v. Boston & Maine R.R. (デイ事件) 33, 34
Department of Commerce v. United States House of Representatives 251, 276
Dukes v. Wal-Mart Stores, Inc. (デュークス事件) 184, 186
E.E.O.C. v. Eagle Iron Works 159
In re Ephedra Products Liability Lit. 250, 252
Exxon Shipping Co. v. Baker (エクソン事件) 53, 54, 248
In re Fernald Litigation 254
Financial Information, Inc. v. Moody's Investors 132, 133, 135, 251
Garfield Medical Center v. Kimberly Belshe 248
Garza v. County of Los Angeles (ガルザ事件) 204, 205
Grutter v. Bollinger 98
Guenther v. Armstrong Rubber Co. 247
Hall v. Baxter Healthcare Corp. 247

Hawkins v. Jones　247
Hazelwood School District v. United States　96
Heinrich v. Sweet　248
Howard v. Wal-Mart Stores, Inc.　247
The Howland Will Case（ハウランド遺言事件）　80, 82, 249
Hunt v. Cromartie　276
Int'l Brotherhood of Teamsters v. United States　250, 252
Ippolito v. Power　120, 251
James v. Stockham Valves & Fittings Co.（ストッカム・ヴァルヴズ事件）　223
Kelley ex rel. Michigan Dep't of Natural Resources v. FERC　248
Kirkpatrick v. Preisler　249
Krim v. pcOrder.com, Inc.（クリム事件）　35, 36, 37
Manko v. United States　175, 176, 252
Maxwell v. Bishop　147, 251
McCleskey v. Kemp（マクレスキィ事件）　242, 244, 254
McCleskey v. Zant　254
Miller-El v. Cockrell　118, 251
In re National Comm'n on Egg Nutrition　249
Oliver v. Pacific Bell Northwest Tel. Co.　252
Owner-Operator Independent Drivers Association Inc. v. Federal Motor Carrier Safety Administration　253
Pennington v. Aerojet-General Corp.　168, 252
People v. Collins（コリンズ事件）　83
People v. Hill　131, 251
People v. Kaludis　251
People v. Risley（リズリー事件）　17, 29, 82
Philadelphia v. Educational Equality League　252
Plemel v. Walter　247
Qwest Communs. Int'l, Inc. v. FCC　249
Regina v. Alan Doheny & Gary Adams（ドハニィ事件）　32, 33, 87, 247
Regina v. Dennis John Adams　247
Reynolds v. Sims　249
Rosado v. Wyman　159
San Antonio Independent School District v. Rodriguez　249
Sargent v. Massachusetts Accident Company（サージェント事件）　34, 35, 36
Seattle School District v. State of Washington　254
Smith v. Rapid Transit, Inc.（スミス事件）　34, 35, 36, 245
Sobel v. Yeshiva University　254
Southern Pacific v. California State Board of Equalization　248
State v. Barksdale　250
State v. Boyd　245
State v. Kim　245
State v. Loftin　214

State v. Spann　247
Ste. Marie v. Eastern R. Ass'n　94
Thornburg v. Gingles（ジングルズ事件）　202, 206
Toys "R" Us, Inc. v. Canarsie Kiddie Shop, Inc.　162
Trustmark Corp. v. Commissioner of Internal Revenue　251
United States v. Delaware　250
United States v. Gordon　248
United States v. Jackman　116, 251
United States v. Lopez　246
United States v. Scheffer（シェファー事件）　26, 28, 246
U.S. Department of Commerce v. Montana　248
Utah v. Evans　251
Vuyanich v. Republic Natl. Bank　254
Waisome v. Port Authority of New York & New Jersey　94, 252
Whitus v. Georgia　114, 123, 250
Williams v. Florida　263
Zippo Manufacturing Co. v. Rogers Imports, Inc.　161, 252

索　引

略語

EEOC　→アメリカ合衆国雇用機会均等委員会
EPA　→アメリカ合衆国環境保護局
FBI　54, 86, 87, 248-249
FCC　→アメリカ合衆国連邦通信委員会
FDA　→アメリカ合衆国食品医薬品局
FMCSA　→連邦自動車運輸安全局
FTC　→連邦取引委員会
GBS　→ギラン・バレー症候群
IRS　→アメリカ合衆国内国歳入庁
LNB　→低窒素酸化物燃焼技術
NPV　243, 255
OLS　→最小2乗法
OSHA　→アメリカ合衆国労働安全衛生局
PCR　261
PID　→骨盤内炎症性疾患
PPV　243, 255
RDD　→乱数番号法
SEC　→アメリカ合衆国証券取引委員会
SEER　168, 267
SIDS　→乳幼児突然死症候群
STR　261
VNTR　261

ア行

アップデイティング　24
アメリカ合衆国環境保護局　50, 127, 146, 147, 198-201, 209, 212, 217, 226
アメリカ合衆国国防総省　27
アメリカ合衆国雇用機会均等委員会　67, 100, 138, 148
アメリカ合衆国証券取引委員会　97
アメリカ合衆国商務省　150
アメリカ合衆国商品先物取引委員会　136
アメリカ合衆国食品医薬品局　74, 75
アメリカ合衆国税関　26
アメリカ合衆国内国歳入庁　123, 130
アメリカ合衆国農務省　211
アメリカ合衆国連邦通信委員会　55
アメリカ合衆国労働安全衛生局　145
アメリカ合衆国労働統計局　49
アラート　101, 102
アリル　86, 87, 260
一貫性　176
1個替え・2個替えルール　137, 163
一致性　42, 208, 233
一般的因果関係　167
遺伝型　86, 87, 261
陰性反応的中率　27, 243, 256
インフォームド・コンセント　230
ウィリアムズ，ウェイン　18
ウォーバン　75, 76, 77, 177
後ろ向きオッズ比　170, 267
後ろ向き相対リスク　169, 267
打ち切り　156, 157
エイジェント・オレンジ　38, 247
エフェドラ　108, 109, 172
エメリィ（裁判官）　33
塩基　86, 260
お蔵入り問題　189
オコナー，サンドラ・デイ（裁判官）　152
オッズ比　68, 69, 139, 170, 172

カ行

ガードナー，マーティン　171, 172, 174
カーペットの繊維　18, 74, 79
回帰の標準誤差　208, 210, 211, 213
回帰推定値の標準誤差　210
外挿法　49, 92, 257
回答バイアス　155, 159, 175
ガウス，カール・フリードリヒ　121
核実験　167, 168
確率的標本抽出　154
加重最小2乗法　237
加重平均　47, 48, 112, 181, 186
過小統制バイアス　219, 220, 254, 270
片側検定　93, 95, 96, 104, 135, 136, 137,

186
片側信頼区間 132, 133, 135, 136
学校自治区 62, 63, 64, 96, 220, 221, 258
過度の楽観 217
がん 14-16, 34, 37, 137, 141, 145, 168 174, 177, 178, 229, 230, 267
観察人年 168, 267
観察的研究 166
間接差別 101, 138, 164, 252
感度分析 190
関連性のある証拠 17
関連性の強固さ 176
幾何平均 48, 49, 50, 51
企業責任 37
擬似決定係数 275
擬似相関 →見せかけの相関
帰納的推論の不確実性 14
希薄化 65, 202
逆確率 15, 134, 264
教員採用における黒人差別 96
共分散 60, 61, 113, 249
極端選挙区分析 →同質選挙区分析
寄与リスク割合 167, 266
ギラン・バレー症候群 175, 178
グラッサー（裁判官） 162
クラス・アクションのクラスとしての認可 185
クラスター抽出 160, 161
訓詁学 276
系列相関 →自己相関
ケインズ，ジョン・メイナード 15
ケトレー，アドルフ 121-122
結果の頑健性 190
欠落変数バイアス 272
原因と効果の間の量的対応関係 177
検査感度 24, 25, 28
検察官の誤謬 19, 31, 32
検査特異度 24, 25, 27, 28
検査特性 24, 27
検査の正確性 24
検定力曲線 145, 190
交互作用項 228-231, 270-272
交絡 65, 139, 173, 176, 192, 258
コーホート研究 166, 167, 173, 190, 264

ゴールトン，フランシス 194
誤差項 193-196, 208, 233-238, 239, 240 241
ゴセット，ウィリアム・S 125
個人的確率 29
骨盤内炎症性疾患 170, 171, 173
古典的確率概念 13, 14
誤答選択肢 107
5分の4基準 67, 100, 101, 148
雇用差別事例 103, 195, 197, 206, 216

サ行

座位 86, 87, 261
最小2乗法 208, 213, 232, 233-239, 241 243
最尤推定法 46, 243
サヴェイジ，レオナルド・J 29
先物市場 136
残差 208, 210, 212, 235, 236, 237, 239 240, 241
残差プロット 240, 241
三酸化ウラン粉末 229
事案特有の証拠 33, 35
シースケール 171
時間的同質性 158
時間的な先後関係 178
死刑判決 118, 147, 148, 156, 158, 214 243, 244, 253
時系列 209, 235
事後オッズ 21, 23, 25, 26, 31, 33
自己相関 235, 236, 239, 241
事前オッズ 21, 23, 25, 27, 28, 31, 33
四分範囲 56, 57
重決定係数（R^2） 208, 243
住宅の価値の減少 229
集団頻度の証拠 18, 19, 20
自由度 126
主観的確率 29
条件逆向きの誤謬 19
昇進差別事件 94
証明力 17, 22, 24, 28, 31, 33, 35, 37, 38 79, 80, 257, 260
掌紋検査 30
症例群 169-172, 173, 176

症例対照研究　169, 170, 172, 173, 188, 190
シリコン豊胸材　38, 144, 160, 191
死力　127
シングルローカス・プローブ法　88, 261
神経芽細胞腫　168, 174
診断バイアス　175
シンプソンのパラドックス　181
スクリーニング捜査　79, 106, 259
裾野の確率　90, 93
スティーヴンス，ジョン・ポール（裁判官）　96, 97
ステップワイズ法　217
性差別訴訟　92
生態学的　65, 173, 203, 206
精度　235, 237, 238
生物学的妥当性　177
積の法則　70, 80, 82
積極的差別撤廃措置計画　98, 100
絶対数テスト　115
セラフィールド核燃料再処理工場　171, 172, 174
全身性結合組織病　191
選択による効果　74, 75, 78, 104
選択バイアス　155, 173, 174
セントキシン　75
選抜効果　102, 279
選別検査　24
層化　104, 181
層化無作為抽出　160
相対度数曲線　120
相対リスク　67, 68, 69, 137, 166, 167, 169, 175, 176, 177, 264

タ行

ダービン・ワトソン統計量　241, 274
第一種の過誤　90, 107, 262
第一種の過誤の率　96
対照群　86, 169-173, 230, 231, 272
対数オッズ　242
対数線形モデル　183
大数の法則　14, 42
第二種の過誤　90, 141
第二種の過誤の率　96, 141
タイプⅠエラー　→第一種の過誤
タイプⅡエラー　→第二種の過誤
タイム・ラグ付きの従属変数　236, 237
代理変数　217-221, 254, 269-270
ダウバート手続　109
多重共線性　232
多重比較　261
ダミー変数　183, 196, 197, 223, 224, 229, 231, 242
ダルコン・シールド　170, 171, 173
単一事象　70
チェビシェフ，パフヌーティー・リヴォーヴィッチ　54
チェビシェフの不等式　54, 112
中心極限定理　122, 123, 125, 238
Chow検定　183, 184, 185
調整平均　48
調和平均　49, 50, 51
DNA型鑑定　78, 80, 86, 87, 261, 280
DNA型データベース　78, 79, 250, 259
ディーンの方法　51
低窒素酸化物燃焼技術　198-200, 217, 226, 227
データの手さぐり　217
テキサスの狙撃兵の誤謬　174
的中率　26, 27, 243
点確率　93
天井効果　67
点推定　135, 176
統計的プロファイル　25
同質選挙区分析　205
盗用　132, 133
トーマス，クレアランス（裁判官）　27, 28, 246
投票力の希薄化　202, 205, 206
特異性　178
特定的因果関係　167
独立性　81, 82, 83, 84, 86, 87, 88, 250
トラヴォルタ，ジョン　76
トレーサー　137, 176
ドレフュス，アルフレッド　71, 73, 77, 82
トレンド変数　231

ナ行

内部被曝　176

二項分布　134, 139
ニュートン，アイザック　60
乳幼児突然死症候群　84, 85, 86
人間での実験的証拠　179
妊娠中絶　230

ハ行

ハー，ジョナサン　75
パーカー，ロバート（裁判官）　165
パース，チャールズ・サンダース　81
パース，ベンジャミン　81, 82
ハーディー・ワインベルク平衡　87
陪審員候補者名簿　70, 113, 114, 115, 123
陪審関連の人種差別訴訟　95
排反　70, 71, 72, 73, 77, 258
パウエル，ルイス（裁判官）　244
曝露群　166, 167, 168, 169, 178, 265, 266
ハザード　127 – 128, 130
外れ値　192, 239, 241, 249
裸の統計的証拠　33
バタフライ・ストラドル　123
白血病　75 – 78, 168, 171, 172, 174, 175, 177, 178, 259
バルダス，デイヴィッド　242
反トラスト法　234
ピアソンの積率相関係数　41, 61
P値　90, 91, 97, 108, 146, 147, 182, 183, 190, 277
非回答バイアス　155
被告人の誤謬　31, 32
筆跡　71, 73, 81, 260
非曝露群　166, 168, 169, 265, 266
標準誤差　59, 60
標本抽出誤差　43, 59, 126, 137, 139, 153, 162, 208, 210, 214, 232, 236
標本抽出分布　15
ヒルの基準　→ブラッドフォード・ヒルの基準
ヒルの方法　51
頻度説　13
フィッシャーの正確検定　261
複合事象　70, 73, 74, 77, 258
豚インフルエンザ　175, 178
不偏性　42, 208, 233, 235
不変性の仮定　203, 204

プライス，リチャード　16
ブライヤー，スティーヴン（裁判官）　151, 152, 275
ブラッドフォード・ヒルの基準　167, 176
ブラックストン，ウィリアム　117, 263
ブラックマン，ハリー・A（裁判官）　116
フランクファータ，フェリックス（裁判官）　114
ブレナン，ウィリアム・J（裁判官）　69
フレンドリィ，ヘンリィ（裁判官）　94
分散安定化変換　238
分散不均一　237, 238, 240
平均絶対偏差　56, 57
ベイジアン　134, 135
ベイズ，トーマス　16, 22
平方根の法則　59
ヘテロ接合　86
ペトロコール　127, 146, 147
ベルティヨン，アルフォンス　71, 72, 73, 82
ベルヌーイ，ニコラウス　116
ベルヌーイ，ヤコブ　14
ベルヌーイ試行　113, 114
変数増加法　216
ベンデクティン　38, 139, 142 – 147, 188, 247
ポアソン，シメオン・ドニ　124
ポインター，サム（裁判官）　190
放射性降下物　167, 168
法の有意性　100, 101, 109
ホームズ・シニア，オリヴァー・ウェンデル　80
ホームズ・ジュニア，オリヴァー・ウェンデル（裁判官）　276
ポズナー，リチャード（裁判官）　35, 36, 37
補定　150, 151, 152
ホモ接合　86, 87, 261
ポリグラフ　26, 27, 28, 246
ボンフェローニの不等式　74, 77, 78, 104, 105, 258, 259

マ行

マイノリティ　222
前向きオッズ比　170, 172, 267
前向き相対リスク　170, 267

事項索引　291

マルチローカス・プローブ法　88, 261
見せかけの相関　65
剝き出しの統計的証拠　33, 35, 37
メドウ, ロイ　84, 85, 86

ヤ行

有意確率　→P値
有意水準の補正　105, 106, 107
有限母集団修正係数　118
有効標本サイズ　103
尤度　243
尤度比　21-23, 25-28, 31, 33, 35, 40, 246, 260
陽性反応的中率　29, 243, 256
要約相対リスク　188
要約統計量　190
予測区間　210, 211, 212, 213, 214, 233

ラ行

ラプラス, ピエール・シモン　16
ラマス, ヘンリィ・ティルトン(裁判官)　34, 37
乱数番号法　91
ランダム生起比率　32, 87, 88

リーブマン, ジェイムズ　156
罹患率　166, 175, 177, 266
率比　67, 139, 169
リテラリー・ダイジェスト　155, 158
両側検定　93, 95, 96, 104
両側信頼区間　134, 135, 136
リンカン, エイブラハム　276
類推　178
レンクイスト, ウィリアム(長官)　99
連鎖平衡　87
レンジ　56, 57
連邦自動車運輸安全局　201
連邦大気浄化法　126, 198
連邦取引委員会　47, 65
ローカス　→座位
ロジット　242
ロビンソン, ヘティ・H　80, 249

ワ行

ワイブル・モデル　128, 130
和の法則　70, 71, 72
割合的抽出　162
割当標本抽出　154

著者略歴
原著者

マイクル・オウクス・フィンケルスタイン(Michael Oakes Finkelstein)
法統計学のパイオニアとして最も著名なアメリカ合衆国ニューヨーク州の弁護士で，ハーヴァード大学およびハーヴァード・ロー・スクールを卒業後，1967年からコロンビア・ロー・スクールの非常勤講師として法統計学を教える．その他，ハーヴァード・ロー・スクール，ニューヨーク大学ロー・スクール，イェール・ロー・スクール，ペンシルヴェニア大学ロー・スクールなどで法統計学を教えている．また，*The Review of Securities & Commodities Regulation* 誌と *The Review of Banking and Financial Services* 誌の編集も担当している．弁護士としてはニューヨーク市の法律事務所Lord Day & Lord, Barrett Smithのパートナーである．著書に*Quantitative Methods in Law*, The Free Press, 1978とブルース・レヴィン(Bruce Levin)コロンビア大学教授との共著 *Statistics for Lawyers* (2nd ed.), Springer, 2001があり，その他多数の論文がある．

訳者略歴

太田　勝造(おおた・しょうぞう)
東京大学大学院法学政治学研究科教授．同研究科修士課程修了後(法学修士)，東京大学法学部助手，名古屋大学法学部助教授，東京大学大学院法学政治学研究科助教授を経て1997年から現職．研究領域は法社会学，現代法過程論，法と経済学，民事訴訟法，法交渉学，裁判外紛争解決，人工知能と法など．著書に『裁判における証明論の基礎：事実認定と証明責任のベイズ論的再構成』(弘文堂，1982年)，『民事紛争解決手続論：交渉・和解・調停・裁判の理論分析』(信山社，新装版2008年，初版1990年)および『社会科学の理論とモデル7：法律』(東京大学出版会，2000年)［日本法社会学会奨励賞著書部門受賞］があり，その他編著書や論文が多数ある．吉野一教授，加賀山茂教授，櫻井成一朗教授，新田克己教授及び鈴木宏昭教授との共著「事例問題に基づく法律知識ベースおよび論争システムを活用した法創造教育」(『ＩＴ活用教育方法研究』第9巻第1号(2006年))に対して文部科学大臣賞受賞．

飯田　高(いいだ・たかし)
成蹊大学法学部教授．東京大学大学院法学政治学研究科修士課程修了後(法学修士)，同助手，成蹊大学法学部専任講師，同准教授を経て2013年から現職．研究領域は法社会学，現代法過程論，法と経済学など．著書に『＜法と経済学＞の社会規範論』(勁草書房，2004年)があり，その他論文が多数ある．

森　大輔(もり・だいすけ)
熊本大学法学部准教授．東京大学大学院法学政治学研究科修士課程修了後(法学修士)，同助教，同特任助教を経て2012年から現職．ジョージ・メイスン大学ロー・スクールで米国法学修士号(LL.M.)を取得．研究領域は法社会学，国際法，法と経済学など．著書に『ゲーム理論で読み解く国際法』(勁草書房，2010年)があり，その他多数の論文がある．

Translation from the English language edition:
BASIC CONCEPTS OF PROBABILITY AND STATISTICS IN
THE LAW by Michael O. Finkelstein
Copyright © 2009 Springer, New York

All Rights Reserved
Japanese translation published by arrangement with Springer-Verlag GmbH & Co KG through The English Agency (Japan) Ltd.

法統計学入門：法律家のための確率統計の初歩

2014年8月30日第1版第1刷　印刷発行　ⓒ

著　者　マイクル・フィンケルスタイン
監訳者　太　田　勝　造
発行者　坂　口　節　子
発行所　㈲　木　鐸　社

監訳者との
了解により
検印省略

印刷　フォーネット　製本　吉澤製本
　　　互恵印刷

〒112-0002　東京都文京区小石川 5-11-15-302
電話 (03) 3814-4195番　　振替 00100-5-126746
FAX (03) 3814-4196番　http://www.bokutakusha.com

(乱丁・落丁本はお取替致します)

ISBN-978-4-8332-2474-1　C3032

〔「法と経済学」叢書1〕
「法と経済学」の原点
松浦好治編訳（名古屋大学法学部）
A5判・230頁・3000円（1994年）ISBN4-8332-2194-2
ロナルド・コース＝社会的費用の問題（新沢秀則訳）
G・カラブレイジィ＝危険分配と不法行為法（松浦好治訳）
E・ミシャン＝外部性に関する戦後の文献（岡敏弘訳）
　本書は「法と経済学」と呼ばれる法学研究のアプローチの出発点となった基本的文献を収録し，その発想の原点を示す。

〔「法と経済学」叢書2〕
不法行為法の新世界
松浦好治編訳
A5判・180頁・2500円（1994年）ISBN4-8332-2195-0
R・ポズナー＝ネグリジェンスの理論（深谷格訳）
G・カラブレイジィ/メラムド＝所有権法ルール，損害賠償法ルール，不可譲な権原ルール（松浦以津子訳）
　70年代から急速な展開を見せ始めた「法と経済学」研究は，アメリカ法学の有力な一学派を形成。70年代初期の代表的論文を収録。

〔「法と経済学」叢書3〕
法と経済学の考え方　■政策科学としての法
ロバート・クーター著　太田勝造編訳（東京大学法学部）
A5判・248頁・3000円（2003年2刷）ISBN4-8332-2248-5
1．法と経済学での評価基準，価値観　2．法と経済学の基本定理：コースの定理　3．不法行為法，契約法，所有権法の総合モデル　4．インセンティヴ規整：行動の価格設定と制裁
　1．と2．は法と経済学の基礎理論，3．と4．で民事法から刑法までカヴァーするクーターの統一的見地を提示する。

〔「法と経済学」叢書4〕
法と社会規範　■制度と文化の経済分析
Eric A. Posner, Law and Social Norms, 2nd., 2000
エリク・ポズナー著　太田勝造監訳（飯田高・志賀二郎・藤岡大助・山本佳子訳）
A5判・360頁・3500円（2002年）ISBN4-8332-2331-7
　非・法的な協力の一般的モデルとしての「シグナリング・ゲーム」を提示し，法の個別分野に適用。更に規範的法理論をめぐる一般的な問題を検討する。「法と経済学」によるアプローチの有効性を示す。

〔「法と経済学」叢書5〕
結婚と離婚の法と経済学
Antony W. Dnes & Robert Rowthorn (eds.) The Law and Economics of Marriage & Divorce, 2002
アントニー・W・ドゥネス & ロバート・ローソン編著　太田勝造監訳
A5判・370頁・3500円（2004年）ISBN4-8332-2357-0 C3032
　著者たちは，結婚と離婚について法と経済学の手法を用いて分析する。結婚はどの程度契約といえるのであろうか。結婚が当事者に提供するものは何なのであろうか。本書の新しい研究は，家族法に関心を持つ法律家・政策担当者・経済学者に興味深い知見を提供。

〔「法と経済学」叢書6〕
民事訴訟法の法と経済学
Robert G. Bone, The Economics of Civil Procedure, Foundation Press, 2003
ロバート・G・ボウン著　細野　敦訳
A5判・280頁・3000円（2004年）ISBN4-8332-2359-7 C3033
　民事訴訟法の考察に「法と経済学」の手法を駆使した本書の鋭利で説得力のある分析は，伝統的民事訴訟法理論との連続と不連続を堪能することが出来，また法政策立案者には社会的総費用と社会的総便益のバランスに配慮した法創造に参考となる。

〔「法と経済学」叢書7〕
合理的な人殺し：犯罪の法と経済学
Gary E. Marché, Murder as A Business Decision: An Economic Analysis of Criminal Phenomena (2nd ed.), University Press of America, 2002
マルシェ著　太田勝造監訳
A5判・270頁・3000円（2006年）ISBN4-8332-2379-1
　本書は刑事法分野，とりわけ殺人について法と経済学の手法による分析をした研究書。FBIをはじめとするアメリカ合衆国の捜査当局が利用する犯罪プロファイリングが口を極めて非難されている。

〔「法と経済学」叢書8〕
法，疫学，市民社会
Sana Loue, Case Stadies in Forensic Epidemiology, 2002
サナ・ルー著　太田勝造・津田敏秀訳
A5判・328頁・4000円（2009年）ISBN978-4-8332-2410-9
■法政策における科学的手法の活用
　法と疫学の交差する領域のなかで本書で扱ったケーススタデイが提起する様々な政策的課題は，文化や法制度の相違を超えて決定的に重要なものになっている。1　個別の権利請求の判断における科学と法の相克　2　損害発生とその補償との間の時間差　他